決定版
ほんとうにわかる
経営分析

Business Analysis Made Easy

公認会計士
高田直芳

PHP

はじめに

　本書は、企業の中堅幹部社員、金融機関の融資担当者、アナリストなどの専門家、さらには、広く経営分析に興味をもたれている方々に向けて、「経営分析の考えかた」をお伝えするものです。筆者の、銀行員時代から公認会計士までの知識や経験を総動員して、かなりユニークな内容にまとめることができました。

　たとえば、本書の最後では粉飾決算の事例を紹介し、読者にガチンコ勝負を挑むことにしています。古今東西の企業で考案（？）された粉飾決算の仕組みを暴き、経営分析のノウハウを駆使して、その解明に努めました。

　もちろん、経営分析の本来の目的は、粉飾決算の追及にあるのではありません。重要なのは、全体の体系を俯瞰し、「なぜ、そう考えるのか」を自らに問い、分析の結果を見て、「企業は何を訴えているのか」を読み取ることです。

　それらがわからなければ、どんなにきれいな分析資料をまとめても、その本質を読み取ることはできないでしょうし、他の人を説得することもできません。風説の流布に惑わされることなく、自らの分析能力を磨くことで、数値の裏に隠された、企業の叫び声を聞き取ってください。

　本書の内容は、かなり広くて、とてつもなく深いです。計算式や専門用語の意義を浅く書いて、結局、実務で役立たなければ何の意味もありません。読者に、徹底的に考えていただくことを主眼としたため、これだけの分量になってしまいました。話題が多くて、どうもすみません。ただし、目次をご覧いただければ、遊びの要素がふんだんに盛り込まれていることを、ご理解いただけると思います。

　本書に書かれてあることは、すべてフィクションです。財務諸表の数値に妙に具体性がありすぎて、「A社ってどこだ？」「B社はいまだに実在するのか？」と思われるかもしれませんが、すべては筆者の創造の産物、……のはずです。その点をご注意いただきながら、お楽しみください。

能書きはこれくらいにして、経営分析の眼を通した、企業活動のダイナミックな世界へとご案内することにしましょう。

　本書を出版するにあたっては、ＰＨＰエディターズ・グループの森本直樹氏に、たいへんお世話になりました。ここに記して感謝するしだいです。

　2002年6月

公認会計士　高 田 直 芳

[決定版]
ほんとうにわかる
経営分析

目 次

はじめに

第1章
はい、こちら粉飾決算研究所

第1節　最初にテーマを語らせてくれ……………………22
 1-1-1　大きな声ではいえないが　22
 1-1-2　粉飾決算って何だろう　23
 1-1-3　経理操作というグレーゾーンがある　23
 1-1-4　むかしの人はいいました　24

第2節　話を進める前に……………………26
 1-2-1　経営分析にも体系がある　26
 1-2-2　あざなえる縄をほどくヒント　27
 1-2-3　道具を選べ　28
 1-2-4　12桁の電卓をご用意ください　30
 1-2-5　なんでもいいから財務諸表を入手せよ　30
 1-2-6　科目集約は分析する側のセンス次第　32
 1-2-7　まずは総資産などの増減比較を行う　33
 1-2-8　売上高などの増減比較もね　34
 1-2-9　増収増益と減収減益　35

第3節　財務諸表の構造……………………36
 1-3-1　試算表が中心になる　36
 1-3-2　試算表の仕組み　36
 1-3-3　試算表を分解する　37
 1-3-4　試算表の不一致部分は何を意味するか　38
 1-3-5　そこに製造原価明細書というものがある　39
 1-3-6　連結財務諸表分析まで行う覚悟はあるか　39

第4節　財務諸表を組み替えろ……………………………40
　1-4-1　経営分析は、子どものお使いじゃない　40
　1-4-2　売上債権と買入債務に集約せよ　40
　1-4-3　製品も商品も棚卸資産　41
　1-4-4　貸借対照表に仮払金と仮受金があるのは異常だ　41
　1-4-5　オーナーからの借入金と、オーナーからの出資金　42
　1-4-6　経営分析に適した利益を探し求める　43

第2章
まずは損益計算書から

第1節　損益計算書を上からながめると……………………………46
　2-1-1　損益計算書は貸借対照表よりも優先する　46
　2-1-2　売上高の推移からZチャートを作る　46
　2-1-3　いざ、Zチャートを作らん　47
　2-1-4　Zチャートの読みかた　48
　2-1-5　損益計算書の増減比較を行う　48
　2-1-6　製造原価明細書の増減比較もね　50

第2節　経常利益の一歩手前まで……………………………51
　2-2-1　なんでこんなに利益の科目があるのか　51
　2-2-2　まずは、売上総利益から　52
　2-2-3　売上総利益を減少させた黒幕はだれだ　53
　2-2-4　販管費(はんかんひ)という略称　54
　2-2-5　営業利益で本業のもうけ具合を知る　55
　2-2-6　自立できない営業外損益　56

第3章
収益性は奥が深いのだ

第1節　ここ(経常利益)からが本題 …………………………………… 60

 3-1-1　腐ったバナナと経常利益　60
 3-1-2　経常利益は収益性の判断と結びつく　61
 3-1-3　だったら収益性って何だろう　61
 3-1-4　収益性を判断するカギは企業規模にある　62
 3-1-5　利益は資産から生まれる(総資本経常利益率)　63
 3-1-6　この会社の収益性はどうだろう　65
 3-1-7　収益性のキーワード　65

第2節　総資本経常利益率の分解 ……………………………………… 67

 3-2-1　"1×1＝1"の鉄則　67
 3-2-2　二兎を追う者、追わぬ者　68

第3節　総資本経常利益率が抱える矛盾 ……………………………… 70

 3-3-1　資本利益率とハサミは使いよう　70
 3-3-2　総資本経常利益率の弱点　70
 3-3-3　資本コストを、やさしく解説します　71
 3-3-4　柴犬にもわかる、資本コストの例題　72
 3-3-5　資本コスト問題に立ちはだかる壁　73

第4節　これからは事業利益が主役だ …………………………………… 76

 3-4-1　経常利益時代の終焉(しゅうえん)　76
 3-4-2　事業利益を求めるメリット　77
 3-4-3　本書を読まぬ人にはナイショの話　77

第4章
収益性の指標は他にもあるぞ

第1節　当期利益は当てにならないか……………………80

　　4-1-1　特別損益がオモチャにされる　80
　　4-1-2　たとえばこんなふうに　80
　　4-1-3　税引前と税引後の間にあるもの　81
　　4-1-4　税効果会計不要論？　82

第2節　経理操作を排除できる利益というのがある………83

　　4-2-1　付加価値利益の登場を願う　83
　　4-2-2　「の」が多いっちゅうの　84
　　4-2-3　V字回復のまやかし　85
　　4-2-4　クセ者が多い　85
　　4-2-5　企業になめられる分析屋　86
　　4-2-6　損益計算書を鏡に写して　87
　　4-2-7　試しに計算してみる　88

第3節　上場会社で面白いのを見つけたよ………………89

　　4-3-1　有価証券報告書は飽きることがない　89
　　4-3-2　4期間の有価証券報告書を見比べてみる　89
　　4-3-3　4期それぞれの言いぶん　90
　　4-3-4　グラフで見れば経理操作は一目瞭然　91
　　4-3-5　キャッシュフロー利益まで踏み込め　92
　　4-3-6　苦言を呈したい　94

第5章
収益性の分析以外でも大切なものがある

第1節　売上総利益の増減を分析する……………………96
　　5-1-1　あれとこれとそれで三位一体　96
　　5-1-2　数量はX軸、価格はY軸　96
　　5-1-3　ここでの主役は売上総利益　97
　　5-1-4　増減要因分析を、もう一ひねり　98
　　5-1-5　あの会社の登場を願いまして　99
　　5-1-6　まずは売上高増減の要因分析　100
　　5-1-7　次に売上原価増減の要因分析も　101

第2節　ついに利益増減分析表に到達だ……………………103
　　5-2-1　基本は、前期と当期と、目標と実績と　103
　　5-2-2　利益増減分析表の読みかた　104
　　5-2-3　時代の変化を読む　104
　　5-2-4　もう一歩踏み込んだ読みかた　105
　　5-2-5　複数製品を扱う企業の場合　106
　　5-2-6　複数製品であろうと着眼点は単純だ　109

第3節　費用の分析は要約して……………………111
　　5-3-1　売上高販管費比率は予算でフォローせよ　111
　　5-3-2　売上高人件費比率の求めかた　112
　　5-3-3　人件費は「生産性」と「成果配分」の板ばさみ　113
　　5-3-4　売上高減価償却費比率の求めかた　114
　　5-3-5　この会社の費用分析　114

第4節　ズシリとくる金利負担……………………116
　　5-4-1　売上高純金利負担率の求めかた　116

5-4-2　金利の七五三　117
　　　5-4-3　嗚呼、金利が重い　118
　　　5-4-4　金利でメシを食う人々　118
　　　5-4-5　隠れた金利負担　119

第6章
貸借対照表からも収益性がわかる

第1節　バランスしている理由を探れ……………………122
　　　6-1-1　収益性と資金繰りの二正面作戦　122
　　　6-1-2　やっぱ、前期との増減比較が基本でしょ　122
　　　6-1-3　増減比較で注目すべきところ　124
　　　6-1-4　企業へのヒアリングのコツ　125

第2節　収益性を親にもつ双子の兄弟……………………126
　　　6-2-1　性格が正反対の二人　126
　　　6-2-2　バイバイ・ゲーム　127
　　　6-2-3　イモヅル式の総資本回転率　127

第3節　売上債権回転期間から始めよう…………………129
　　　6-3-1　月平均売上高であることに注意せよ　129
　　　6-3-2　割引手形にこだわる人へ　130
　　　6-3-3　資本効率の巧拙が現れる　131

第4節　棚卸資産回転期間………………………………132
　　　6-4-1　ここも平均月商があることを忘れずに　132
　　　6-4-2　棚卸資産回転期間 Part II の登場　133
　　　6-4-3　製造原価明細書の世界へワープ　135
　　　6-4-4　勘定連絡図の読みかた　135
　　　6-4-5　簡単なものから片付ける　138

- 6-4-6　仕掛品の回転期間がクセモノ　138
- 6-4-7　疑問点が2つある　140
- 6-4-8　疑問が氷解していることを前提に　141

第5節　有形固定資産回転率……………………………………142
- 6-5-1　これは回転期間で求めない　142
- 6-5-2　慧眼おそるべし　143
- 6-5-3　前期と当期の比較では不十分だ　144

第7章
得意先からの値引き要請に耐えられる分岐点

第1節　だれでも知ってる損益分岐点……………………………146
- 7-1-1　これほど使いづらい分析道具もない　146
- 7-1-2　費用の分解から始める　147
- 7-1-3　架空の企業はすんなりわかる　147

第2節　公式を2つほど……………………………………………150
- 7-2-1　損益分岐点売上高を求める　150
- 7-2-2　目標売上高がわかっても　151

第3節　固変分解で苦労する………………………………………152
- 7-3-1　新入社員の腕の見せどころ　152
- 7-3-2　勘定科目法（個別費用法）のさわりを少々　153
- 7-3-3　あの企業の損益分岐点はどこだ　155
- 7-3-4　損益分岐点の位置を調べる　156

第4節　キャッシュフロー分岐点を探せ…………………………158
- 7-4-1　損益分岐点、以外の分岐点　158
- 7-4-2　キャッシュフロー分岐点を求めるための下ごしらえ　158

7−4−3　損益分岐点に関する2種類の図法　159
7−4−4　固定費は二重人格だ　161
7−4−5　キャッシュフロー利益の再登場　161
7−4−6　キャッシュフロー分岐点を押さえろ　162
7−4−7　どんぶり原価計算の企業には理解できない世界　164

第8章
キャッシュフロー分析という迷路の中で

第1節　ここが本書の折り返し地点……………………166

8−1−1　収益性分析だけではダメなんだ　166
8−1−2　「資金繰り」から話を始めましょう　166
8−1−3　神さまは、よく考えたものだ　167
8−1−4　制度が一人歩きする　168
8−1−5　貸借対照表のお出ましだ　168
8−1−6　彼は考える葦（あし）である　169
8−1−7　資金繰りはタイミングが命　171
8−1−8　キャッシュフロー分析の着眼点　172

第9章
資金よ、おまえはどこへ行く

第1節　資金の形態を知る……………………………176

9−1−1　左から右か、右から左か　176
9−1−2　窮屈な会計制度を飛び越えろ　177

第2節　営業運転資金………………………………179

9−2−1　頭が高いぞ、御三家だ　179
9−2−2　現金を持つのは資金の運用といえるのか　179
9−2−3　現金預金に適正残高はあるか　180

9-2-4　現金預金にも回転期間がある　181
　　　9-2-5　売上債権を眠らせるな　182
　　　9-2-6　二律背反を同時に追い求める　183
　　　9-2-7　みんなで在庫を増やせば怖くない　183
　　　9-2-8　在庫がどんどん、どんどん増加する理由　184
　　　9-2-9　適正在庫は回転期間からわかるもの　185
　　　9-2-10　収益性と資金繰りは親友でありライバルである　185

　第3節　設備資金……………………………………………187
　　　9-3-1　設備投資は経営者の力が現れる　187
　　　9-3-2　安易な設備投資が禍根を残す　188
　　　9-3-3　有形固定資産回転率を役立てろ　189

　第4節　その他の資金にも注目……………………………190
　　　9-4-1　営業外の資金がある　190
　　　9-4-2　津波となって押し寄せる資金需要　190
　　　9-4-3　年末決済資金は冬のヒマワリ　191
　　　9-4-4　決算資金は資金の垂れ流し　192
　　　9-4-5　決算資金は建前と本音の食い違い　193
　　　9-4-6　銀行の口車に乗るな　194

第10章
資金はどうやって調達されるのか？

　第1節　それは自己資本の検討から始まった………………198
　　　10-1-1　その前に調達資金の分類を　198
　　　10-1-2　自己資金には2種類ある　199
　　　10-1-3　キャッシュフロー利益の再登場　199
　　　10-1-4　減価償却費が資金の源泉となる理由　200
　　　10-1-5　引当金の増加も資金の源泉となる　202

10-1-6　会社は株主のものである　202
10-1-7　株主は会社にとって邪魔な存在　202

第2節　外部からの長期の資金調達……………………………204

10-2-1　いまのところ2つしかない　204
10-2-2　設備投資は長期の資金調達で行え、って本当？　205
10-2-3　中央フリーウェイ、左にビール工場が見える　206
10-2-4　金融負債返済期間がある　207
10-2-5　短期借入金が長期化する　208

第3節　外部からの短期の資金調達……………………………209

10-3-1　短期借入金の運用先に注意せよ　209
10-3-2　割引手形は手形の売却　210
10-3-3　ファクタリングか裏書手形かに迷うとき　212
10-3-4　借入金回転期間から借金づけの度合を知る　213
10-3-5　支払いは延ばせばいいってもんじゃない　213
10-3-6　買入債務回転期間は分母に注意　214
10-3-7　買入債務を仲間はずれにしないで　216

第4節　正味の営業運転資金について……………………………217

10-4-1　Show Me！　営業運転資金　217
10-4-2　ここまできたら回転期間も　218
10-4-3　経常資金と混同するな　219

第11章
比率分析から資金のバランスを追え

第1節　資金は今日も異常な〜し……………………………222

11-1-1　貸借対照表つながり　222
11-1-2　基本は3つ　222

第2節　経常資金のバランスを見る比率…………………225

- 11-2-1　流動比率は相対的に見てほしい　225
- 11-2-2　流動比率を用いるときの留意点　226
- 11-2-3　当座比率の味わい方　228
- 11-2-4　現金預金対短期借入金比率は漢字13文字だ　229

第3節　固定資金のバランスを見る比率…………………230

- 11-3-1　固定比率は何故(なにゆえ)ないがしろにされる　230
- 11-3-2　固定長期適合率とは、いかめしい名だ　231
- 11-3-3　貸借対照表の生きざまを見る　232

第4節　資金の安定度を見る比率…………………………233

- 11-4-1　負債比率には顔がない　233
- 11-4-2　自己資本比率は金融機関だけの指標じゃない　234
- 11-4-3　自己資本比率と収益性とは深い因縁がある　235
- 11-4-4　日銀のゼロ金利政策を経営分析する　237

第12章
資金繰表を作ってみよう

第1節　資金繰表を作る前に………………………………240

- 12-1-1　つじつま合わせに苦労する　240
- 12-1-2　柴犬クメハチ登場　240

第2節　こんなん、作りましたけど…………………………244

- 12-2-1　現金預金からすべての取引を見る　244
- 12-2-2　かなり細かいかもしれませんが　244
- 12-2-3　内部の眼、外部の眼　244
- 12-2-4　パッと見てわかるものがいい　245

12-2-5　脳ミソに汗をかけ　248

第3節　資金繰表の見方……………………………………………249
　　　12-3-1　資金繰表をなめまわす　249
　　　12-3-2　営業収入のトレンド(動向)を読む　250
　　　12-3-3　営業支出、六変化(へんげ)　252
　　　12-3-4　営業収支のオシリのにおい　254
　　　12-3-5　設備投資は予算でフォローしろ　254
　　　12-3-6　財務収支はガス抜き調整弁　255
　　　12-3-7　資金繰表は資料ファイルの肥やし　256

第13章
資金運用表に挑戦だ

第1節　経営分析の醍醐味と奥義………………………………258
　　　13-1-1　名前は知られています　258
　　　13-1-2　G社の協力を得ました　258
　　　13-1-3　経営分析は岡目八目の面白さよ　260
　　　13-1-4　資金運用表を作ってみようかね　262
　　　13-1-5　3種類の資金ベクトルを読む　264

第2節　迷宮の扉を開く……………………………………………265
　　　13-2-1　話はスーパー資金運用表へと進む　265
　　　13-2-2　あらかじめ組み替えておくこと　267
　　　13-2-3　ポイントは7つで十分だ　267

第3節　7つの関所は帰りがこわい……………………………269
　　　13-3-1　税引後の当期利益を税引前に戻してやる　269
　　　13-3-2　利益処分等の修正　269
　　　13-3-3　現金支出を伴わない費用って何？　270

        13-3-4　法人税はちょっと頭をひねる　273
        13-3-5　安易な資産評価換えに要注意　274
        13-3-6　税効果会計は全員抹殺　274
        13-3-7　資本を増減させる取引はどれだ　275

    第4節　一長と一短のある資金運用表…………………………277
        13-4-1　いよいよスーパー資金運用表を作成する　277
        13-4-2　長期の資金運用表はすべてを同時解決する　279

    第5節　資金運用表の読みかた百選……………………………280
        13-5-1　ポイントを3つ押さえよ　280
        13-5-2　決算資金は戻らない　281
        13-5-3　配当性向を押さえる　281
        13-5-4　手堅い設備投資　282
        13-5-5　経常資金の中のベクトル　282
        13-5-6　固定資金と経常資金、相互のベクトル　283
        13-5-7　資金運用表チェックリスト　283
        13-5-8　「問題あり」って何が問題？　284
        13-5-9　資金運用表と資金繰表との相違点　285

第14章
キャッシュフロー計算書の極意を伝授

    第1節　だれも知らない裏の世界…………………………………288
        14-1-1　フローとストックの複合ワザ　288
        14-1-2　最初にタネ明かし　288
        14-1-3　営業活動キャッシュフローが一番重要　289
        14-1-4　資金繰表とは求めかたが異なる　290
        14-1-5　営業収入の求めかた　290
        14-1-6　営業支出の求めかた　292

14-1-7　営業活動キャッシュフローの求めかた　293

第2節　あそこが山のてっぺんだ……………………………295

14-2-1　基本に帰れ　295
14-2-2　精算表で苦労するものはない　298
14-2-3　あっさりできるキャッシュフロー計算書　298

第3節　キャッシュに満たされた宝島を探せ………………301

14-3-1　隠された重大な欠陥　301
14-3-2　営業活動キャッシュフローを細工する　302
14-3-3　キャッシュフローはプラスか、マイナスか　304
14-3-4　キャッシュフロー・マージンを求めよう　304
14-3-5　キャッシュフローがプラスの原因を探る　305
14-3-6　キャッシュフロー分析の高みに登れ　305

第15章
あの会社の粉飾決算を見破ろう

第1節　売上高に対する粉飾……………………………………308

15-1-1　それは7年前から始まった　308
15-1-2　在庫売上の誘惑　310
15-1-3　動機の不純な子会社　311
15-1-4　目クソが笑う　313
15-1-5　値札飛ばし　314
15-1-6　借入金が売上高に化ける超魔術　315

第2節　売上債権に対する粉飾…………………………………317

15-2-1　墓穴の掘りかた　317
15-2-2　ワンマン企業は一代限り　318

第3節　棚卸資産に対する粉飾……………………………319

　　15-3-1　経理操作のボーダーライン　319
　　15-3-2　時価評価が混乱のもと　320
　　15-3-3　評価方法の多様性が拍車をかける　321
　　15-3-4　水増しで自ら溺れる　321
　　15-3-5　研究開発費はどこへ消えた　322
　　15-3-6　弱者はつらいよ　324
　　15-3-7　建設業は粉飾のデパートって本当ですか　324
　　15-3-8　マネするなよ　325
　　15-3-9　公共工事が特にあぶない　326

第4節　有形固定資産に対する粉飾……………………………327

　　15-4-1　粉飾のゴミ箱といわれる由縁　327
　　15-4-2　よくここまでやるものだ　328
　　15-4-3　税法が粉飾を助長するとまではいいませんが　329

第5節　投資勘定に対する粉飾……………………………331

　　15-5-1　時価会計の外にあるもの　331
　　15-5-2　カミカゼが吹いたケース　331
　　15-5-3　こんな会社の製品は買わない　332
　　15-5-4　回収されることのない債権　333

第6節　簿外負債による粉飾……………………………334

　　15-6-1　粉飾決算のスパイラル現象　334
　　15-6-2　二重帳簿はどこへ消えた　334
　　15-6-3　雪ダルマ式システム　335

第7節　損益計算書からのアプローチ……………………………336

　　15-7-1　道具はそろったか　336
　　15-7-2　利益増減の要因分析を活用する　337

15-7-3　売上総利益の増減は大丈夫か　337
　　　15-7-4　パーセントにも注目　338
　　　15-7-5　再びH社の登場　338
　　　15-7-6　販管費に切り込め　339
　　　15-7-7　支払利息に矛盾はないか　340

　第8節　貸借対照表からのアプローチ……………………………341
　　　15-8-1　ウラ技としての回転期間　341
　　　15-8-2　買入債務と融通手形のドッキング　341
　　　15-8-3　J工業の再登場　342
　　　15-8-4　現金預金に注目すると　342
　　　15-8-5　販売関係はどうか　343
　　　15-8-6　在庫も怪しい　343
　　　15-8-7　こうなったら固定資産も疑え　344

　第9節　キャッシュフロー分析からのアプローチ……………345
　　　15-9-1　資金繰りを粉飾するのは難しい　345
　　　15-9-2　正味営業運転資金からのアプローチ　345
　　　15-9-3　資金繰表からのアプローチ　346

　第10節　粉飾決算・番外編…………………………………………347
　　　15-10-1　善意の粉飾と、悪意ある粉飾　347
　　　15-10-2　社長も知らないところで　348
　　　15-10-3　抜かずの宝刀の斬れあじ　348
　　　15-10-4　税効果会計が粉飾に利用される　349
　　　15-10-5　会計事務所が手引きする　350
　　　15-10-6　別表一、四、五で十分なのだ　350
　　　15-10-7　法人税申告書を自分で作成できない企業たち　351
　　　15-10-8　粉飾企業はトイレ掃除の仕方でわかる　352
　　　15-10-9　ゲームの達人になってほしい　353

第16章
お疲れさまでした

索　引

装幀　印牧真和

第1章

はい、こちら粉飾決算研究所

第1節　最初にテーマを語らせてくれ

　　　　　　　　　　　――世間の信用をなくしたが最後、人間
　　　　　　　　　　　どうじたばたしてみたところで、もうだれ
　　　　　　　　　　　も相手にしてくれませんからね。
　　　　　　　　　　　　　　　　　　（里見弴『多情仏心』）

1-1-1　大きな声ではいえないが

　むかし、電車の中で交わされた女子高校生の会話がもとで、金融機関に取り付け騒ぎが起きたことがありました。いまや、インターネット全盛時代。ウソかマコトか、情報発信源はどこなのか、ということを確かめるヒマもなく、**企業に関する情報**が瞬時に世界を駆け回ります。

　サイバー攻撃とは、インターネットを通して政府や企業のシステムを直接破壊することですが、これからはウワサやデマによる攻撃で、企業が一気に追い詰められるケースが出てくるかもしれません。某電機メーカーのビデオデッキに関するクレーム処理の問答テープがインターネットに流れたり、某生命保険を誹謗中傷するネット掲示板が仮処分で差し止められるという事件が起きたり。企業のあずかり知らぬところで、数千人・数万人へと「くさい」情報が一気に伝播するので、当事者である企業はすぐには「フタのしようがない」という特徴があります。

　とくに悪い情報は、伝達速度が速い。X証券、Y銀行、Z百貨店などが経営破綻したときは、プレス発表される前日の夜にはすでに、インターネットで怪情報が飛び交っていたとか、いなかったとか。

　企業の未発表の情報を利用して株式投資を行うと**インサイダー取引**として処罰されますが、インサイダー情報だとは思いもよらないシロウトが、インターネットという鍵を使って、うっかりパンドラの箱を開けてしまうことだってありえます。とはいっても、情報を隠すことに汲々とし、真実の姿を伝えない企業の側に、問題の本質があるのはいうまでもありません。

　企業が公表する**製品情報**や、**財務諸表**[①]などの数値をつぶさに観察すると、

[①]財務諸表とは、貸借対照表、損益計算書、利益処分計算書およびキャッシュフロー計算書のことをいいます。これに附属明細書などを付け加えると、財務諸表等というように「等」をつけて呼びます。

どんなに隠しても隠し切れないメッセージを読み取ることができる場合があります。企業をめぐるウワサは本当なのかどうか、企業が公表する情報は信用できるのかどうか、そうしたことを冷静に判断するのが**経営分析**です。

最善（ハイリターン）を望みながら、最悪（ハイリスク）の事態を想定するところに経営分析の役割がある、というのは、うがった見方でしょうか。だとしたら、まずは、必ず最悪の事態を招くケースを知ることから始めましょうかね。

1-1-2 粉飾決算って何だろう

本当にまれにかもしれませんが、企業が、外部の利害関係者を欺くために、財務諸表の真実の数値をいじくり回して、虚偽の数値に置き換えることがあります。そのようにして、利益を過大に見せることを**粉飾決算**といいます。反対に、利益を過小に表示することを**逆粉飾**といいます。

上場会社は体面を重視するため粉飾の誘惑に負けやすく、非上場会社は逆粉飾に流れやすい、という法則があるらしい。企業の粉飾決算によって欺かれる**利害関係者**とは、その企業に出資している株主、貸付を行っている銀行、売掛金をもっている得意先などをいいます。経営分析に期待される役割としては、利害関係者が粉飾決算を見破ることができるかどうか、にあるといえるかもしれません。

粉飾決算は、どこか恋愛に似ています。本当の自分を偽り、他人を欺くものだからです。ロマンスといわれるものの多くは、「錯覚と欺瞞から成り立っている」と喝破したのは、19世紀後半に活躍したイギリスの作家、オスカー・ワイルドでした。いや、恋にはやがて倦怠期が訪れ、自分を虚飾する努力を怠るようになりますが、粉飾決算は破綻する最後まで努力するものなので、両者はやはり違うか。余計な話でしたね。

1-1-3 経理操作というグレーゾーンがある

明らかな粉飾決算とまではいいませんが、グレーゾーンとして**経理操作**というものがあります。

たとえば、前期までの売上高の計上基準について、「得意先に製品を納入し、得意先からその製品に関する検収通知が届いたときに売上高を計上する

基準①」としていたのに、当期から「商品を自社の工場から出荷したときに売上高を計上する基準②」へ変更することなどは、経理操作に該当します。

検収基準から出荷基準への変更は、売上高を早く計上することになり、それだけ利益が早く実現することになります。これは経理操作として許される範囲のものであって、粉飾決算ではありません。

経理操作は、**企業会計原則**や**商法・法人税法**などが、1つの取引について2つ以上の会計処理を容認し、そのうちのどれを選択するかを企業の判断に委ねているケースにおいて発生します。

いまの例は、質的な面での経理操作ですが、量的な面での経理操作もあります。たとえば、減価償却費の計上や引当金の繰入れにおいて、当期にどれだけの金額を計上するかは、量的な経理操作です。

一度採用した会計処理を、毎年継続して適用していれば、うしろ指をさされることはありません。決算期ごとに都合のよい会計処理へと変更する(経理操作を行う)場合に、「おやっ?」と思われ、粉飾決算なのではないか、と疑問をもたれるのです。

1-1-4　むかしの人はいいました

経営分析を行う側からすれば、最初に注意しなければならないのは、毎年作成される財務諸表について、去年と同じ会計処理が採用されているかどうかです。毎期、同じ会計処理が採用されることにより、財務諸表を連続して比較検証することが可能になります。

経理操作はすぐに、粉飾決算として糾弾されるものではありません。たとえば、さきほどの例でとりあげた売上高の計上基準について、検収基準から出荷基準へ変更することは、好ましいといえることが多いからです。反対に、出荷基準から検収基準へ変更することは、一般的にはかなり問題があるのですが、場合によっては望ましいこともあります③。重要なのは、なぜこの時期に変更しなければならないのか、今年になって会計処理の継続性を守れなくなったのはなぜなのか、その理由を十分に検証することです。

経理操作については、財務諸表を注意深く観察することによって、比較的

---

　①これを**検収基準**といいます。
　②これを**出荷基準**といいます。
　③この場合、売上高の計上時点が遅くなりますから、利益の計上も遅くなります。

容易に見抜くことができます。これに対し、粉飾決算を発見することは容易ではありません。粉飾を行う企業自体が、第三者に発見されることのないように、あの手この手の会計処理を駆使する場合が多いからです。

　しかし、粉飾決算には何らかの経理操作が伴いますから、経理操作の有無は経営分析を行うにあたって一応、注意すべきでしょう。経理操作がそのまま粉飾決算に化けるとは申しませんが、粉飾決算の前段階として経理操作は必ず行われる、と思っていただいてもかまいません。

　むかしの人はいいました。火（粉飾決算）のないところに、煙（経理操作）はたたぬと。

第2節　話を進める前に

　　　　　　　　　——噂は、それを語る人によって、人々
　　　　　　　　　は信じるか信じないかを決める。
　　　　　　　　　　　　　　　　（司馬遼太郎『項羽と劉邦』）

1-2-1　経営分析にも体系がある

　経営分析を行う場合、誰が何の目的のために行うかによって、アプローチのしかたに違いがあります。主体としては、企業の**経営幹部**、**株主**、**取引業者**、**アナリスト**、**金融機関**など。着眼点としては、**収益性**、**安全性**、**流動性**、**成長性**、**生産性**、**キャッシュフロー**、**資金繰り**、**粉飾決算の解明**など。これらを単純に組み合わせたら、何十冊もの本を書かなければなりません。

　ところが、経営分析にも体系があって、誰が見ても、どこに着目しようとも、共通の土俵というものがあります。土俵の構造は、次の2つのポイントからなります。

図表1　経営分析の二大構造

> ①　高い収益力を実現しているか（**収益性分析**）
> ②　資金はうまく循環しているか[1]（**キャッシュフロー分析**）

　これらが、「あざなえる縄」のごとくにからまりあって、一つの体系を作り出しています。他の指標はすべて、これら2つのポイントに付随するものです。

　図解すると、次のようになります。

---

[1]「資金繰りはうまくいっているか」という表現でもかまいません。

図表2　経営分析の体系

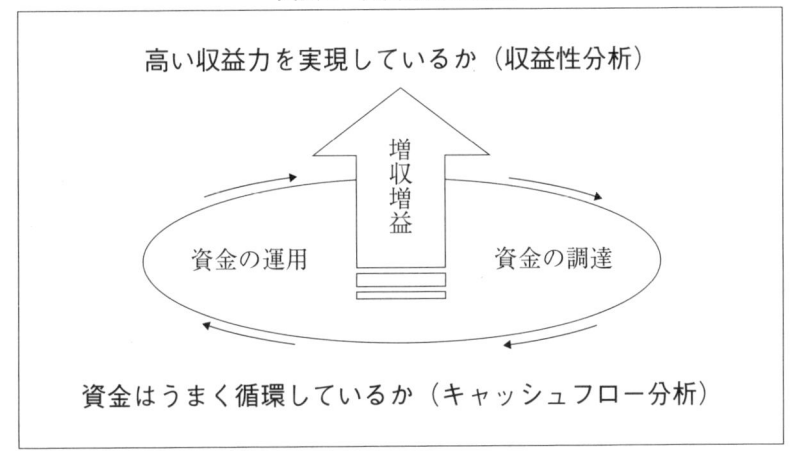

1-2-2　あざなえる縄をほどくヒント

　企業活動の成果は、最終的にはその**収益性**によって判断されます。収益——俗っぽい表現をするならば「**もうけ**」——は、企業活動の究極の目標です。もうけること以外に、企業が存在する意義などありません[1]。したがって、収益性は、経営分析最大のターゲットになります。

　ところが、収益性とは別の問題として、企業の体内をめぐる資金がうまく循環しているかどうかを考える必要があります。**収益性分析**だけでは、企業の真の姿を理解したことにはなりません。**キャッシュフロー分析**も一緒に理解しないと。

　収益力が多少悪くても、資金繰りが良ければ「どうにかなる」。しかし、どんなに高い収益力があっても、資金繰りに窮していては「どうにもならない」ですよね。売上高が100万円減るよりも、売掛金が100万円回収できないほうが、実は恐ろしいんです。

　経営分析というと、収益性分析で終わってしまうケースが多いようです。

---

[1]「もうける」ことを目標にしないのが、公益法人（財団法人・社団法人）や中間法人（同窓会・PTAなど）です。だから、税制でも優遇されています。公益を隠れ蓑にして、年間数千万円の報酬をもらい、高級外車を乗り回し、秘書付の個室で暮らす人々がいるようですが、それは個人的に「もうけている」のであって、ここでいう収益性とは関係のない世界です。

某銀行の経営分析資料が、収益性分析に終始していて、「え？　これだけ？」と驚いたことがあります。経営分析のプロともいえる銀行がこれでは、情けなぁ～。あとは、不動産の担保があればいい、ということらしい。この程度の分析能力しかないから、この銀行は不良債権をいっぱい抱えることになったんだと、妙に合点した。

27頁「図表2」をご覧いただければわかるとおり、**収益性分析とキャッシュフロー分析**とは、見方がまったく異なります。収益性分析は、上昇気流に乗っているかどうかが評価されます。これに対し、キャッシュフロー分析は、お金がぐるぐると回り続けているかどうかで評価されます。この違いを理解してください。

そして、これが最も大事。ずっと後のほうで、くわしく説明することなのですが、**収益性**と**資金繰り**との間には、次の関係があることを記憶にとどめておいてください。

図表3　収益性と資金繰りとの関係

①　**短期的**には、**高い収益力**と**資金繰り**とを同時に追求するのは難しい。
②　**長期的**には、収益性が高ければ、資金繰りもうまくゆく。 　　資金繰りがうまくいけば、収益性も高まる。

いまはまだ、ぼんやりとしか理解できないかもしれません。これから徐々に説明していきます。

とにかく、**経営分析の目的**は、企業の最終目標である**収益性**を評価し、**資金（キャッシュフロー）**が企業の潤滑油として循環しているかどうかを見きわめることにあります。それだけは、どうか忘れずに。

1-2-3　道具を選べ

経営分析の基本的な手法は、**収益性分析**にあります。収益性分析で用いられる手法は、**キャッシュフロー分析**でも応用されます。そこで、基本的な**分析手法**を説明することにします。

企業の収益性を判断する方法としては、2種類のアプローチ方法があります。

図表4　経営分析のアプローチ方法

① 比率で判断する方法
② 実数で判断する方法

比率で判断する方法とは、主にパーセントで表すものです。たとえば、企業活動で運用された資本[①]と、そこから生み出された利益とを対比する方法などがその例です。どれだけの設備資産や人材を投入して、どれだけもうけたか。それを知るための代表的な指標が、**資本利益率**です。

資本利益率はさらに、**売上高利益率**と**資本回転率**とに分解することができます。

図表5　資本利益率の構成

（資本利益率）＝（売上高利益率）×（資本回転率）

右辺の**売上高利益率**については、どのような**利益**を当てはめるかによって、いろいろな展開があります。**資本回転率**も、売上債権や買入債務などの**回転期間**に細かく分解されます。これらについて比率を求め、収益力の高さを判断することになります。

実数で判断する方法には、次のものがあります。

図表6　実数で判断する方法

① 前期と当期の増減比較
② 損益計算書の推移をみる方法
③ 付加価値利益やキャッシュフロー利益を計算する方法
④ 損益分岐点分析、キャッシュフロー分岐点分析
⑤ 資金運用表、キャッシュフロー計算書

本書では、これら分析手法について、実例を挙げながら解説を行います。

[①]ここでいう**資本**とは、貸借対照表の資本金や自己資本とは異なります。**ヒト、モノ、カネ**など、企業活動で運用されるものをいいます。

1-2-4　12桁の電卓をご用意ください

　これから始まる話は、**栃木クメハチ製作所**という架空の企業を舞台にしたものです。クメハチというのは、筆者が飼っている柴犬の名前です。
　栃木クメハチ製作所から提供してもらえる資料は、財務諸表と若干の補足資料です。限られた資料から、この会社の経営分析を行うことにします。
　通常、企業から提供される資料は、**貸借対照表**と**損益計算書**、それから**税務申告書**ぐらいです。中小企業で**附属明細書**まで作成しているところは、滅多にありません。附属明細書は、商法第281条で作成が義務づけられているのですが、……こういっては失礼ですが、中小企業で附属明細書までも作成する時間とノウハウはありません。
　会社側が財務諸表のほかに、自社内で行った経営分析の結果をまとめ、その資料を債権者や株主に提供することも、ありません。最近の会計ソフトは経営分析資料まで作成することができるので、会社側に提出を依頼してもいいかもしれませんが、分析する側がそこまでの親切を期待するものではないでしょう。自ら工夫して検証してこそ、企業の真実の姿を知ることができるというものです。
　企業内部の者であっても、自社内で作成された財務諸表の中味を、自らの力で分析できる力がほしいですね。それが、**経営幹部**に期待される能力の一つです。
　経営分析は、分析する側の主観的な判断でその企業の良し悪しを評価するものであり、分析する側の力量によって、得られる結果も異なります。その力量をどこまで高められるかを、自らの努力においてやりましょうよ。
　これからは、電卓をご用意ください。できれば、12桁のものを。読むだけではわからないことが、自ら電卓をたたくことで理解できる場合があります。ものぐさな性格に、経営分析は似合いません。

1-2-5　なんでもいいから財務諸表を入手せよ

　栃木クメハチ製作所から入手した資料を、次に掲げます[①]。

　[①]本書では原則として、百万円単位または千円単位で表示します。経営分析の世界に入り込むからには、慣れるようにしてください。

図表7　栃木クメハチ製作所、貸借対照表　　(単位：百万円)

科　目	前　期	当　期	科　目	前　期	当　期
現金預金	890	932	支払手形	621	738
受取手形	580	698	買掛金	208	286
売掛金	498	670	短期借入金	554	628
製品	154	54	未払法人税等	96	64
仕掛品	8	6	賞与引当金	36	36
原材料	76	276	その他流動負債	66	84
(棚卸資産計)	(238)	(336)	【流動負債計】	【1,581】	【1,836】
その他流動資産	104	24	長期借入金	518	750
貸倒引当金	▲22	▲34	退職給付引当金	14	12
【流動資産計】	【2,288】	【2,626】	【固定負債計】	【532】	【762】
土地	248	248	【負債計】	【2,113】	【2,598】
建物構築物	270	414	資本金	60	60
機械装置	138	279	利益準備金	14	15
(有形固定資産計)	(656)	(941)	別途積立金	510	711
無形固定資産	10	14	当期未処分利益	289	232
投資等	32	35	(うち当期利益)	(168)	(148)
【固定資産計】	【698】	【990】	【自己資本計】	【873】	【1,018】
【資産計】	【2,986】	【3,616】	【負債・資本計】	【2,986】	【3,616】
			割引手形	6	100

図表8　栃木クメハチ製作所、損益計算書　　(単位：百万円)

科　目	前　期		当　期	
売上高		3,454		4,014
売上原価				
(製品期首棚卸高)	117		154	
(当期製品製造原価)	1,781		2,080	
(製品期末棚卸高)	154	1,744	54	2,180
【売上総利益】	【	1,710】	【	1,834】
販売費・一般管理費				
(人件費)	574		628	
(減価償却費)	36		42	
(その他)	724	1,334	818	1,488
【営業利益】	【	376】	【	346】
営業外収益				
(受取利息)	37		55	
(その他)	1	38	1	56
営業外費用				
(支払利息)	70		102	
(その他)	2	72	2	104
【経常利益】	【	342】	【	298】
特別利益		3		4
特別損失		1		2
【税引前当期利益】	【	344】	【	300】
法人税等		176		152
【当期利益】	【	168】	【	148】
前期繰越利益		121		84
当期未処分利益		289		232

図表9　栃木クメハチ製作所、利益処分計算書　（単位：百万円）

科　目	前　期		当　期	
当期未処分利益		289		232
利益処分額				
（利益準備金）	1		0	
（配当金）	3		3	
（別途積立金）	201	205	100	103
次期繰越利益		84		129

図表10　栃木クメハチ製作所、製造原価明細書　（単位：百万円）

科　目	前　期		当　期	
材料費		546		602
労務費		782		966
製造経費				
（外注費）	200		230	
（賃借料）	4		4	
（減価償却費）	24		30	
（その他）	226	454	246	510
【当期総製造費用】		【　1,782】		【　2,078】
仕掛品期首棚卸高		7		8
仕掛品期末棚卸高		8		6
【当期製品製造原価】		【　1,781】		【　2,080】

1-2-6　科目集約は分析する側のセンス次第

　栃木クメハチ製作所の財務諸表はもっと細かいものなのですが、ここではある程度集約した形で掲載しています。どこまで科目を集約するかは、その目的によります。

　株式投資のために分析を行うのであれば、科目をもっとまとめてもいいでしょう。**会計監査**のためであるならば、もう少し詳細なデータを並べます。

　経営分析というと、非常に細かい項目まで拾い上げる人がいます。貸借対照表の仮払金の内容を知りたがったり、損益計算書の雑収入の内訳にまでこ

だわったり。しかし、重箱の隅をつつけばつつくほど、経営分析の結果は不確かなものとなります。

ここに掲げた財務諸表は、科目をかなり集約したものです。それでもまだ複雑です。ながめているだけでは、栃木クメハチ製作所の業績がいいのか悪いのかさえ、よくわかりません。そこで、最初におおよその傾向をつかむことにします。

1-2-7　まずは総資産などの増減比較を行う

経営分析においては、数多くの百分比（％）を用います。その詳細はいずれ紹介するとして、ここでは、経営分析において必ず行ってほしい作業を紹介します。それは、**前期と当期との増減比較**です。この作業は、29頁「図表6」の「実数で判断する方法」のトップバッターにありました。

栃木クメハチ製作所における主要な科目について、増減比較を行ってみます。まずは、貸借対照表の**総資産**[1]を比較します。

図表11　総資産の増減比較　　　　　（単位：百万円）

	前　期(A)	当　期(B)	増減額(C)	増減率(C)÷(A)
総資産	2,986	3,616	★1 630	★2 21.1%

当期は、前期よりも★1 630百万円[2]増加しています。増加した割合は、約1.2倍（＝100％＋★2 21.1％）です。かなりの増加といえるかもしれません。

では、総資産のうち、どこが増えたのでしょうか。総資産は、**流動資産**と**固定資産**とに分かれます。それぞれの増減比較を行ってみます。

図表12　流動資産と固定資産の増減比較　　（単位：百万円）

	前　期(A)	当　期(B)	増減額(C)	増減率(C)÷(A)
流動資産	2,288	2,626	★1 338	14.8%
固定資産	698	990	292	★2 41.8%

増減の「額」では流動資産の増加（★1 338百万円）が固定資産を上回っていますが、増減の「率」では固定資産（★2 41.8％）のほうが上回っています。

---

[1]総資産とは、貸借対照表の借方（左側）にある、流動資産と固定資産とを合計したものです。
[2]本書では、表中に「★番号」を用い、直後の文章と対応させる表示を採用しています。

いったい、どこの科目で増えたのか、詳細に調べる必要がありそうです。
次に、貸借対照表の右側、つまり**負債**と**自己資本**に注目します。負債はさらに、**流動負債**と**固定負債**とに分かれます。

図表13　負債と資本の増減比較　　（単位：百万円）

	前　期(A)	当　期(B)	増減額(C)	増減率(C)÷(A)
流動負債	1,581	1,836	★1 255	16.1%
固定負債	532	762	230	★2 43.2%
自己資本	873	1,018	145	16.6%

増減の「額」で見ると流動負債の増加（★1 255百万円）が一番ですが、増減の「率」で見ると固定負債の伸び（★2 43.2%）が突出しています。
このように、貸借対照表の主要な科目に関する増減分析を行っただけでも、「ひょっとしたら、長期借入金で、何か新しい機械装置を買ったのだろうか」、「借入金の金利負担と固定資産の減価償却費の増加が、減益の原因だろうか」と、直感的に思えそうです。
そうなんです。その直感が、経営分析の突破口となるのであり、とても重要なことなのです。

1-2-8　売上高などの増減比較もね

次に、損益計算書において重要な項目である、**売上高**、**経常利益**、**当期利益**の増減比較を行ってみます。

図表14　損益計算書、主要増減比較　　（単位：百万円）

	前　期(A)	当　期(B)	増　減(C)	増減率(C)÷(A)
売上高	3,454	4,014	★1 560	16.2%
経常利益	342	298	★2 ▲44	▲12.9%
（売上高経常利益率）	(9.9%)	(7.4%)	(★3 ▲2.5ポイント)	
当期利益	168	148	▲20	▲11.9%
（売上高当期利益率）	(4.9%)	(3.7%)	(▲1.2ポイント)	

当期における栃木クメハチ製作所では、売上高は*¹560百万円も伸びたのに対し、経常利益は*²44百万円の減少です。売上高に占める経常利益の割合（これを**売上高経常利益率**といいます）も、*³2.5ポイント[①]低下しています。当期利益も経常利益と同様に、減少しています。

1-2-9　増収増益と減収減益

　新聞や雑誌で、会社の決算を説明する方法として、「○％増収、○％増益」ということがいわれます。これは、会社の業績を、前期と比較して簡単に判断する方法と考えていいでしょう。

　○％増収または減収とは、当期の売上高が前期の売上高に比べて、何％増減したかを表すものです。「図表14」の右端にある「増減率」を見ると、栃木クメハチ製作所では16.2％の増収です。

　○％増益または減益とは、当期の当期利益が前期の当期利益に比べて、何％だけ増減したかを表すものです。「図表14」の右端にある「増減率」を見ると、栃木クメハチ製作所では11.9％の減益です。

　利益の比較としては一般に、**経常利益**をとらず、**当期利益**を採用することが多いようです。これは、株主が関心をもつ利益が、**法人税等**を差し引いた後の、配当可能で最終的な利益である当期利益に向けられているためです。

　栃木クメハチ製作所における当期の業績を、増収減益といいます。あまりカッコいい呼び方ではありません。

　経営分析では、売上高利益率や資本利益率など、「あれ」と「これ」とを組み合わせた比率分析をよく用います。しかしその前に、前期と当期の増減比較も有効です。むしろ、最初の切り口は、頭の中で暗算できる程度の増減分析から始めるのが無難です。

[①]百分比（％）どうしを比較する場合は、「ポイント」を使います。

第3節　財務諸表の構造

　　　　　　　　　　――あまり賢くない人は、自分が理解で
　　　　　　　　　　きない事については何でもけなす。
　　　　　　　　　　　　　　　　（ラ・ロシュフーコー『箴言』）

1-3-1　試算表が中心になる

　おそらくこの本を読まれている読者の多くは、会計や経営分析に関して、ある程度の知識を身につけていると思われます。そうはいっても、まったく未知の世界の読者もいるはずです。本格的な経営分析の世界に入る前に、**財務諸表**の仕組みを簡単に説明しておきます。

　さきほど、貸借対照表や損益計算書を掲げました。これらは、すぐに作成できるものではありません。毎日の取引から生まれる事実を**仕訳**①という形に表し、その積み重ねから**試算表**を作成します。

　仕訳は、取引を**借方**と**貸方**の左右に分離して記録するものです。したがって、仕訳を集めた試算表も左右に分かれます。

　科目ごとに集計された試算表を上下に分離したものが、**貸借対照表**と**損益計算書**になります。仕訳からいきなり、貸借対照表や損益計算書が作られることはありません。仕訳から始まって貸借対照表や損益計算書ができるまでに、**試算表**という中間生産物が存在することになります。

1-3-2　試算表の仕組み

　試算表は、「図表15」のような構造をしています。

　仕訳は借方と貸方とに分かれ、借方と貸方の金額は必ず一致し、「図表15」の試算表の5つの箱（**資産、費用、負債、資本**および**収益**）のどれかに収まります。したがって、試算表は必ず、**借方項目**（資産および費用）の合計と、**貸方項目**（負債、資本および収益）の合計とが一致することになります。

---

　①仕訳とは、勘定科目と金額とを、借方（左）と貸方（右）とに分けて、日常のあらゆる取引を記録するテクニックです。それを学問として確立させたのが、簿記です。

図表15　試算表の構造

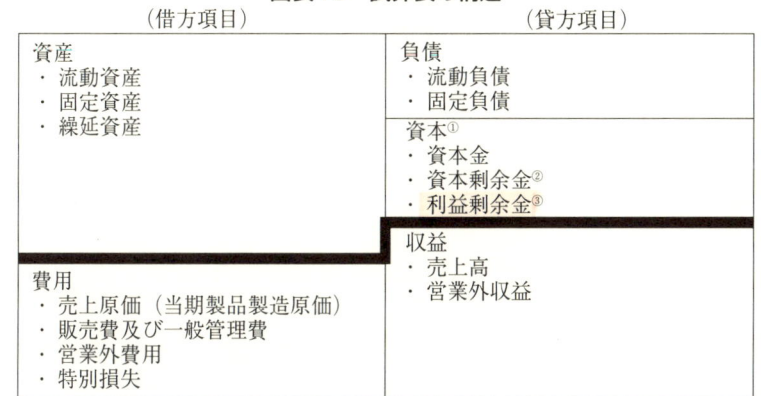

（借方項目）	（貸方項目）
資産 ・流動資産 ・固定資産 ・繰延資産	負債 ・流動負債 ・固定負債
	資本① ・資本金 ・資本剰余金② ・利益剰余金③
費用 ・売上原価（当期製品製造原価） ・販売費及び一般管理費 ・営業外費用 ・特別損失	収益 ・売上高 ・営業外収益

1-3-3　試算表を分解する

　期末の決算においては、さきほどの「図表15」の試算表を、太線ラインの部分で上下に分離する作業を行います。分離された上の部分が**貸借対照表**になり、下の部分が**損益計算書**になります（図表16）。

図表16　試算表を貸借対照表と損益計算書に分離する

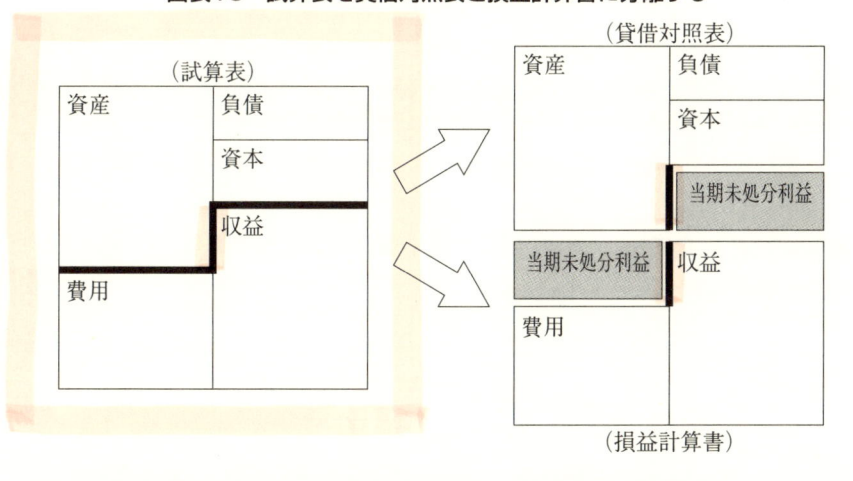

---

①資本の部には、資本金、資本剰余金、利益剰余金のほか、**評価差額金**や**自己株式**などがあります。
②資本剰余金とは、**資本準備金**と**その他資本剰余金**から構成されます。
③利益剰余金とは、**利益準備金**、**任意積立金**、**当期未処分利益**などから構成されます。

試算表を分離すると、貸借が一致しない部分（図表16、縦の太線ライン）が生じます。そこに、**当期未処分利益**（図表16、グレーの箱）をはめ込みます。

31頁「図表7」と「図表8」それぞれの当期未処分利益をご覧ください。前期289百万円、当期232百万円でそれぞれ一致しています。試算表を分離した後に当てはめたのですから、一致して当然です。

1-3-4　試算表の不一致部分は何を意味するか

当期未処分利益は、前期から繰り越されてきた利益（これを**前期繰越利益**といいます）と、当期中に稼いだ**当期利益**の合計額です。したがって、試算表の不一致部分は、会社を設立してから当期までの「各決算期における**当期利益**の累計額」となります[①]。

期末日後2か月ぐらいかけて、経理部が不眠不休で取り組んでいる作業は、試算表を貸借対照表と損益計算書とに分離する作業、というべきものです。3月決算会社の経理部職員は、5月のゴールデンウィークを休んだことがない、といわれていますが、なにも家庭で疎外されて他に行くところがないから会社に出てきているのではありません。ゴールデンウィークを返上しないことには、試算表の中の5つの箱の整理が終わらないからです。

借方項目である資産（図表16、上の箱）の一部を、同じ借方項目である費用（図表16、下の箱）に振り替えると、当期の利益は減ります。反対に、費用の一部を資産に振り替えると、当期の利益は膨らみます。

粉飾決算を行う例として最も多いのが、棚卸資産[②]を過大に計上することですが、これは、費用の箱から資産の箱に振り替えることによって、利益を膨らませる効果があるためです[③]。経理部職員はゴールデンウィーク中、この甘い誘惑と戦っています。

[①]「図表16」の縦の太線ラインは、企業活動の努力の結果により蓄積された利益です。この太線ラインが長くなるほど、**「内部留保が厚い」**と評価されることになります。
[②]普通は「たな卸資産」と、一部ひらがな表記することになっているのですが、本書では「棚卸資産」で統一します。
[③]科目の操作により当期利益が増えるのか、減るのかに迷うときは、「図表16」を思い描いてください。たとえば、棚卸資産を過大計上すると、当期利益は大きくなります。これは、棚卸資産が大 → 売上原価（費用）が小 → よって、当期利益が大、とイモヅル式に結論を導けばわかることなのですが、「図表16」を見れば、一発で理解することができるはずです。費用の箱から、資産の箱へ振り替えることは、縦の太線ライン（当期利益）を伸ばすことだと。

粉飾決算の究極の手法として、借入金を売上高に置き換える例があります。これは、貸方項目である負債（図表16、上の箱）の一部を、同じ貸方項目である収益（図表16、下の箱）に振り替えることです。当然、当期利益は膨らみます。借入金（負債）も売上高（収益）も貸方項目ですから、見た目にはちょっと気づかない粉飾決算となります。そこが、「彼ら」の狙いです。

1-3-5　そこに製造原価明細書というものがある

　製造業においては、貸借対照表と損益計算書の他に、**製造原価明細書**を作成します。製造原価明細書は、損益計算書の売上原価の、さらにその奥の、**当期製品製造原価**でつながっています。31頁「図表8　栃木クメハチ製作所、損益計算書」の当期製品製造原価と、32頁「図表10　栃木クメハチ製作所、製造原価明細書」の当期製品製造原価とが一致していることを確かめてみてください。それぞれ前期1,781百万円、当期2,080百万円となって、一致しています。
　製造原価明細書は、37頁「図表16」の試算表の中では、費用の箱に収められています。

1-3-6　連結財務諸表分析まで行う覚悟はあるか

　現在は、個別企業の財務諸表よりも、親会社と子会社を一つのグループとみなした**連結財務諸表**の作成が主流です。したがって、経営分析も、連結財務諸表に対するものでなければなりません。
　ただし、本書でとくに章を設けて連結財務諸表の分析を行うことまではしません。なぜなら、本書で説明する内容はすべて、連結財務諸表の経営分析にも応用できるからです。分析結果の頭に「連結〜」と付け加えれば、十分に通用します。

第4節　財務諸表を組み替えろ

>──自分が幸福であるだけでは不十分なのだ。他人が不幸でなければならないのだ。
>
>（ルナール『日記』）

1-4-1　経営分析は、子どものお使いじゃない

　企業から入手した財務諸表や分析資料をそのまま使うのでは、経営分析も「子どものお使い」です。経営分析は、企業会計原則、商法、税法などに縛られることなく、分析する側の自由な発想で行うものです。法律上の規制など、まったくありません。
　そうであるならば、分析しやすいように科目を組み替える作業を行いましょう。

1-4-2　売上債権と買入債務に集約せよ

　受取手形と売掛金とを合計して、**売上債権**といいます。支払手形、買掛金および裏書譲渡手形[①]を合計して、**買入債務**といいます。

図表17　売上債権と買入債務

売上債権……受取手形、売掛金 買入債務……支払手形、買掛金、裏書譲渡手形

　現在の会計制度では、売上債権や買入債務という表示は認められていません。手形の債権債務（受取手形・支払手形）と、普通の債権債務（売掛金・買掛金）とは、区別して貸借対照表に表示する必要があります。

---

①本文中にもあるとおり、**裏書譲渡手形**は買入債務に含めます。これに対し、**割引手形**は、短期借入金と同じ**金融債務**であって、買入債務には含めません。

しかし、経営分析では、得意先または仕入先に対する債権債務は、売上債権または買入債務として一括して把握します。得意先に対する債権を、売掛金と受取手形とに区別して経営分析の対象とすることは、ほとんど意味がない。経営分析のことを考えれば、会計制度も、もう少し大雑把なところがあってもいいですよね。

最近では、手形に貼る収入印紙をケチる目的なのかどうかは知りませんが、手形を振り出す代わりに売掛金の**期日指定入金**[1]というものが普及しています。手形を受け取る側は**手形割引**ができなくなった代わりに、**ファクタリング**（債権買い取り）[2]を行うようになっています。実務上、売上債権や買入債務に占める、手形の割合が少なくなりつつあるようです。

1-4-3 製品も商品も棚卸資産

製品と商品は、どちらも**棚卸資産**です。**製品**は、製造業で用いる科目です。材料を仕入れ、自社で加工して販売するものが製品です。**商品**は、流通業や小売業などで扱う棚卸資産であり、左から仕入れて、そのまま右へ販売するというように、自社内で加工を行わないものをいいます。

経営分析では、製品の在庫保有期間は長く、商品の在庫保有期間は短い、という特徴がある以外、とくに区別する必要はありません。できるだけ、棚卸資産一本で扱います。

1-4-4 貸借対照表に仮払金と仮受金があるのは異常だ

ある中小企業の貸借対照表を見たとき、負債の半分以上が**仮受金**、というのがありました。その企業は、数種類の書籍を発行していて、定期購読者から振り込まれてきた代金が、どの書籍の購入代金に該当するものかが把握できず、売掛金の消込みができないため、**とりあえず仮受金にプールしておく**というものでした。

---

[1]従来の取引は、売掛金がやがて受取手形に代わり、手形期日が来ればその手形を決済するというものでした。売掛金の期日指定入金とは、手形を振り出さない代わりに、手形期日に相当する日には必ず支払うことを、ファクタリング会社（その多くは銀行の子会社）が保証するものです。
[2]売掛金を持つ側で、早期に現金預金として回収したい場合は、**ファクタリング会社に売掛金を買い取ってもらう**ことになります。これにより、割引手形と同様の効果が得られます。

期末に財務諸表を作成するときは、仮受金の中にプールされた金額をチェックし、当期の購読にかかわるものはできる限り売上高に振り替える作業を行っているそうなのですが、どうしてもわからないものは仮受金に計上したまま次期に繰り越さざるをえないといいます。それが負債の半分以上を占める……。

　これは極端な例かもしれません。仮受金と同様に、**とりあえず**の性格を持つものとして、資産項目である**仮払金**があります。出張などをする職員に対して現金を支給したとき、会計処理としては全額をいったん、仮払金の勘定に計上しておきます。後日精算のときに、残金の返還を受け、仮払金から旅費交通費や交際費などの、正式な科目に振り替えます。これもよくある会計処理で、なんら問題がありません。

　ところが、ここで注意していただきたいのは、仮払金や仮受金は、期中において正式な科目が定まるまでの、緊急避難的な科目にすぎないということです。最終の貸借対照表では、仮払金と仮受金の残高はゼロでなければなりません。ゼロにしなければいけないのです。

　たとえば、3月決算の会社を考えてみます。3月決算の会社が財務諸表などを確定させるのは、5月の下旬ごろです。期末日から2か月近くもたって、いまだに仮払金や仮受金の金額を、正式の科目に振り替えられないのは、異常です。仮払金・仮受金が貸借対照表に計上されている会社は、**経理機能不全**に陥っていることを自ら告白しているようなものです。

　これは余談ですが、先ほどの会社のように、貸借対照表に仮受金を計上したままでは、税務署は納得しません。利益を将来に繰り延べ、税金の支払いを先延ばしにしていると判断されます。そこで、この会社では毎期、法人税申告書上で仮受金全額を当期利益に加算し、税額を計算しています。こういうのも、なんだかなぁ。

1-4-5　オーナーからの借入金と、オーナーからの出資金

　中小企業では、社長から企業への貸し付けが相当額にのぼります。役員報酬を支払いすぎて、社長から企業への貸し付けとして戻す、という現象まで起きます。これは、企業の財布とオーナー社長の財布とが一緒の感覚でいるからです。

　そこで、経営分析では、オーナー社長からの借入金は、資本金に振り替え

ます。表面上、企業の決算は債務超過でも、オーナーからの借入金を資本金に振り替えると、優良企業に変身する可能性だってありえます。

ここでやろうとしていることは経営分析だ。分析する者が、借入金を資本金に振り替えることなど、ちっとも不思議じゃない。

1-4-6　経営分析に適した利益を探し求める

本書では、次の3種類の特殊な利益を別途計算して求めます。

図表18　特殊な利益概念

① **事業利益**……これについては、76頁「3-4-1」を参照してください。
② **付加価値利益**……これについては、83頁「4-2-1」を参照してください。
③ **キャッシュフロー利益**……これについては、92頁「4-3-5」を参照してください。

これらの利益はすべて、貸借対照表や損益計算書の科目のうち、必要なものを集めて求めるものです。何か新しいものを創造しようとするのではありません。名前だけ見て、気持ちが引かないようにしてください。

第 2 章

まずは損益計算書から

第1節　損益計算書を上からながめると

――権威に弱い、というのは、教養や教育とはあまり関係ないようだ。私の知っているいわゆる食通には、店の名前で食べている男が何人かいる。

（吉行淳之介『権威について』）

2-1-1　損益計算書は貸借対照表よりも優先する

　財務諸表には、貸借対照表と損益計算書とがあります。経営分析において最初に目を通すのは**損益計算書**です。損益計算書は、1年間の企業活動の成果を示すものだからです。貸借対照表は、1年間の企業活動の結果として、期末日時点における資産や負債の在り高を示しているにすぎません。

　巻き寿司を包丁で切った断面を見て具の素材を確かめるのが貸借対照表分析であり、パクッと食べて味わうのが損益計算書分析です。前章で貸借対照表の増減分析により具の素材をある程度確かめたので、早速食べることにします。

　損益計算書分析を先に行うからといって、貸借対照表は分析する必要がない、といっているのではありません。**キャッシュフロー分析**では、損益計算書よりも貸借対照表が大活躍します。ただし、最初に経営分析の対象とするのは、損益計算書のほうだ、ということをご理解ください。

2-1-2　売上高の推移からZチャートを作る

　経営分析はいろいろな勘定科目を組み合わせて行うものです。損益計算書のトップバッターである売上高を見るだけでも、会社の業績に関して面白い情報を得ることができます。手始めに、経営分析の世界では広く知られた、**Zチャート**を紹介します。

　Zチャートを作るためには、2期間にわたる月次売上高（「月商」ともいいます）の情報が必要です。

　栃木クメハチ製作所の財務諸表全体から説明するのは難しいので、同社のお隣にあるA社から得られた月商情報に基づいて説明します。

図表19　A社、月次売上高（月商）の推移　　　（単位：百万円）

		4月	5月	6月	7月	8月	9月	10月	11月	12月	1月	2月	3月	計
月商	前期	8	8	9	11	11	12	13	15	15	11	10	9	132
	当期	11	10	13	14	13	14	17	19	18	13	12	14	168
当期月商累計		11	21	34	48	61	75	92	111	129	142	154	168	―
最近12か月月商累計		135	137	141	144	146	148	152	156	159	161	163	168	―

「図表19」の中段にある「当期月商累計」は、当期の月次売上高（月商）を足し合わせたものです。たとえば、6月の「当期月商累計」は34百万円となっています。これは当期の4月から6月までの月商を合計したものです。

下段にある「最近12か月月商累計」は、12か月分の累計額です。たとえば、6月の「最近12か月月商累計」は141百万円となっています。これは前期の7月から当期の6月までの月商を合計したものです。

2-1-3　いざ、Zチャートを作らん

Zチャートは、次の手順で作成します。

図表20　Zチャートの作成手順

---

① 横軸に月別、縦軸に売上高をとります。
② 毎月の売上高（月商）を点として印をつけ、線でつなぎます。
　　図表の下のほうにほぼ横軸に平行の線が引かれます。これを「当期月商線」といいます。
③ 「当期月商累計」を点として印をつけ、線でつなぎます。
　　右肩上がりの線が引かれます。これを「月商累計線」といいます。
④ 「最近12か月月商累計」を点として印をつけ、線でつなぎます。
　　横軸の上のほうにほぼ平行の線が引かれます。これを「売上傾向線」といいます。

Zチャートは、次のように作図できます。

図表21　A社、Zチャート

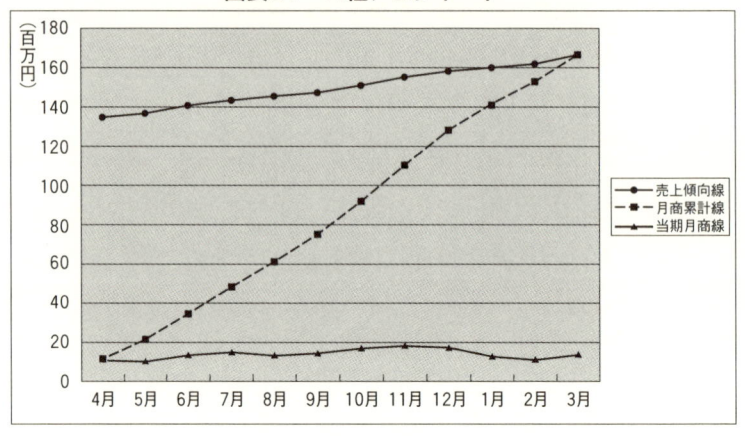

凡例：
- 売上傾向線
- 月商累計線
- 当期月商線

2-1-4　Zチャートの読みかた

　作図の方法からもご理解いただけるように、図表の下のほうにある**当期月商線**は、当期における各月の売上高の変動を表します。図表の中央にある右肩上がりの**月商累計線**は、その傾斜角度により、売上高の伸び具合を表します。図表の上にある**売上傾向線**は12か月の移動平均線です。

　このうち、移動平均線は、次の性質を持ちます。すなわち、売上傾向線が、ある月において下向きになったときは、その月の売上高が前期の同じ月の売上高よりも少なかったことを示します。反対に、売上傾向線が上向きになったときは、その月の売上高が前期の同じ月の売上高よりも多かったことを示します。株式取引にくわしい人であれば、移動平均線は自家薬籠中のものでしょう。

　このように、Zチャートを作ることで、視覚的に企業業績のトレンド（趨勢）を把握することができます。成長著しい企業のZチャートは、強烈な右肩上がりの「Z」文字となるはずです。A社のZチャートをみると、堅実な成長をしているな、といったことを読み取ることができます。

2-1-5　損益計算書の増減比較を行う

　売上高にからめて、損益計算書に関する分析に手をつけてみます。まず

は、損益計算書の増減比較を作ります。

図表22　損益計算書、増減比較

(単位：百万円)

科　目	前　期	当　期	増減額	増減率
売上高	3,454（100.0）	4,014（100.0）	560	★1 16.2%
売上原価	1,744（ 50.5）	2,180（ 54.3）	436	25.0%
（製品期首棚卸高）	117（　―　）	154（　―　）	37	
（当期製品製造原価）	1,781（　―　）	2,080（　―　）	299	
（製品期末棚卸高）	154（　―　）	54（　―　）	▲100	
売上総利益	1,710（ 49.5）	1,834（★2 45.7）	124	7.3%
販売費・一般管理費	1,334（ 38.6）	1,488（ 37.1）	154	11.5%
営業利益	376（ 10.9）	346（ 8.6）	▲30	-8.0%
営業外収益	38（ 1.1）	56（ 1.4）	18	47.4%
営業外費用	72（ 2.1）	104（ 2.6）	32	44.4%
経常利益	342（ 9.9）	298（ 7.4）	▲44	-12.9%
特別利益	3（ 0.1）	4（ 0.1）	1	33.3%
特別損失	1（ 0.0）	2（ 0.0）	1	100.0%
税引前当期利益	344（ 10.0）	300（ 7.5）	▲44	-12.8%
法人税等	176（ 5.1）	152（ 3.8）	▲24	-13.6%
税引後当期利益	168（ 4.9）	148（ 3.7）	▲20	-11.9%

「図表22」の右端の「増減率（%）」は、前期を100とした場合の、当期の増減率を示しています。

たとえば、売上高の増減率が[*1]16.2%となっています。これは次のようにして求めます。

図表23　売上高増減率の計算式

$$（増減額）=（当期の売上高）-（前期の売上高）=4,014-3,454=560百万円$$

$$（売上高増減率）=\frac{（増減額）}{（前期の売上高）}=\frac{560百万円}{3,454百万円}\times100=16.2\%$$

「図表22」で、前期と当期のそれぞれの数値の右横に、カッコ書きの数値があります。これらはすべて、売上高を100とした場合の構成割合です。たとえば、当期の売上高総利益率[*2]45.7%は、次のようにして求めます。

図表24　当期の売上高総利益率の計算式

$$（売上高総利益率）＝\frac{（売上総利益）}{（売上高）}＝\frac{1,834百万円}{4,014百万円}×100＝45.7\%$$

　百分率については小数点第2位を四捨五入して、第1位までを表示します。
　ところで、経営分析ではよく、「対〜」という用語を使います。対売上高とか、対総資産とか。これは「売上高に対して」または「総資産に対して」ということであり、「対」のあとにくるものは分母となります。たとえば、「対前期比」という場合、前期の数値を分母におき、当期の数値を分子とします。
　これに対し、分母を先頭にもってくるときは、「対」をつけません。「**売上高経常利益率**」のように。

2-1-6　製造原価明細書の増減比較もね

　流通業や小売業の場合は損益計算書だけでいいのですが、栃木クメハチ製作所のような製造業の場合、損益計算書に付属する資料として製造原価明細書が作成されます。そこで、製造原価明細書の増減比較も作ってみます。

図表25　製造原価明細書、増減比較　　　　（単位：百万円）

科　目	前　期	当　期	増減額	増減率
材料費	546（　30.6）	602（　29.0）	56	10.3%
労務費	782（　43.9）	966（　46.5）	184	23.5%
製造経費	454（　25.5）	510（　24.5）	56	12.3%
当期総製造費用	1,782（100.0）	2,078（100.0）	296	16.6%
仕掛品期首棚卸高	7（　—）	8（　—）	1	14.3%
仕掛品期末棚卸高	8（　—）	6（　—）	▲2	-25.0%
当期製品製造原価	1,781（　—）	2,080（　—）	299	16.8%

　製造原価明細書のカッコ書きの数値は、当期総製造費用を100とした場合の、材料費などの構成割合を示しています。栃木クメハチ製作所では、労務費の伸びが突出していますね。

第2節　経常利益の一歩手前まで

>——自分が他人にしてほしいと思うことを、他人にも同じようにしてやるべきではない。その人の好みが自分と一致するとは限らないからだ。
>
>　　　　　（バーナード・ショー『人と超人』）

2-2-1　なんでこんなに利益の科目があるのか

　損益計算書では、売上高から始まって、次のような利益を求める構造になっています。この機会に、これらの順序を徹底的に覚えてください。

図表26　利益の構造

```
売上高
　　売上総利益
　　営業利益
　　経常利益
　　税引前当期利益
　　当期利益①
　　当期未処分利益
```

　損益計算書の最初に登場するのは、**売上総利益**です。売上総利益は別名、**粗利益**または**アラリ**ともいいます。製造業などで**原価計算**を行っている場合には、売上総利益が最も注目されるべきです[2]。
　製販一体でとらえるなら、**営業利益**のほうが重要です。企業は、製品を作ったり、商品を仕入れたりしただけで利益を生みだすのではありません。

---

[1]税引後の当期利益は、**税引後当期利益**とせず、単純に**当期利益**と呼ぶのが制度上の決まりになっています。ただし、本書では**税引前**当期利益と区別するために、**税引後**当期利益という表現を多く用いています。
[2]筆者は、原価計算や生産管理を中心にコンサルティングを行っていますが、そこでは**製品ごとの売上高**、**製品ごとの売上原価**、その差し引きである**製品ごとの売上総利益**を徹底的に重視しています。その下に続く、**販売費及び一般管理費**などは、**予算**で**管理**するようにします。

「売れてなんぼ」の世界です。営業部門の力や、バックアップ部門（総務・経理）の協力を加味したものが、営業利益です。営業利益は、**本業のもうけ**ともいわれます。

本業のもうけを稼ぐ**製販一体の活動**に、**財務活動の成果**を加えて、1年間における**企業の総合力**を見ようとするのが、**経常利益**です。**経常**とは、一定の状態で継続して変わらない活動をいいます。**計上**と区別するために、会話では経常を「ケイツネ」と呼ぶことがあります。

株主や金融機関からすれば、**当期利益**にすぐ目が行くかもしれません。当期利益が黒字であってこその営業利益や経常利益でしょうから。

それぞれの利益には、財務諸表を作る側・見る側それぞれに**温度差**があります。それについては、徐々に説明することにします。

2-2-2　まずは、売上総利益から

栃木クメハチ製作所の業績について、売上高から売上総利益までをみてみます。

図表27　売上高から売上総利益まで　　　　　（単位:百万円）

科　目	前　期(A)	当　期(B)	増　減(C)	増減率(C)÷(A)
売上高	3,454(100.0)	4,014(100.0)	560	[*1]16.2%
売上原価	1,744(50.5)	2,180(54.3)	436	25.0%
（製品期首棚卸高）	117(　ー)	154(　ー)	37	
（当期製品製造原価）	1,781(　ー)	2,080(　ー)	299	
（製品期末棚卸高）	154(　ー)	54(　ー)	▲100	
売上総利益	1,710([*2]49.5)	1,834([*3]45.7)	124	[*4]7.3%

売上高の増減率は[*1]16.2%ですが、売上高総利益率は[*4]7.3%で半分以下の伸びです。売上高総利益率を比較してみると、前期[*2]49.5%に対し、当期[*3]45.7%で3.8ポイントも低下しています。

「図表27」をよくみると、期末における製品の棚卸高が約3分の1まで減少（154百万円 → 54百万円）しているのが目を引きます。前に、資産の箱を減らすことは、費用の箱を増やすことだといいました。費用の箱が膨らむということは、利益（37頁「図表16」の縦のライン）を減少させます。製品在

庫を減らしたことが、売上高総利益率を低下させた原因かもしれません。

ただし、製品在庫を減らすことが、ストレートに売上高総利益率を減らすわけではありません。一定の利益を確保しながら販売しているのであれば、売上高総利益率は上昇することもあるからです。製品在庫が減って売上高総利益率も低下しているということは、**損切り覚悟**で在庫処分を断行した可能性があります。そこのところを、きちんと確かめないと、即断は禁物です。

2-2-3 売上総利益を減少させた黒幕はだれだ

売上高総利益率を低下させた原因として、第1に疑われるのは**売上高**です。第2が**売上原価**です。

ところが、売上高は損益計算書に1行しかありません。これに対し、売上原価は、いくつかのデータに分かれます。栃木クメハチ製作所は製造業ですから、売上原価というよりも、その奥にある当期製品製造原価の中味を調べてみます。

図表28　製造原価明細書　　(単位:百万円)

科目	前期(A)	当期(B)	増減(C)	増減率(C)÷(A)
材料費	546(30.6)	602(29.0)	56	10.3%
労務費	782(43.9)	966(46.5)	184	★[1]23.5%
製造経費	454(25.5)	510(24.5)	56	12.3%
当期総製造費用	1,782(100.0)	2,078(100.0)	296	16.6%
仕掛品期首棚卸高	7(ー)	8(ー)	1	14.3%
仕掛品期末棚卸高	8(ー)	6(ー)	▲2	▲25.0%
当期製品製造原価	1,781(ー)	2,080(ー)	299	16.8%

労務費の増加にものすごいものがあります。対前期比★[1]23.5%も増加しています。業績好調による残業手当の支払い増でしょうか、それともリストラに伴う退職金でしょうか。

製造原価明細書にある製造経費の内訳を、もっと細かく見てみます。

図表29　製造経費の内訳　　　　　　　　　　（単位:百万円）

科　目	前　期(A)	当　期(B)	増　減(C)	増減率(C)÷(A)
外 注 費	200(44.0)	230(45.1)	[*1]30	15.0%
賃 借 料	4(0.9)	4(0.8)	0	0.0%
減価償却費	24(5.3)	30(5.9)	6	[*2]25.0%
そ の 他	226(49.8)	246(48.2)	20	8.8%
合　計	454(100.0)	510(100.0)	56	12.3%

　企業側が作成する製造原価明細書の内訳は、細かく分類されています。項目を一つずつ拾い上げるよりも、経営分析にとって必要なもの（外注費や減価償却費など）を抜き取り、できる限り要約します。

　製造経費を要約した結果を「図表29」でみると、外注費の増加額（[*1]30百万円）も著しいですが、減価償却費の増加率（[*2]25.0％）も高いことがうかがえます。製造原価に占める労務費の増加と合わせると、かなりの変化が予想されます。

　残念ながら、前期と当期の増減分析によってわかることは、ここまでです。結局、売上高総利益率を低下させた黒幕はだれだ？　売上高なのか、売上原価なのか、そういった大局的なことはわかりません。まさか、売上高は大幅に伸びたのだから、黒幕は売上原価だ、なんて短絡的な結論は導かないでくださいよ。96頁「5-1-2」以降で、別の観点より、栃木クメハチ製作所の増収"減"益の真犯人を追及します。

2-2-4　販管費（はんかんひ）という略称

　損益計算書を上から見ると、売上総利益から、**販売費及び一般管理費**（以下「**販管費**」といいます）を控除して営業利益を求める構成になっています。
　製造原価や販管費などの費用で重要なのは、人件費と減価償却費ですから、電卓を使ってこれらに関連する項目を集計します。販管費にある役員報酬は、給与と同じく人件費に含めます。
　役員報酬の高さを問題にする人がたまにいます。それは経営分析の世界で

は「余計なお世話」です。経営分析では、役員報酬であろうと給料であろうと、人に支払うものであれば十把ひとからげで人件費とし、それが企業の業績にどう影響しているかをみます。

栃木クメハチ製作所の販管費をまとめると、次のようになりました。

図表30　販管費の内訳　　　　　　　　　　（単位:百万円）

科　目	前　期(A)	当　期(B)	増　減(C)	増減率(C)÷(A)
人　件　費	574（43.0）	628（42.2）	54	9.4%
減価償却費	36（2.7）	42（2.8）	6	16.7%
そ　の　他	724（54.3）	818（55.0）	94	13.0%
合　計	1,334（100.0）	1,488（100.0）	[*1]154	11.5%

販管費の人件費や減価償却費は、本社や営業所などに関する費用です。いわば、本業をバックアップするための費用、または営業最前線の費用です。

栃木クメハチ製作所のデータで、製造原価の人件費・減価償却費と、販管費のそれらとを比べると、販管費のほうはそれほどの伸びを示していません。しかし、売上総利益は対前年比124百万円しか増えていないにもかかわらず、販管費は合計で[*1]154百万円も増加していることから、結果として営業利益は前期と比べると減少せざるを得なくなりました。

2-2-5　営業利益で本業のもうけ具合を知る

企業は商品を仕入れ、それを販売することで**もうけ**を得る生き物です。総務や経理のバックアップ部門の存在も不可欠です。製販一体の活動を通して得られる利益が、営業利益です。まさに、本業によって稼いだ利益です。

いままでに見てきたことで、栃木クメハチ製作所の本業の成果（営業利益まで）をまとめると、次のようになります。

> ① 収益基盤は拡大傾向にある。
> ② 製造原価中、人件費や減価償却費の伸びが高く、増収増益とまではいかなかった。
> ③ 販管費などで経費の増加もあり、営業利益段階では減益となった。

2-2-6　自立できない営業外損益

　営業利益の直後、**経常利益**を求める直前に、営業外収益と営業外費用があります。両者をまとめて、**営業外損益**といいます[①]。
　営業外損益の中心は財務活動に伴って発生する損益です。受取利息、受取配当金、支払利息、手形売却損など。雑収入や雑損失など、まさに営業外の損益[②]も含まれます。
　営業外損益で大きな比重を占めるのは、**受取利息**と**支払利息**です。企業の多くが預金や借入金をはじめとする銀行取引を中心としているのですから、これらの科目の残高が多くなるのは当然です。
　有価証券投資に熱心な企業は、受取配当金や有価証券売却損益が多いかもしれません。社債を発行している企業なら社債利息が登場しますし、輸出入取引をしている企業なら、ドルなどを円に換算したときの損益が発生します。いずれも営業外損益項目です。
　営業外損益の科目は、単体では経営分析の対象とはなりません。受取利息は預金（流動資産）との関連で、また、支払利息は借入金（流動負債や固定負債）との関連で考えます。受取配当金は、有価証券（流動資産）や投資有価証券（固定資産）と関連づけます。つまり、営業外損益は、貸借対照表に関連するデータとして用いられます。
　栃木クメハチ製作所の、営業外損益の概要を把握しておきます。

---

①経常利益の下にある、特別利益と特別損失を合わせて、特別損益といいます。
②損益とは、損失と利益を合わせたものです。

図表31　営業外損益の増減比較　　　　　　（単位:百万円）

科　目	前　期(A)	当　期(B)	増　減(C)	増減率(C)÷(A)
（営業外収益）				
受取利息	37	55	18	48.6%
その他	1	1	0	－
小計	38	56	18	47.4%
（営業外費用）				
支払利息	70	102	[*1]32	45.7%
その他	2	2	0	－
小計	72	104	32	44.4%
差引計	▲34	▲48	▲14	－

　前期に比べると、支払利息が急増（前期比[*1]32百万円増）しています。この負担が、栃木クメハチ製作所の利益を、さらに減少させたようです。

第3章

収益性は奥が深いのだ

第1節　ここ（経常利益）からが本題

　　　　　　　　　　――私は、勤倹精神だの困苦欠乏に耐
　　　　　　　　　　える精神などというものが嫌いである。
　　　　　　　　　　　　　　　（坂口安吾『欲望について』）

3-1-1　腐ったバナナと経常利益

　腐ったバナナやミカンを全部食べたあとで、「ああ、これは腐ってたなあ」と気づく人は、まずいません。手に取ったときに皮の一部が変色していることで、「これはちょっと腐っているかもしれない」と判断するはずです。
　皮をむいて「ここは食べられないな」と思ったら、よほど腹が減っていない限り、腐っていると思われる部分を捨てて、残りを食べます。それとも、飽食の時代だから、一部でも腐っていたら全部を捨ててしまうのかな。いずれにしても、人はまず、見た目で判断する能力を持っています。
　財務諸表においても、見た目で企業の業績を判断できる項目があります。**経常利益**です。黒字なのか赤字なのか、前期の経常利益と比較してどの程度の増減があるのか、売上高に対してどれだけの比率なのかをさっと見て、まず、その企業に関するおおよその傾向を判断することができます。
　損益計算書の利益には、**営業利益**や**当期利益**もあるのに、その中でも特に経常利益が重要な理由はどうしてでしょうか。それは、**日常の企業活動から生まれる利益**だからです。
　企業が稼ぐ収益には、本社工場などの固定資産を売却した利益や、子会社の株式を売却した利益もあります。しかし、これらは、毎年、生み出される利益ではなく、「たまたま」その年にひねり出された利益です。「たまたま稼いだ利益」は経常利益に含めることはせず、経常利益の下の特別損益の部で調整します。
　また、経常利益の上にある営業利益では、営業外損益など企業が日々行っている財務活動の成果が漏れてしまいます。消去法といっては失礼かもしれませんが、経常利益が経営分析のデータとして最後に残る、といったところでしょうか。いえいえ、経常利益には、もう少し積極的な意義があります。

3-1-2　経常利益は収益性の判断と結びつく

プロ野球では、打率3割、30本塁打、100打点が、一流選手の証明である、といわれます。

イチロー選手のように毎年ハイレベルな成績を残すプロもいれば、「たまたま」その年だけ打率3割を超えたプロもいます。プロといっても、両選手を同じレベルで評価することはできません。

企業においても同じです。**経常利益**は毎年、コンスタントに稼ぐ利益であり、各期を比較することで企業の実力が上昇傾向にあるのかどうか、を知ることができます。

損益計算書の最終的な利益である当期利益は、かなりの**恣意性**が入り込んでいて、**企業の実力**を表すには適切ではありません。固定資産の売却損益や、災害による臨時損失などが反映されており、さらに、法人税等が差し引かれたりしています。企業によっては、最初に当期利益を決め、そこから売上高までさかのぼって決算を組むところもあります[①]。

その年限りの経営分析であれば、当期利益で判断すれば十分です。しかし、企業は継続するものです。継続的な力を判断するためにはやはり、経常利益のほうがいい、ということになります。

経営分析でも、経常利益を利用した指標がいくつかあります。売上高経常利益率は、34頁「図表14」で紹介しました。ここでは、もう一つ、**総資本経常利益率**を紹介します。

経営分析では、**収益性**という言葉をよく聞きます。実は、この収益性は、総資本経常利益率に基づいて判断されます。

3-1-3　だったら収益性って何だろう

次の2社の収益性[②]を考えてみることにします。どちらが、収益性の高い会社であると判断できますか。

[①]冗談ですよ、といえないところが、恐ろしい。
[②]収益という文言を分解すると、収入と利益になります。収入は売上高のことであり、利益はここでは経常利益のことです。

第3章　収益性は奥が深いのだ　　61

図表32　B社とC社の比較（その1） （単位：百万円）

	B社	C社
売上高	100	1,000
経常利益	30	300
（売上高経常利益率）	（　30％）	（　30％）

　まさか、C社のほうが売上高が大きいので、C社のほうが収益性が高い、と判断する人はいないでしょう。**売上高経常利益率**は両社とも30％ですから、このデータだけでは、どちらが高い収益性をもっているかを判断することはできません。売上高以外の項目（売上原価や販管費など）と、経常利益とを比較しては、余計わからなくなります。つまり、損益計算書だけでは、企業の収益性を判断することはできない、ということです。

　では、他にどういうデータが必要なのでしょうか。損益計算書以外から得られるデータといえば、**貸借対照表**からしかありません。

3-1-4　収益性を判断するカギは企業規模にある

　経済学に**規模の経済性**という理論があります。これによれば、単に企業規模が大きいというだけで、一定の利益を稼ぐことができる事業があります。たとえば、電話・鉄道・電力事業など。これらの事業は、だれでも始められるものではありません。多額の借り入れを行い、大規模な設備投資が必要です。

　たくさんの会社が電力事業や電話事業に参入して、別々に電柱を立てたり電話線をはっていたりしていたのでは、社会全体では二重三重の、膨大なコストを要します。そこで、このようなムダを抑えるため、特定の事業については特別の法律が定められて、政府から一社にだけ事業認可が行われ、その企業だけが独占的な事業を行えるようになっています。市場競争でもまれることがないので、あとはただボ〜ッとしていても、独占的な利益がフトコロに入る仕組みができあがります。

　これらの事業は、社会全体の費用を最小限に抑える、という考え方で行われているものです。借入金の残高が多く固定資産が膨大となるがゆえに、特権的な利益が保障されているだけであって、それがイコール、収益性の高い

企業だと評価されているわけではありません。

むしろ、「座して禄を食む」ことから、民間企業でありながら役所仕事も同然、非効率この上ないこと、電話・鉄道・電力などを利用する者として日々感ずるところでございます。それでも一定の利益をちゃんと確保できるのは、独占事業として保護されているからです。

これに対し、圧倒的大多数の企業は、自由競争の中にいます。競争に勝ち残っている企業をよく観察すると、「効率がいい → もうける力が強い → 収益力が高い」というパターンが多いようです[1][2]。では、「効率がいい」とは、何で判断できるのでしょうか。どうやら、図体の大きさ（**企業規模**）が関係しているみたいだな、といえそうです。

3-1-5 利益は資産から生まれる（総資本経常利益率）

図体の大きさ（**企業規模**）とは、貸借対照表の借方または貸方の総合計、つまり、**資産の合計**または**負債・資本の合計**をいいます。そこで、さきほどの「図表32」に、企業規模を表す総資産のデータを付け加えることにします。

図表33　B社とC社の比較（その2）　　（単位：百万円）

	B社	C社
売上高	100	1,000
経常利益	30	300
総資産	70	900

B社は、総資産70百万円を使って、30百万円の経常利益を稼ぎました。C社は、総資産900百万円を使って、300百万円の経常利益を稼ぎました。

総資産のデータを加えたことで、両社の収益力が明らかになりました。結論から先に申し上げると、収益性が高いのはB社のほうです。「収益性が高い」というのは、次の式で判断することができます。

---

[1] 逆は真ならず。利益を上げているから、効率がいいとはいえません。
[2] 他のパターンとしては、「効率は悪くても特許がある → 収益力が高い」などが考えられます。ここでは、「効率がいい → 収益力が高い」パターンを考えます。このパターンが代表的なものでしょう。

図表34　総資産と経常利益との関係

$$\frac{（経常利益）}{（総資産）} = \frac{30百万円}{70百万円} \times 100 = 42.9\%（B社）$$

$$= \frac{300百万円}{900百万円} \times 100 = 33.3\%（C社）$$

「図表34」の式の意味するところは、次のとおりです[①]。

① B社は、70百万円の総資産を運用することで、総資産に対して42.9％の利益を確保することができる。
② C社は、900百万円もの総資産を運用していながら、総資産に対して33.3％の利益しか確保することができない。
③ B社は、C社の約1.3倍（$=\frac{42.9\%}{33.3\%}$）の収益力がある。

　B社の42.9％や、C社の33.3％が、**総資本経常利益率**と呼ばれるものです。総資本経常利益率を求めることにより、会社の財産（総資産）を使って、どれだけの利益を確保したかを調べることができます。また、この総資本経常利益率の高低によって、その企業の**収益力**を判断することができます。
　総資本は「ヒト、モノ、カネ」のことであり、**総資産**とほぼ同義です。ただし、総資本は、**知的財産権**など数値で表すことのできない価値も含みますから、定義としては総資本のほうが広いといえば広い。じゃあ、総資本は総資産と比べてどのくらい違うのか、と問われれば、「違いはないよ」としか答えようがありません。そんなものです。なお、総資本は英語で"Asset"といいます。総資本経常利益率のことを"ＲＯＡ（Return on Asset）"といいます[②]。
　「**企業規模**と**経常利益**とを組み合わせる」というところがご理解いただけないようでしたら、あなたがB社またはC社の株主だと仮定してみてください。会社に1,000円を出資したところ、B社はその1,000円を元手（総資本）に商売を行い、株主に最大429円（＝1,000円×42.9％）までの配当を支払う

[①]「図表34」の式において、厳密には分母の総資産は、前期と当期の平均をとるべきです。ただし、本書では、簡便な方式として、期末の総資産だけを分母としています。
[②]自己資本（Equity）を用いた自己資本利益率は、"ＲＯＥ（Return on Equity）"です。

ことができるほど稼いだ、ということです。C社は、同じ1,000円の元手で商売を行いながら、株主に最大333円（＝1,000円×33.3％）までの配当しか支払うことができません。どちらが、収益力のある会社であるかは、一目瞭然です。

3-1-6　この会社の収益性はどうだろう

栃木クメハチ製作所の総資本経常利益率を、前期と当期とで比較してみます。

図表35　総資本経常利益率の比較　　（単位：百万円）

	前　期	当　期	増　減
総資本(A)	2,986	3,616	630
経常利益(B)	342	298	▲44
総資本経常利益率 ＝(B)÷(A)×100	11.5％	8.2％	▲3.3ポイント

前期に比べて、総資本経常利益率が3.3ポイントも低下しています。運用している総資本は増えているのに、経常利益が減少したためです。これでは、収益性が落ちているとしかいいようがありません。

3-1-7　収益性のキーワード

総資本経常利益率は、**収益性分析**にとって重要な指標であるといわれています。しかし、話としては多少小さい。

　総資本は、株主や債権者から集めた資金の運用形態です。受取手形、有価証券、固定資産など、すべて資金を運用している最中のものです。そこで分母を、**「資金の運用」**に置き換えてみます。

図表36　収益性の公式

$$(総資本経常利益率) = \frac{(経常利益)}{(総資本)}$$

$$\Downarrow$$

$$(収益性) = \frac{(経常利益)}{(資金の運用)}$$

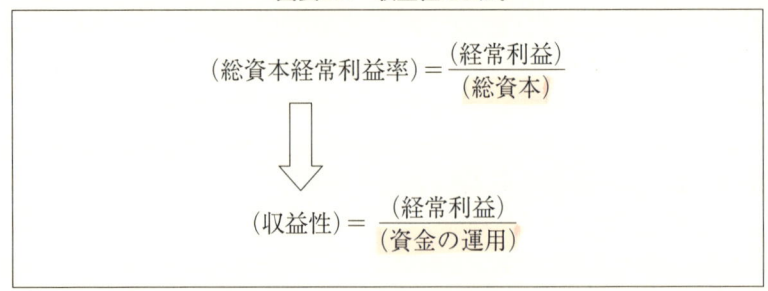

「図表36」の下の式からいえることは、コンパクトな資金運用を行うことで、どれだけ多くの経常利益を稼ぐことができるか、ということに行きつきます。これが「高い収益性を実現する」ためのキーワード。これ、覚えておいてくださいよ。あとでボディブローのように、じわっと効いてきますから。

第2節　総資本経常利益率の分解

> ——いやあ、私たちの将棋はね、詰められるように詰められるようにと自分の王様が逃げるんですよ。
>
> （古今亭志ん生）

3-2-1　"1×1＝1"の鉄則

　経営分析する企業の収益性を見極めたい場合には、**総資本経常利益率**が単に良いか、悪いかの問題だけでなく、どこが良いのか、どこが悪いのかまでも突きつめてほしいものです。同じ規模の他の会社や、業界の平均と比べて低い場合や、高い場合は、その原因を追究してこその数値でしょう。

　そのためには、総資本経常利益率を、**売上高経常利益率**と**総資本回転率**とに分解してみることです。そうなんです、総資本経常利益率は、その算式の分子と分母とに**売上高**を挿入すると、次のように2つに分解できるのです。

図表37　総資本経常利益率の分解

$$\underset{(総資本経常利益率)}{\frac{(経常利益)}{(総資本)}} = \frac{(経常利益)}{(総資本)} \times \frac{(売上高)}{(売上高)}$$

$$= \frac{(経常利益)}{(売上高)} \times \frac{(売上高)}{(総資本)}$$

$$= (売上高経常利益率) \times (総資本回転率)$$

　さぁて、話がまたまた難しくなってきました。でも、よく見ると、右辺第1項の**売上高経常利益率**は、売上高総利益率と仕組みは同じです。分子を経常利益としているだけです。

　いきなり登場しているのは、右辺第2項の**総資本回転率**です。この総資本回転率については、126頁「6-2-1」で説明します。ここでは、「回転率が上がるのはいいことだ」ということだけを知っておいてください。

　栃木クメハチ製作所の当期の数値を使って、3種類の指標を示してみます。

図表38　総資本経常利益率の計算

$$
\begin{aligned}
(総資本経常利益率) &= \frac{(経常利益)}{(総資本)} \\
&= \frac{298百万円}{3,616百万円} \times 100 = {}^{\star 1}8.2\% \\
&= \frac{(経常利益)}{(売上高)} \times \frac{(売上高)}{(総資本)} \\
&= \left(\frac{298百万円}{4,014百万円} \times 100 \right) \times \frac{4,014百万円}{3,616百万円} \\
&= {}^{\star 2}7.4\% \times {}^{\star 3}1.11回 = {}^{\star 4}8.2\%
\end{aligned}
$$

　総資本で経常利益を割ると、総資本経常利益率★¹8.2％を求めることができます。ところで、栃木クメハチ製作所の売上高経常利益率は★²7.4％。総資本回転率は★³1.11回。両者を掛け合わせても、総資本経常利益率★⁴8.2％を求めることができます。

　式だけを見ると、**売上高経常利益率**や**総資本回転率**は、**総資本経常利益率**の一要素に過ぎず、指標としては軽そうにみえます。しかし、そうではありません。3種類の指標とも、それぞれに重みがあります。

3-2-2　二兎を追う者、追わぬ者

　収益性が高いかどうかを判定する指標として、**総資本経常利益率**を用いるとするならば、この総資本経常利益率を高めるためには、次の2つの方法があります。

---
① 売上高経常利益率を高める。
② 総資本回転率を高める。

　理想としては、2つ同時に上昇させることです。しかし、現実は、そんなに甘くありません。
　売上高を伸ばすためには、値引きなどの価格サービスは避けられませんから、**売上高経常利益率**は低下せざるを得ません。売上高経常利益率は多少低

くても、**総資本回転率**を強力に高めることで、総資本経常利益率を向上させていこうとする戦略が、**薄利多売**といわれる方法です。スーパーマーケットや、ディスカウントストアなどの小売業で見られる商法です。

ところで、経営分析の立場からいえば、総資本経常利益率が同業他社よりも高いとか低いとかがわかった場合に、売上高経常利益率と総資本回転率とに分解することによって、どちらに原因があるかを分析することになります。経営分析は、二兎どころか、常に三兎を追いかけます。

栃木クメハチ製作所の、「三兎」の指標を並べてみることにします。

図表39　3種類の指標

	前　　期	当　　期	増　　減
総資本	2,986百万円	3,616百万円	630百万円
売上高	3,454百万円	4,014百万円	560百万円
経常利益	342百万円	298百万円	▲44百万円
総資本経常利益率	11.5％	8.2％	▲3.3ポイント
売上高経常利益率	9.9％	7.4％	▲2.5ポイント
総資本回転率	1.16回	1.11回	▲0.05回

当期の総資本経常利益率が悪化したのは、売上高経常利益率と総資本回転率の相乗効果によるものです。とくに、売上高経常利益率の落ち込みが大きいようです。

これに加えて、同業他社のデータがあると、いいんですがね。あいにく、そこまでのデータを持ち合わせていないので、ご容赦ください。

第3章　収益性は奥が深いのだ

第3節　総資本経常利益率が抱える矛盾

> ――1人の金持ちが存在するためには、少なくとも500人の貧乏人がいなければならない。
>
> （アダム・スミス『国富論』）

3-3-1　資本利益率とハサミは使いよう

　企業の**もうけ**具合、つまり収益性を評価するには、総資本経常利益率を求めるのが一番だ、と説明してきました。**総資本経常利益率**――もっと一般的な表現をすれば、**資本利益率**――は、「ヒト、モノ、カネ」を投入して「どのくらいもうけたか」を比率で表すものです。この比率が高ければ高いほど、その企業の収益性は高い、と評価することができます。

　ひと口に資本利益率といっても、いろいろな種類があります。損益計算書を見ればわかるとおり、分子の利益には、売上総利益、営業利益、経常利益、当期利益などがあります。また、分母の資本[1]には、総資産、自己資本[2]、資本金などを当てはめることができます[3]。したがって、資本利益率は、利益と資本の組み合わせの数だけあることになります。

　しかし、いろいろな資本利益率を計算したからといって、経営分析の精度が上がるわけではありません。重要なのは、同一の計算式に基づいた、他のデータとの比較です。同一企業の過去からのデータを並べることによって、収益力の期間比較を行ってみてください。規模の異なる他の企業のデータとの比較や、業種を超えた企業のデータとの比較を行うことで、資本利益率はその威力を発揮します。

3-3-2　総資本経常利益率の弱点

　総資本経常利益率は、企業の収益力を知る上で重要な指標ですが、絶対的

---
[1] ここでいう資本は、資本金とは異なります。
[2] 自己資本は、資本金や剰余金などを含めた資本の部の合計です。
[3] このほかに、経営資本や使用総資本といったものがあります。

な尺度ではありません。注意していただかなければならないのは、分子となる**経常利益**と、分母となる**総資本**とがそれぞれ、正しく示されているかどうかです。

分子の経常利益については、粉飾決算や経理操作のリスクが常につきまといます。そのひどさについては、「第15章」で学習していただくことになっています。

分母の総資本については、その評価が妥当でない場合があります。企業によっては、有価証券や固定資産など資産の評価が十分でなく、多額の含み損または含み益を抱えたまま、実態よりも過大または過小に表示されている場合があります。税法の特例措置などにより特定の決算期だけ大幅な減価償却を実施したり、当期は赤字だからといって減価償却を見送ったりしたために、総資本が実態以上に過大または過小に表示されている場合もあります。

また、業種や業態の違いによる、総資産の相対的な大きさにも注意しなければなりません。たとえば、流通業や小売業では、製造業に比べて、貸借対照表の売上債権や買入債務などが相対的に大きくなっています。また、同じ業種に属していても、製造と販売を同一企業で営んでいる場合は、販売部門を子会社として分離独立させている企業に比べて、総資産は相対的に大きくなります。このため、業種や業態が異なる企業の、総資本経常利益率を一律に比較するのは、無理があるのです。

3-3-3　資本コストを、やさしく解説します

もう一つ、総資本経常利益率が抱える難しさ、というか、矛盾を紹介します。**資本コスト**の問題です。

資本コストなどというと、「げっ！　なんだ、それっ」と読者が引いてしまいそうです。経営分析を少しでも学習したことのある人なら、一度は叩いた扉かもしれません。別に難しい理論ではありません。資本コストを知らなかった人も、ここで一気に扉の向こうの世界へ飛び出しましょう。優しく、易しく解説しますから、頑張って読み続けてください。

資本コストとは、外部から資金を調達してくるときに、付随して発生する金銭的な負担をいいます。

まず、用語として注意しておいていただきたいのは、**他人資本のコスト**と**自己資本のコスト**です。他人資本の代表例は**借入金**であり、その資金を調達

するために付随的に発生するコストは**支払利息**になります。自己資本の代表例は**資本金**であり、その資金を調達するために付随的に発生するコストは**配当金**になります。つまり、資本コストとは、支払利息や配当金のことをいいます。

　現在の会計制度では、他人資本のコスト、つまり借入金に対する支払利息は、経常利益を求める前に控除されています。たとえば、31頁「図表8　栃木クメハチ製作所、損益計算書」を見てください。当期の経常利益298百万円は、支払利息102百万円を控除した後のものです。

　ところが、配当金は、損益計算書上ではコストとされず、経常利益の中に含まれています。たとえば、32頁「図表9　栃木クメハチ製作所、利益処分計算書」にある当期の配当金3百万円は、当期の経常利益298百万円に含まれています。

　他人資本のコスト（支払利息）は経常利益から**控除されている**のに対し、自己資本のコスト（配当金）は経常利益に**含まれている**、──ここに相違点があることを、まずご理解いただけるでしょうか。その結果、企業が資金を調達するとき、他人資本（借入金）によるのか、自己資本（増資）によるのかによって、総資本経常利益率で表される収益力にかなりの違いが生じてくるのです。

3-3-4　柴犬にもわかる、資本コストの例題

　たとえば、資本金が100百万円で、借入金のない企業を想定します。この企業が新しい事業を計画し、400百万円の資金を調達しようとしています。資金調達後の総資本（＝総資産）は、500百万円になります。
　第1案は、400百万円を全額増資による自己資本によって調達するものです。配当率は5％です。
　第2案は、400百万円を全額借り入れによる他人資本によって調達するものです。借入金の利率は5％です。
　この事業によって計画される売上高は両案とも1,000百万円、営業利益（支払利息を控除する前の利益）も同じく150百万円です。法人税等が、経常利益に対して40％課されると仮定します。
　両案を比較すると、次のとおりとなります。

図表40　資金調達の比較表
（単位：百万円）

	第1案 自己資本による調達	第2案 他人資本による調達
総資本（総資産）（A）	500	500
（増資前の自己資本）	（100）	（100）
増資後の自己資本（B）	500	100
（借入れ前の他人資本）	（0）	（0）
借入れ後の他人資本	0	400
売上高	1,000	1,000
営業利益	150	150
支払利息（年5％）	0	（400×5％＝）20
経常利益（C）	★[1]150	★[4]130
法人税等（40％）	60	52
配当金（5％）	（500×5％＝）25	（100×5％＝）5
差し引き利益	★[2]65	★[5]73
総資本経常利益率 $=\dfrac{(C)}{(A)}\times 100$	★[3]30％	★[6]26％

　第1案の経常利益は★[1]150百万円、第2案の経常利益は★[4]130百万円となり、総資本経常利益率もそれぞれ★[3]30％と★[6]26％というように差が生じます。

　総資本経常利益率だけを見た場合、第1案のほうが「収益力が高い」、第2案のほうが「収益力が劣る」という評価を受けることになります。同じ400百万円を、同じ5％のコストで調達しただけなのに[1]。

3-3-5　資本コスト問題に立ちはだかる壁

　ベンチャー企業のように短期間で成長する場合には、自己資本の増加が企業の成長に追いつかないため、社債や借入金など他人資本の調達に依存する傾向があります。

　他人資本による調達（第2案）は、増資による資金調達（第1案）と比べると、相対的に総資本経常利益率を低めることになりますから、判断を誤ら

---

[1]この他にも、自己資本経常利益率（C÷B）などが収益性の指標としてありますが、これでは第1案が30％、第2案が130％となり、何をどう読み取ったらいいのか、わからなくなってしまいます。

ないようにしなければなりません。総資本経常利益率が単に低いからといって、ベンチャー・ビジネスの芽を摘み取らないように。

注意しなければならないのは、総資本経常利益率だけではありません。「図表40」の「差し引き利益①」にも注目してください。

企業が稼いだ利益には、約40％の法人税が課せられます②。経常利益から法人税を控除し、さらに他人資本のコスト（5％）と同じ率で株主に配当を行うとすると、差し引き利益（企業内部に留保される利益）は、「図表40」の第1案で*²65百万円、第2案で*⁵73百万円となります。総資本経常利益率によって「収益力が劣る」と判定された第2案のほうが、実は法人税の負担が小さく、「差し引き利益」が多く蓄積される、という結果になります。

総資本経常利益率では第1案が優れていて、差し引き利益では第2案が優れている。なんという矛盾。

差し引き利益で8百万円（＝73百万円－65百万円）もの差が生じたカラクリは、**法人税**にあります。第1案は、法人税として課税された額がそれだけ多かったということです。法人税法においては、他人資本のコスト（支払利息）は経費として認められますが③、自己資本のコスト（配当金）は経費として認められない、これが矛盾の発端です。

そろそろ、資本コストの問題の本質に、お気づきいただけたでしょうか。そうなんです。資本コストを考える上で、いえ、どのような方法（増資によるか、借入れによるか）で資金を調達するかを考える上で、大きな壁として立ちはだかるのが、**法人税**なのです。これは、**税効果会計**を適用しても解消されない、大きな壁です。

この壁は、同じ業界に属する企業であっても、自己資本のウェイトが高い企業と、他人資本のウェイトが高い企業の間に、大きく立ちはだかります。総資本経常利益率が高い企業が増資を行うと、内部留保の伸びが抑えられる可能性があります。総資本経常利益率が低い企業は、内部留保が厚いにもかかわらず、過小評価される可能性があります。これって、なんか変。だから、**総資本経常利益率**だけで**収益性**を判断するのは、危険なのです。

---

①差し引き利益は、企業の体内に蓄積されるものであり、次期の企業活動を展開するための源泉となります。**内部留保**ってやつですね。
②企業が負担する税率を通常、**実効税率**といいます。**実効税率**は、法人税率・事業税率・住民税率を加味したもので、約40％とされています。たとえば、100円の利益を計上したら、そのうち40円を税金として納めることになります。
③借金には、節税効果があるんですよね。

> **補足説明**
>
> 　ここで取り上げた例は、債権者の側および株主の側からすれば、どちらも5％の利回りが確保されるという共通点がありました。しかし、支払う企業の側からすると、借入金と資本金とでは実質的な利率が異なります。
>
> 　株主への配当利回り5％は、**税引後**です。
>
> 　これを税引前に「割り戻す」と、8.3％（$=\dfrac{配当率}{(1-法人税率)}=\dfrac{5\％}{(1-40\％)}$）になります。
>
> 　つまり、企業の側からすれば、借入金なら5％の負担ですむのに、資本金は8.3％もの負担がかかることになります。このように、法人税の影響を排除した利回りを計算した上で、資本コストが比較されなければなりません。

　日本では、株式の持ち合い関係が長く続き、「ものいわぬ株主」が多かったため、自己資本にかかるコストはタダ同然と思われていました。

　近年、持ち合い関係は解消される傾向にあります。そうなると、金融機関（他人資本）、株主（自己資本）、そして彼らから資金を調達しようとする企業、これら三者の間で微妙な駆け引きが展開されることでしょう。利益をどのように山分けするかってね。

　そのとき、資本コストを計算することで、「他人資本と自己資本との最適な組み合わせは何か」を常に議論してほしいものです。

第4節　これからは事業利益が主役だ

>——駄目な男というものは、幸福を受け取るにあたってさえ、下手くそを極めるものである。
>
>（太宰治『貧の意地』）

3-4-1　経常利益時代の終焉

　いままで、企業の業績を見るときは**経常利益**に注目しろ、収益力を見るなら**総資本経常利益率**だ、と説明してきました。ところが欧米などでは、経常利益はほとんど注目されません。第一に注目されるのは**当期利益**、次が**営業利益**です[1]。日本の上場企業でも、外国人投資家の比率が高いところでは、経常利益よりも営業利益を語るケースが増えてきています。

　確かに、経常利益至上主義は、さまざまな弊害を生んでいます。1993年、上場企業の経理部長で、経常利益をなんとしてでもカサ上げしろと役員から命令され、とうとう自殺に追い込まれたという事件もありました。経常利益には、資本コストなど技術的に解決が困難な問題もあります。

　そこで、本書で推奨するのが、**事業利益**です。具体的には、営業利益に受取利息と受取配当金を加えて求めます。

図表41　事業利益の求め方

（事業利益）＝（営業利益）＋（受取利息・受取配当金）

　営業利益に調整を加えるのは、受取利息と受取配当金だけです。これ以外は、「何も足さない、何も引かない[2]」。

---

[1] 欧米方式の損益計算書にはそもそも、経常利益という項目がありません。営業利益の次に営業外損益の項目を表示して（ここまでは日本と同じ、ところが）その下にいきなり税引前当期利益を求める形式になっています。正確にいうならば、日本における特別損益の項目が、欧米方式の損益計算書では営業外損益の項目に繰り上がって含まれています。したがって、欧米では、当期利益が最も注目され、営業利益が次に注目されるのです。
[2] どっかのCMにあったな、こんなコピー。

3-4-2　事業利益を求めるメリット

　事業利益は、営業利益と経常利益の中間に位置するものであって、現在の会計制度が定める損益計算書の様式としては認められていません。したがって、分析する者が独自に求める必要があります。その手間を考えてもなお、事業利益を求めるメリットはたくさんあります。

　まず、事業利益は、含み損や含み益などの経理操作を排除できます。ほら、決算月が近づくと、やたらと有価証券の売買を繰り返す企業があるでしょう。持合い株の益出しを目的とした、いわゆるクロス取引[1]なんて、その典型ですよね。

　有価証券の売却損益や評価損は、経理部長などの裁量によって、どのようにも調整できます。営業外収益の雑収入や、営業外費用の雑損失にも、意外な隠し玉があります。事業利益は、それら企業の恣意性を排除できます。

　また、事業利益は、支払利息や社債利息がいまだ控除されていない利益です。配当金も控除されていない利益です。これにより、資本コストの問題で悩む必要もなくなります。

3-4-3　本書を読まぬ人にはナイショの話

　事業利益には支払利息と配当金の双方が含まれているので、それを基にして計算する**総資本事業利益率**は、**資本コスト**の問題を自然に解決してくれます。

　73頁「図表40」の例によれば、第１案・第２案ともに、事業利益は150百万円です。したがって、両案の総資本事業利益率はともに、30％（＝ $\frac{150百万円}{500百万円} \times 100$ ）となります。差し引き利益は第２案のほうが有利ですから、迷わず第２案（他人資本による調達）を選択するのがよい、という結論を得ることができます[2]。

　社長が暴走する前に是非、ご検討ください。

---

[1] 同一銘柄を、同一日、同一市場で売買することをいいます。いまでは、だいぶ規制強化されましたが、それでもなお、経常利益をカサ上げするための益出しはなくならない。
[2] 「増資による資金調達」を採用するためには、配当率をもっと下げる必要があります。

本書でもこれ以降は、できる限り**事業利益**中心の考え方を採用します。経理部長が経常利益のカサ上げに頭を悩ませているのを横目で見ながら、こっちは事業利益を求めることで、その企業の真の実力を密かに判断することにしましょう。「部長、あまり無理をしないでくださいね」と、その背中に一声かけておきながら。

第 4 章

収益性の指標は他にもあるぞ

第1節　当期利益は当てにならないか

　　　　　　　　　　　——世の中で生きて暮らしてるものが、
　　　　　　　　　　　世間を気にしなくてどうする。
　　　　　　　　　　　　　　　　　（矢代静一『城館』）

4-1-1　特別損益がオモチャにされる

　損益計算書で、**売上高**や**経常利益**の次に重要なのが、**当期利益**です。いえ、当期利益を真っ先に見る人のほうが多いかも。当期利益は、その企業の最終的な**もうけ**を表すものであり、株主へ支払う配当金の原資になるものです。

　ところが、この当期利益、そのまま信じるわけにはいかないところがあります。公共工事にかかわっている企業や、金融機関からの借り入れに四苦八苦している企業は、この当期利益を黒字に取り繕って、公共工事に参加したり、金融機関から運転資金を工面したりします。

　工事を発注する側や貸付を行う側も、なんだかんだといっても、最終的な当期利益が黒字であることが大事ですから、そこがプラスとなっているのか、マイナスとなっているのかだけに、目が行ってしまいます。営業利益や経常利益が重要だということはわかっていても、それは当期利益が黒字であってこその議論です。

　では、当期利益をどこで操作するか。売上高から経常利益までの間で意図的に操作するのは、それなりの度胸が必要。そこで、経常利益の下にある**特別損益**の項目が利用されます。特別損益とは、特別利益と特別損失を合わせた呼び方です。

4-1-2　たとえばこんなふうに

　投資有価証券や土地を売って、ド〜ンとその売却益を特別利益に計上したとします。株式や土地の売買を行うことは、まっとうなビジネスですから、文句のつけようがありません。しかし、経営分析の立場からすれば、**含み益**のあるものだけを売って、**含み損**のあるものはそのまま抱え込んでいるので

はないか、という疑念が生じます。

投資有価証券の売却益は、原則として特別利益に計上すべきなのですが、金額的に重要性がないと判断される場合には、経常利益の上にある営業外収益の**有価証券売却益**に含めてしまうこともあります。これは、経常利益をカサ上げする効果があります。

前期まで引き当てていた貸倒引当金や賞与引当金を、当期は引き当てない、という場合も、特別利益が大きく計上されます。前期まで引き当てていたものは、当期において**貸倒引当金戻入額**や**賞与引当金戻入額**という形で特別利益に計上されます。ところが、「当期は引き当てない」ということになれば、貸倒引当金繰入額や賞与引当金繰入額が計上されないことになります[1]。したがって、特別利益に戻し入れられた額だけ、当期利益は膨らみます。

会社から「当期から引当金を計上しないことにしました」と説明されれば、それでおしまいです。上場企業で引当金をまったく計上しないのは問題がありますが、中小企業ではなんのお咎めもありません。会計事務所が「腕の見せどころだ」といって、積極的に勧めるケースもあるということですから、なんとも情けない。

筆者の経験では、貸倒引当金の戻入額が、特別利益ではなく、売上高に計上されていたことがありました。「当期利益に変わりがないのだから、いいじゃないですか」と、説明する会社の建物は、当時としてはかなり大きかった。

税法の知識しかない場合、こうした論理がまかり通ります。法人税法は、当期利益から税額を計算するものであって、貸倒引当金戻入額が売上高にあろうと、特別利益にあろうと関知するものではないからです。最低ラインさえ超えていればいいという企業に、ハイレベルの企業会計原則を説明することは難しい。

その後、その会社は吸収合併されて、3か月たらずで当時の経理部職員はみんないなくなった、と風のウワサに聞きました。全国に散らばって、業績が悪くなるたびに「腕を見せて」いるのだろうか。

4-1-3　税引前と税引後の間にあるもの

損益計算書の下に、**税引前**当期利益と、**税引後**の当期利益があります。通

---

[1] 貸倒引当金繰入額などは通常、販管費や営業外費用に計上されます。

常、当期利益という場合、**税引後**のことをいいます。

　ここでいう税とは、**法人税等**のことです。「等」には、事業税や住民税などが含まれています。法人税等は、原価でもないし費用でもないことから、むかしは、税引前と税引後でそれぞれの重さがありました。税効果会計が導入されてからは、「法人税等も費用である」とみなされるようになり、税引前当期利益の比重ははるかに軽くなったといえるでしょう。

4-1-4　税効果会計不要論?

　上場企業では、税効果会計の適用が義務づけられています。ところが、中小企業で税効果会計を適用しているところは、ほとんどありません。

　筆者も、中小企業が税効果会計を適用するのは時間のムダだと考えています。そりゃ、そうでしょう。ご自身の会社の法人税申告書をながめてみてくださいよ。

　税効果会計は、法人税申告書の**別表四**のトップにある**当期利益**と、同表の一番下にある**所得金額**とに大きな乖離があって、別表四の次にある**別表五（一）**の**利益積立金額**の欄が真っ黒になるくらい書き込まれている場合に、適用する意義があります①。

　ところが、交際費の損金不算入額がチョロっとあるぐらいで、あとは取り立てて記載する事項がない場合は、税効果会計を適用するだけの**税効果**はありません。だから、中小企業で税効果会計を適用するのは、時間のムダだと申し上げているのです。

　税効果会計をすべての企業が採用するのは理想です。しかし、費用と効果も考えなければなりません。

　税効果会計は、むずかしいんです。それを勉強する時間があるくらいなら、売掛金の残高調整に当てたほうがはるかに有用だと、筆者は考えます。

　ただし、経営分析においては、税効果会計を適用している財務諸表と、そうでないものとでは、その見方がかなり異なります。税効果会計を適用している財務諸表のほうが、各期の法人税等のゆがみ②が解消されます。

---

①繰越欠損金がある場合も、税効果会計を適用する意義があります。
②税効果会計は、各決算期が負担する**法人税等**の偏りを調整するものです。粉飾決算や経理操作などが行われてカサ上げされた**税引後当期利益**自体を「清める」効果まではありません。税効果会計をマネーロンダリング（資金洗浄）と勘違いしている人もいます。やめてください、そんな発想。

第2節　経理操作を排除できる利益というのがある

——やったり、やらなかったりではまるきり
やらない方がいい。
（庄野潤三『ザボンの花』）

4-2-1　付加価値利益の登場を願う

　いままで説明してきた、売上総利益、経常利益、当期利益などは、企業の側が一方的に情報提供するものであって、厳密な経営分析を行おうとすればするほど、当てになりません。企業は、利益を計上するにあたって、政策的な配慮から、いろいろな経理操作を行うからです。事業利益でさえも、経理操作の影響を受けます。経理操作は、粉飾決算とは異なりますが、企業の真の姿をゆがめることに変わりはありません。
　粉飾決算を見破るのは大変な労苦を要します。そもそも、粉飾決算を想定して経営分析を行うものではありません。
　これに対し、**経理操作**は大なり小なり存在し、その手法もある程度、推測することができます[1]。しかし、それを一つひとつ拾い上げていっては、これまた大変な労苦を要します。
　この、大なり小なりの経理操作を排除して、企業の収益力を把握できる方法はないのでしょうか。あります。これから説明する**付加価値利益**と**キャッシュフロー利益**がそうです。
　とくに、**キャッシュフロー利益**は、**収益性**を判断するだけの指標にとどまりません。**キャッシュフロー分析**においても、重要な働きをします。むしろ、キャッシュフロー分析を習得するための予備知識として、キャッシュフロー利益を理解してください。
　呼び方からして、腰が引けそうです。なぁに、仕組みは簡単です。税引後の当期利益に、減価償却費と、引当金繰入額（または戻入額）と、法人税等や税効果会計などを加味すればいいだけなのですから。

---

[1] たとえば、減価償却不足や、償却費を過大計上する場合など。固定資産の減価償却方法を、定率法から定額法へ変更する場合など。

やっぱり難しいかも。本書の後半にあるキャッシュフロー分析の話まで、一通り読んでいただければ、付加価値利益やキャッシュフロー利益の仕組みもわかっていただけると思うのですが。さっと読みとおして、後でまた、ここに戻ってきてもらうというのでも構いません。戻ってくる勇気があれば、ということで。

4-2-2 「の」が多いっちゅうの

付加価値利益は、減価償却前の、引当金計上前の、税引前の、当期利益のことです。具体的には、次により求めます。

図表42　「付加価値利益」の算式

税引後当期利益	←ここからスタート
法人税等	(＋)
法人税等調整額	(▲)
（特別損益より）	
固定資産売却損・評価損	(＋)
投資有価証券売却損・評価損	(＋)
固定資産売却益・投資有価証券売却益	(▲)
（営業外損益より）	
有価証券売却損・評価損	(＋)
有価証券売却益	(▲)
減価償却費（特別償却費を含む）	(＋)
繰延資産償却費	(＋)
貸倒損失	(＋)
貸倒引当金	前期比純増なら(＋)、純減なら(▲)
賞与引当金	前期比純増なら(＋)、純減なら(▲)
退職給付引当金	前期比純増なら(＋)、純減なら(▲)
付加価値利益	←これがゴール

ポイントは、**税引後の当期利益**からスタートして、損益計算書を上にたどってゆくことです。経営分析をしようというのですから、なにも損益計算書を、売上高から下へながめるばかりが能じゃない。一度手に入れた損益計算

書、どのように加工しようと、分析する側の勝手です。

「図表42」の上から3行目まで、つまり「税引後当期利益」「法人税等」「法人税等調整額」を加減算すると、**税引前当期利益**になることがわかれば、付加価値利益への理解は一歩を踏み出したも同然です。

4-2-3　Ｖ字回復のまやかし

税引後の当期利益になぜ、固定資産売却損や減価償却費などの科目を加算減算するかというと、これらの科目は、企業側の裁量でいくらでも経理操作ができるからです。

たとえば、減価償却費をどのくらい計上するかは、企業側の任意です。減価償却費の限度を具体的に定めているのは法人税法ですが、この、いわゆる**税法限度額**がクセ者で、強制的なものではありません。税法限度額を下回る減価償却費を計上してもかまいませんし（償却費の不足）、上回る減価償却費を計上してもかまいません（償却費の過大計上）。税法限度額を守らないからといって、罰金を払えとは誰からもいわれません。

貸倒引当金など各種の引当金も、どれだけ引き当てるかは、企業側の裁量に委ねられます。引当金の残高がゼロでもかまいませんし（引当金の計上不足）、税法限度額を超えて引き当てを行ってもかまいません（引当金の過大計上）。

税法の限度額を超える減価償却を行ったり、引当金を計上したりするのは、企業側がリスクを多く見積もることだからいいじゃないか、と思われるかもしれません。しかし、次の期も同じ会計処理が行われるという保証はありません。毎期毎期、企業の気まぐれで、異なる会計処理が行われることこそが、最大のリスクです。

Ｎ自動車が**リバイバル・プラン**と称し、ある年に引当金を過大に計上して赤字決算を組み、翌年それを取り崩すことで一転して黒字決算となり「Ｖ字回復を果たした」と強調するのは、経理操作の最たるものです。そんな当期利益に、だまされちゃあ、いけません。

4-2-4　クセ者が多い

先の「図表42」の上から3行目にある法人税等調整額は、法人税とともに

税引後当期利益に加減算します。**法人税等調整額**は、税効果会計を適用した場合に登場する科目です。

　税効果会計がこれまたクセ者で、完璧に適用されるわけではありません。**繰延税金資産の回収可能性**という難しい問題があって、「回収可能性がない」と判断された繰延税金資産は、貸借対照表に計上することができません。つまり、税効果会計の適用が、一部否定されてしまうこともあるのです。

　有価証券や投資有価証券の売却益・売却損・評価損は、企業が行う益出し・損出しの典型です。これらを税引後当期利益に加減算することで、企業が年度末にせっかく捻り出した努力を無効にしちゃいます。

　「図表42」の中段より下に、繰延資産償却費があります。これは長期前払費用の償却も含むのですが、実際に損益計算書からこれらの償却分を見つけるのは難しいでしょう。見つからなければゼロでも構いません。繰延資産などは残高が少ないので、無視しても影響は軽微です。

　貸倒損失は、販管費以外に営業外費用や特別損失に計上されていることもあります。どこに計上されていようと、貸倒損失はすべて拾い上げます。

　このように、税引後当期利益から、付加価値利益までに記載した項目は、企業の裁量の余地がきわめて大きいものばかりです。裁量があろうとなかろうと、怪しいものは一律に排除しようというのが、**付加価値利益**です。

4-2-5　企業になめられる分析屋

　付加価値利益のような面倒くさいことを計算するよりも、企業に直接、減価償却費や引当金の**計上不足額**を質問して、不足額があればそれらの金額を当期利益から控除すればいいではないか、という人がいます。

　甘い！　そんなことを質問したら、企業になめられるぞ。

　減価償却費などの計上を削るのは、利益を少しでも水増ししたいからだ。要するに、粉飾決算をしているということ。そんな企業に、「減価償却費の不足額はいくらですか？」と質問したところで、答えてくれるはずがない。「あなたの会社では、粉飾決算をしていますよね」と聞くことと同じだからです。

　付加価値利益など、ほとんど聞いたことがない人が多いと思います。「ここまでやらなきゃいけないのか」と思われるかもしれません。やるんです。あなたが、その企業を愛しているのであれば、他人から与えられた資料を鵜

呑みにするのではなく、独自の視点で分析を行ってほしいのです。

4-2-6　損益計算書を鏡に写して

付加価値利益は、損益計算書を鏡に写したものだと理解してください。図解すると、次のようになります。

図表43　損益計算書を鏡に写すと……

損益計算書
……
減価償却費
貸倒損失
引当金繰入額・戻入額
……
営業外損益
特別損益
法人税等
法人税等調整額
税引後当期利益

貸借対照表
……
貸倒引当金
賞与引当金
退職給付引当金
……

前期と当期の増減をとる。

税引後当期利益
　法人税等調整額
　　法人税等
　　　特別損益
　　　　営業外損益
　　　　　減価償却費
　　　　　繰延資産償却費
　　　　　　貸倒損失
　　　　　引当金繰入額・戻入額
　　　　　　付加価値利益

　付加価値利益は、**損益計算書**だけで求めるのが原則です。引当金の残高の増減ではなく、引当金の繰入額や戻入額で加減算するのが原則です。ところが、損益計算書だけでは、引当金の繰入額や戻入額が読み取れない場合があります。企業が、意図的に隠しているのかどうかは知りません。

　これに対し、貸借対照表の引当金の残高は、隠しようがありません。そこ

で、前期と当期の**貸借対照表**から、引当金の残高の増減を把握するのです。すべてのデータを損益計算書から持ってこようと、一部のデータを貸借対照表から持ってこようと、結果はいずれも同じです。

4-2-7　試しに計算してみる

栃木クメハチ製作所の財務諸表をもとに、付加価値利益を求めてみます。前々期の数値が不明なので、引当金などの残高増減はゼロと仮定します。

図表44　栃木クメハチ製作所、付加価値利益の計算　　　　　（単位:百万円）

	前期	当期	増減
税引後当期利益	168	148	[*1]▲20
法人税等	176	152	
法人税等調整額	0	0	
（特別損益より）			
固定資産売却損・評価損	1	2	
投資有価証券売却損・評価損	0	0	
固定資産売却益・投資有価証券売却益	▲3	▲4	
（営業外損益より）			
有価証券売却損・評価損	0	0	
有価証券売却益	▲1	▲1	
減価償却費（特別償却費を含む）	60	72	
繰延資産償却費	0	0	
貸倒損失	0	0	
貸倒引当金	0	12	
賞与引当金	0	0	
退職給付引当金	0	▲2	
付加価値利益	401	379	[*2]▲22

税引後当期利益の増減（[*1]20百万円減）と、**付加価値利益**の増減（[*2]22百万円減）とには、2百万円の差しかありません。つまり、同社では、あからさまな経理操作は行われていないものと判断でき、会社が公表する経常利益や当期利益に基づいて経営分析を行っても、それなりに信用できる結果が得られるということになります。

第3節　上場会社で面白いのを見つけたよ

　　　　　　　　　　——麻雀で負けそうになったら、パンツを脱いで驚かせ。それでも駄目なら黙って帰れ。
　　　　　　　　　　（高橋三千綱『さすらいのにせギャンブラー』）

4-3-1　有価証券報告書は飽きることがない

　付加価値利益は、単年度だけ求めても有効ではありません。より的確に企業の収益力を判断するためには、複数年の推移を並べて、表にすることです。外部に対して公表されている当期利益が、付加価値利益にスライドして正しく表示されているかどうかを見るようにします。
　ところで、本書を執筆するにあたって、書店で数社の**有価証券報告書**を買い求めました。有価証券報告書とは、証券取引所などに株式を上場している企業が、年1回、株主などのために財務諸表などの業績を開示するものです。書店では1冊数千円で売られていますので、興味のある企業のものを買ってみてください。
　ただし、会社の経費で有価証券報告書を買ってはいけません。自分のポケットマネーで買うからこそ、分析しようという気持ちが生まれます。
　閑話休題、今回購入した有価証券報告書を見ていたら、1社おもしろいものを見つけました。中堅メーカーのD社です。D社は近年、大手メーカーの技術力や販売力に押され、次第に**収益力**が低下してきているようです。
　念のために申し添えておくと、D社の有価証券報告書を見る限りで、会計処理に「いろいろな工夫が施されているなあ」という感想を個人的に持っているだけです。粉飾決算が行われていると申し上げているのではありません。

4-3-2　4期間の有価証券報告書を見比べてみる

　D社の有価証券報告書から、付加価値利益の推移表を作成してみました。なお、どこの企業かバレないように、数値はかなりの修正を加えています。

図表45　D社、付加価値利益推移表

(単位：百万円)

	平成×1年度	平成×2年度	平成×3年度	平成×4年度
当期利益	[*1]468	[*5]369	[*8]248	[*10]71
法人税等(注)	279	198	189	0
固定資産売却益	[*2]▲36	[*6]▲90	[*9]▲171	[*11]▲27
減価償却費	495	540	531	513
貸倒引当金	0	[*7]▲99	▲9	0
その他の引当金	[*3]▲72	72	18	[*12]▲54
繰延資産	[*4]▲45	27	9	9
付加価値利益	1,089	1,017	815	512
(参考)				
売上高	10,332	10,548	10,260	9,999
期末総資産	30,834	32,067	32,850	32,814

(注)法人税等には、税効果会計の影響を含めています。

4-3-3　4期それぞれの言いぶん

D社の有価証券報告書において、留意すべき事項は次のとおりです。

【平成×1年度】

　D社の収益は、平成×1年度にはすでに下降傾向にありました。
　この期における損益計算書上の当期利益は[*1]468百万円。
　ところが、この当期利益の中には、過去に積み立ててきた引当金の取崩額が[*3]72百万円含まれています。このほか、繰延資産の増加が[*4]45百万円、固定資産売却益や投資有価証券売却益などの臨時収入が[*2]36百万円含まれています。
　いずれの会計処理も、D社が意識的に行ったかどうかは不明ですが、結果的に当期利益を膨らませていることに違いはありません。

【平成×2年度】

　平成×2年度には、[*5]369百万円の当期利益を計上しています。
　この期には、貸倒引当金の戻入額が[*7]99百万円もあり、当期利益を押

し上げています。この他に、*⁶90百万円もの巨額の臨時収入が計上されています。土地の売却益のようです。

この期以降は、繰延資産の増加はなく、逆にその償却が行われていますから、繰延資産を舞台にした経理操作はないとみていいでしょう。

【平成×3年度】

平成×3年度には当期利益も一段と減少し、*⁸248百万円となっています。

ところが、この当期利益も、前期に続いて*⁹171百万円という巨額の臨時収入に支えられているにすぎません。新聞報道によれば、本社ビルを売却したとか。

また、この期から、減価償却の方法を定率法から定額法へと変更しています。減価償却方法を定率法から定額法へ変更することは、減価償却費の負担を軽くする → 当期利益を増やす効果があります。

平成×3年度からの減価償却費が徐々に減少していますね。なんか、悲壮感が漂うなぁ。

【平成×4年度】

直近の決算期である平成×4年度には、当期利益は*¹⁰71百万円に減少しました。

この期、引当金の取り崩しが*¹²54百万円もあります。また、固定資産の売却益が*¹¹27百万円計上されています。

次期は、無配転落か。　配当を行わないこと！

以上の結果、付加価値利益は、平成×1年度の1,089百万円から平成×4年度の512百万円まで、577百万円も減少しており、収益力の低下はかなり深刻です。

4-3-4　グラフで見れば経理操作は一目瞭然

D社の当期利益と付加価値利益の推移をグラフにすると、次のようになりました。

図表46　D社、当期利益と付加価値利益の推移表

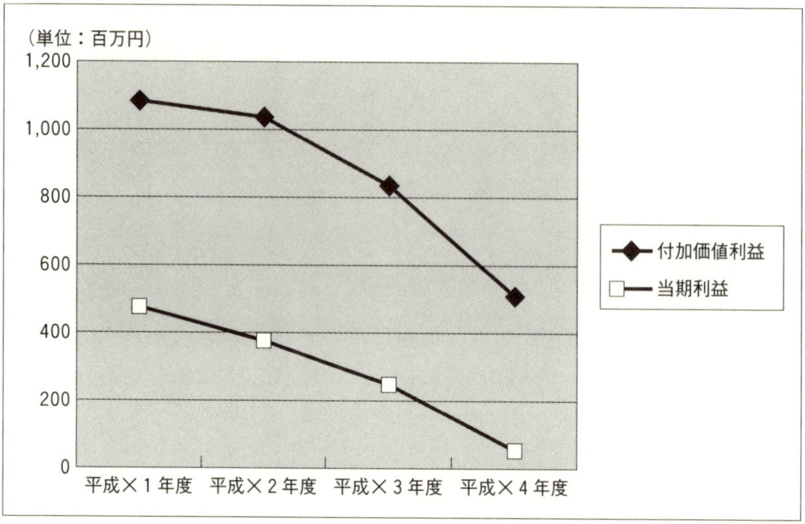
（単位：百万円）
1,200
1,000
800
600
400
200
0
平成×1年度
平成×2年度
平成×3年度
平成×4年度
付加価値利益
当期利益

当期利益の下降曲線（下）よりも、**付加価値利益**の下降曲線（上）のほうが急勾配であることがわかります。年をおって両曲線が近づくほど、経理操作の度合いは強くなります。D社では、当期利益を確保するために、いろいろな知恵を絞っているようですね。

D社が採用する会計処理の方針は、有価証券報告書上で明瞭に記載されていますから、丹念に読めば、分析する側の判断を誤らせる懸念はありません。そうはいっても、ねぇ、こんな結果では、あと何年もつか……。株式投資に興味のある人なら、D社は**カラ売り**の推奨銘柄でしょうか。

それはともかく、企業の実質的な収益力を見るために、こうした推移表を作ってみることをお勧めいたします。

4−3−5　キャッシュフロー利益まで踏み込め

付加価値利益は、経理操作の影響を排除する利益であり、**事業利益**や**当期利益**と並んで、企業の収益力を見る指標となります。しかし、あなたがアナリストであったり、金融機関の人であったりするならば、もう一ひねりしてください。つまり、社債や借入金の償還財源として、資金的にどのくらいの余裕があるかを見るには、付加価値利益ではベクトル（方向性）が多少異な

る、ということです。

　もう一ひねりして、**キャッシュフロー利益**（これまた、すごい名称だ）を求めます。キャッシュフロー利益を求めるには、付加価値利益から次の項目を新たに追加または削除します。

①	利益処分における配当金と役員賞与	→ 新たに追加
②	法人税等	→ 削除
③	固定資産売却益・投資有価証券売却益	→ 削除
④	有価証券売却益	→ 削除

　したがって、84頁「図表42」は、次の「図表47」のように書き換えられます。削除すべき項目は、二重取り消し線で表示しています。

図表47　キャッシュフロー利益

税引後当期利益	←ここからスタート
利益処分における配当金・役員賞与	(▲)　←新たに追加
~~法人税等~~	~~(＋)~~　←削除
法人税等調整額	(▲)
(特別損益より)	
固定資産売却損・評価損	(＋)
投資有価証券売却損・評価損	(＋)
~~固定資産売却益・投資有価証券売却益~~	~~(▲)~~　←削除
(営業外損益より)	
有価証券売却損・評価損	(＋)
~~有価証券売却益~~	~~(▲)~~　←削除
減価償却費(特別償却費を含む)	(＋)
繰延資産償却費	(＋)
貸倒損失	(＋)
貸倒引当金	前期比純増なら(＋)、純減なら(▲)
賞与引当金	前期比純増なら(＋)、純減なら(▲)
退職給付引当金	前期比純増なら(＋)、純減なら(▲)
キャッシュフロー利益	←これがゴール

配当金や役員賞与などは**利益処分**といわれるもので、決算期後に開催される株主総会直後に、株主や役員へ支払いが行われます。残念ながら、これらを金融機関などへの償還財源と見ることはできません。したがって、**税引後当期利益**から控除します。

法人税等は、企業の収益力をみるためには税引後当期利益に加算すべきでしょう。付加価値利益は、その考え方に基づき、税引後当期利益に加算していました。しかし、法人税等は国などへ納付（支出）すべきものですから、企業が自由に使える資金の源泉とすることはできません。つまり、法人税等の分は社債や借入金の償還財源とするわけにはいかないので、税引後当期利益に加算しないのです。したがって、「図表47」では削除します。

また、固定資産や有価証券の売却益は、企業の裁量で生まれた収入ですから、企業の収益力を見る場合には、税引後当期利益から控除すべきです。しかし、現実に**資金**（キャッシュ）が入ってきているので、社債や借入金の償還財源となります。したがって、「図表47」では削除して、税引後当期利益に影響させないことにします。

ここまで説明してきて、「はっ！」と気づかれたことがあるでしょうか。そうです。キャッシュフロー利益とは、**内部留保**のことなのです。企業が成長するにあたっての、最大の活力源。「キャッシュフロー利益が増える」ことはすなわち、「内部留保が充実する」ことに通じるのです。

4-3-6　苦言を呈したい

付加価値利益やら、キャッシュフロー利益やら、かなりややこしいものを紹介しました。読者がどこまで消化できるかはわかりません。しかし、企業の本当の姿に一歩でも近づきたいのであれば、ここまでの分析を行うべきです。

経営分析と称しながら、財務諸表のうわっ面しか読み取れないヤカラが多い。分析するだけの時間がないのではなく、意気込みが足りないだけの話だ。

企業から与えられた財務諸表や、定型的な分析データを一瞥しただけで、資料ファイルに綴じこまないでほしい。付加価値利益やキャッシュフロー利益を計算し、当期利益と比較することで、余裕をもって決算が行われたのか、汲々としているのかぐらいは調べてください。そうでなければ、懸命に努力している企業がかわいそうだ。

第5章

収益性の分析以外でも大切なものがある

第1節　売上総利益の増減を分析する

　　　　　　　　　　——人を責めるのが大好きな人があるね。正義の味方の中には。
　　　　　　　　　　　　　　　　　（田辺聖子『休暇は終わった』）

5-1-1　あれとこれとそれで三位一体(さんみ)

　いままでは、**企業の収益性**に重点を置いた説明でした。損益計算書に散らばる数々の**利益**に着目しました。
　これから説明することは、**売上高、売上原価、売上総利益**、三位一体の分析です。収益性分析の中でも、ちょっと毛色が異なります。売上総利益が前期と比べて増えたり減ったりした場合、その原因は売上高にあるのか、売上原価にあるのかを調べる方法です。
　売上総利益が増加する要因には、次の3つが考えられます。

　　　① **販売価格**が上昇したのか
　　　② **販売数量**が増加したのか
　　　③ **コストダウン**が行われたのか[1]

　売上総利益が減少した場合は、すべて逆に考えます。これらを一つずつ解明していくことを、**利益増減の要因分析**といいます。

5-1-2　数量はX軸、価格はY軸

　販売価格、販売数量、コストダウン、これら三者の関係を図解すると、次のとおりとなります。

---

[1]コストダウンについては、さらに次の2つの原因に分解することができます。①材料の消費数量や、従業員の作業時間が減少したのか（**数量差異分析**）、②材料単価や、工員の賃率が低下したのか（**価格差異分析**）。これらは、**原価計算**が解明する分野であって、**経営分析**が立ち入るには深すぎます。本書では、販売数量や販売価格を中心とした説明を行います。

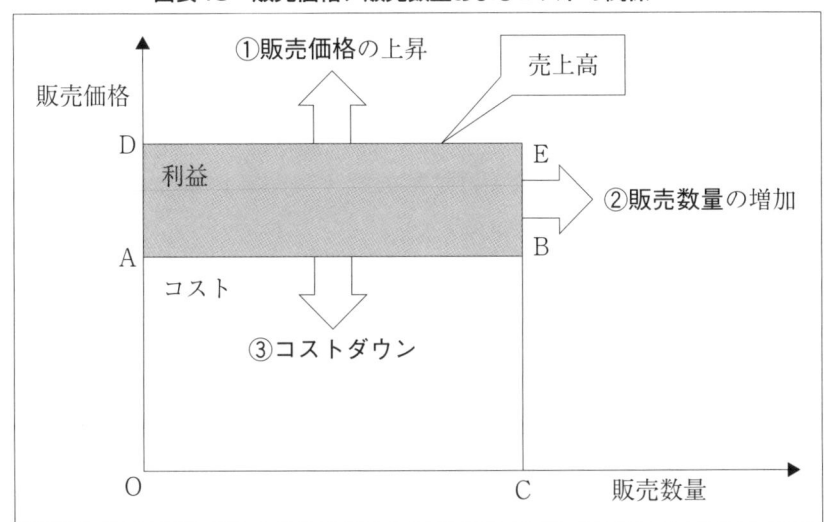

図表48　販売価格、販売数量およびコストの関係

（図中ラベル：販売価格、①販売価格の上昇、売上高、D、E、利益、A、B、コスト、③コストダウン、②販売数量の増加、O、C、販売数量）

　「図表48」において、売上高はODEC、コストはOABC、売上高とコストの差である売上総利益はADEB（グレーの部分）となります。
　「図表48」には3本の矢印があります。上向きの矢印は、販売価格の上昇です。右向きの矢印は、販売数量の増加です。下向きの矢印は、コストダウンです。いずれも、その指し示す方向が売上総利益の増加となります。
　グレーの部分の面積（売上総利益）が拡大した場合、その原因は、X軸（販売数量）が横へ伸びたのか、Y軸（販売価格）が縦へ伸びたのか、コストの面積（OABC）が縮小したのか、ということになります。

5-1-3　ここでの主役は売上総利益

　利益増減の要因分析は、損益計算書をベースにして行います。
　損益計算書をみると、売上総利益、営業利益、経常利益、当期利益などがあります。すべての利益の増減について要因分析を行うことが理想かもしれませんが、それはほとんど不可能です。
　データとして入手しやすいのは、販売する製品の数量・価格・コストです。これらのデータから、売上高・売上原価・売上総利益を求めることができます。したがって、利益増減の要因分析における利益は、売上総利益だけ

第5章　収益性の分析以外でも大切なものがある

がターゲットになります。

　売上総利益とは別名、粗利益とも呼ばれるものであり、「商品や製品1個あたりの利益」に置き換えることが可能です。これに対し、営業利益や経常利益、さらには当期利益などになると、会社全体に要するコスト（管理費用や金利など）が加味されるので、商品や製品1個あたりの利益という意味合いが薄れます。いくら本書を読むほど暇だといっても、「製品1個あたりの**経常利益**」などを求めている企業などないでしょう。

5-1-4　増減要因分析を、もう一ひねり

　売上総利益は、売上高から売上原価を差し引いたものです。したがって、この売上総利益が増減する要因としては、大きく次の2つが考えられます。

---
① 売上高の増減
② 売上原価（コスト）の増減

　このうち、売上高は、販売価格に販売数量を乗じたものですから、「①売上高の増減」は、さらに次の2つに分解されます。

---
①-A　販売価格の変化（上昇・下降）による売上高の増減
①-B　販売数量の増減による売上高の増減

　売上原価は、商品または製品1個あたりのコストに、販売数量を乗じたものです。したがって、売上原価の増減は、さらに次の2つに分解されます。

---
②-C　コストの変化（上昇・下降）による売上原価の増減
②-D　販売数量の増減による売上原価の増減

　以上をまとめると、次のようになります。

図表49　売上総利益の増減の要因分析を分解すると

	価格の変化 ⇩	数量の増減 ⇩
売上高の増減 ➡	①−A 販売価格の変化（上昇・下降）による売上高の増減	①−B 販売数量の増減による売上高の増減
売上原価の増減 ➡	②−C コストの変化（上昇・下降）による売上原価の増減	②−D 販売数量の増減による売上原価の増減

　売上総利益の増減要因は、これら4つの因子に分解して見る必要があります。そこで、97頁「図表48」をもう一ひねりして描くと、次のようになります。

図表50　売上総利益の増減の要因分析

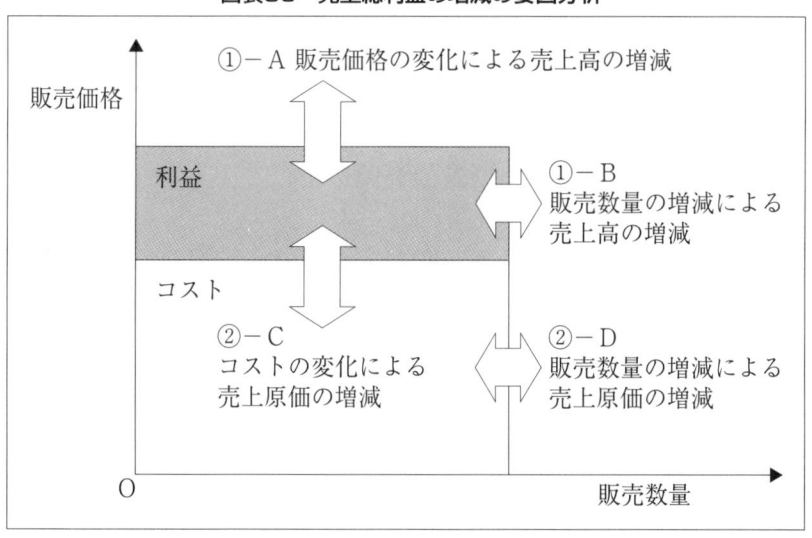

（販売価格を縦軸、販売数量を横軸にとり、利益とコストの領域を示す図。①−A 販売価格の変化による売上高の増減、①−B 販売数量の増減による売上高の増減、②−C コストの変化による売上原価の増減、②−D 販売数量の増減による売上原価の増減）

5-1-5　あの会社の登場を願いまして

例として、栃木クメハチ製作所の損益計算書を掲げます。

図表51　栃木クメハチ製作所、損益計算書　(単位：百万円)

科　目	前　期	当　期
売上高	3,454	4,014
売上原価	1,744	2,180
売上総利益	1,710	1,834

　売上総利益増減の要因分析を行う場合には、できれば、その企業の取り扱う製品の**販売数量**が前期に比べてどれだけ増減したか、というデータが必要です。同社の場合には、当期の販売数量は、前期に比べて30％増加したものと仮定します。

　販売数量の増減割合が不明の場合でも、**販売価格**が何％変化したかがわかれば、同じような分析を行うことができます。ただし現実には、販売価格の変化よりも販売数量の増減データのほうが入手しやすいでしょう。

　もし、「販売価格の変化」と「販売数量の増減」の双方のデータが得られる場合には、売上総利益増減の要因分析を行うことによって、**損益計算書の粉飾**を推定することができます。おっと、情報提供する企業の側も、注意しないといけませんね。

5-1-6　まずは売上高増減の要因分析

　栃木クメハチ製作所の売上高は、前期3,454百万円から、当期4,014百万円へと、560百万円増加しています。売上高の伸び率は、16.2％（＝ $\frac{560百万円}{3,454百万円} \times 100$）です。

　ところが、販売数量は前期に比べて30％増加しています。もし、製品1個あたりの販売価格が前期と同じであったとすれば、当期の売上高は4,014百万円ではなく、次のように4,490百万円になっていたはずです。

> 3,454百万円×130％＝4,490百万円（当期の目標売上高）

　4,490百万円は、当期において目標としなければならなかった売上高です。しかし、現実には、4,014百万円にとどまってしまいました。

実際売上高4,014百万円と目標売上高4,490百万円との差額476百万円は、販売価格が低下したために売上高が減少したのだ、ということになります。これは、99頁「図表50」の①－Aに該当します。
　当期の目標売上高4,490百万円と、前期の実際売上高3,454百万円との差額1,036百万円は、販売数量の増加による売上高の増加部分です。これは、「図表50」の①－Bに該当します。
　以上の関係を棒グラフで図解すると、次のようになります。

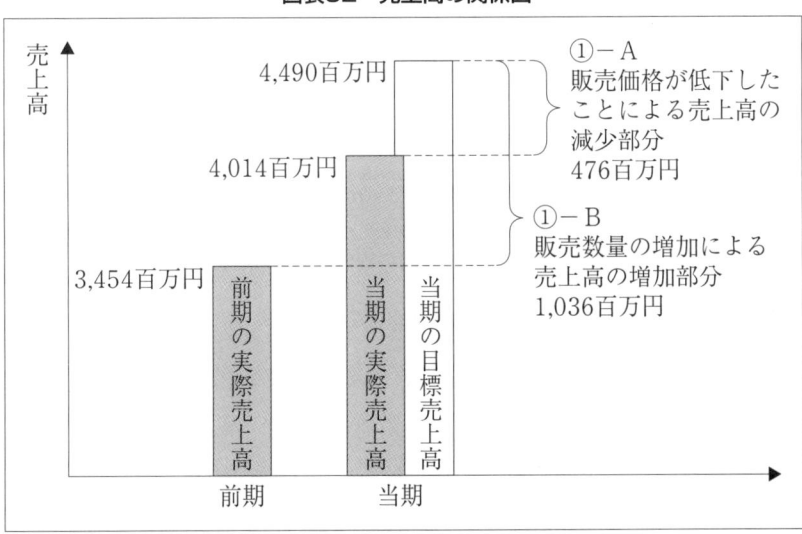

図表52　売上高の関係図

```
売
上    ┌─────────┐      ①－A
高    │ 4,490百万円 │      販売価格が低下した
      │           │      ことによる売上高の
      │ 4,014百万円│      減少部分
      │           │      476百万円
      │ 3,454百万円│      ①－B
      │前│当│当  │      販売数量の増加による
      │期│期│期  │      売上高の増加部分
      │の│の│の  │      1,036百万円
      │実│実│目  │
      │際│際│標  │
      │売│売│売  │
      │上│上│上  │
      │高│高│高  │
      └─────────┘
        前期  当期
```

5-1-7　次に売上原価増減の要因分析も

　売上原価の要因分析についても、同じような作業を行います。
売上原価は、前期の1,744百万円から、当期の2,180百万円まで436百万円増加しています。売上原価の伸び率は、25.0％（＝$\frac{436百万円}{1,744百万円}\times100$）です。
販売数量は30％も増加しているので、当期の予定売上原価は、次のように2,267百万円になっていたはずです。

> 1,744百万円×130％＝2,267百万円（当期の予定売上原価）

売上原価は**目標**ではなく、**予定**という冠をつけます。

当期の実際売上原価2,180百万円と、当期の予定売上原価2,267百万円との差額87百万円は、コスト削減効果による売上原価の減少部分となります。これは、99頁「図表50」の②－Cに該当します。

ん？　どこに**コスト削減の効果**があるかって？

だって、当期の予定売上原価2,267百万円は、コスト削減努力を行わなかった場合のコストだからですよ。実際には2,180百万円にまで抑えた。そこがコスト削減の効果なのです。

また、当期の予定売上原価2,267百万円と、前期の実際売上原価1,744百万円との差額523百万円は、販売数量の増加によるコストの増加部分になります。これは、「図表50」の②－Dに該当します。

以上の関係を、再び棒グラフで図解すると、次のようになります。

図表53　売上原価の関係図

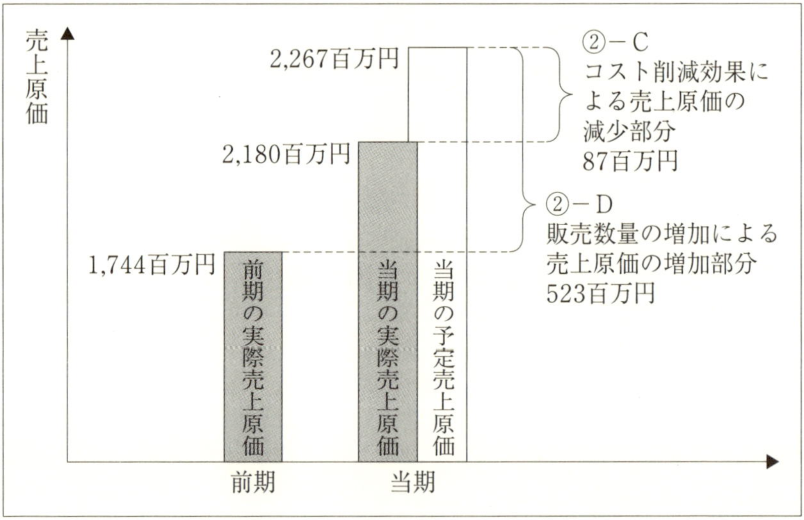

②－C
コスト削減効果による売上原価の減少部分
87百万円

②－D
販売数量の増加による売上原価の増加部分
523百万円

第2節　ついに利益増減分析表に到達だ

―― 何事によらず、明日に延ばせる事は、明日に延ばした方がいい。

（内田百閒『阿房列車』）

5-2-1　基本は、前期と当期と、目標と実績と

「図表49・図表50・図表52・図表53」の関係をまとめたものが、次に掲げる**利益増減分析表**です。

図表54　栃木クメハチ製作所、利益増減分析表　　（単位：百万円）

売上高の増減		
①－A　販売単価の変化による売上高の増減		
当期の実際売上高	4,014	
当期の目標売上高	4,490	★¹ ▲476
①－B　販売数量の増減による売上高の増減		
当期の目標売上高	4,490	
前期の実際売上高	3,454	★² +1,036
売上高の増減		★³ +560
売上原価の増減		
②－C　コストの変化による売上原価の増減		
当期の実際売上原価	2,180	
当期の予定売上原価	2,267	★⁴ ▲87
②－D　販売数量の増減による売上原価の増減		
当期の予定売上原価	2,267	
前期の実際売上原価	1,744	★⁵ +523
売上原価の増減		★⁶ +436
売上総利益の増減		★⁷ +124

利益増減分析表などと改まった表現をすると、いかにも難しそうにみえます。要は、前期と当期の実績に、当期の目標（予定）を加えたものだという

ことです。仕組みがわかれば、難しいものなど何もありません。

5-2-2　利益増減分析表の読みかた

「図表54」を見ると、栃木クメハチ製作所では、売上総利益が前期に比べて★7124百万円増加しています。その要因を分析すると、次のようになります。

> ①　販売価格の値下げにより、売上高は★1476百万円減少しました。
> ②　販売数量が前期よりも30％増加したため、売上高は★21,036百万円増加しました。
> ③　売上高は、トータルで★3560百万円の増加になりました。
> ④　コスト削減の効果が★487百万円ありました。
> ⑤　販売数量が増加したために、売上原価は★5523百万円増加しました。
> ⑥　売上原価は、トータルで★6436百万円の増加になりました。

売上総利益の増加★7124百万円は、以上のような、売上高と売上原価の相互作用によるものです。

5-2-3　時代の変化を読む

次に、**販売数量の増加**を基準として、**販売単価の変化率**と、**コストの変化率**とを知ることもできます。販売数量が30％増加していることから、販売単価は、次のようにして10.6％下落していると推測することができます。

図表55　販売単価の変化率

$$(販売単価の変化率) = \frac{(当期の実際売上高) - (当期の目標売上高)}{(当期の目標売上高)} \times 100$$

$$= \frac{4,014百万円 - 4,490百万円}{4,490百万円} \times 100$$

$$= ▲10.6\%$$

一方、コストの変化率は、次のようにして3.8%と求めることができます。

図表56　コストの変化率

$$(コストの変化率) = \frac{(当期の実際売上原価) - (当期の予定売上原価)}{(当期の予定売上原価)} \times 100$$

$$= \frac{2{,}180百万円 - 2{,}267百万円}{2{,}267百万円} \times 100$$

$$= ▲3.8\%$$

つまり、全社ベースで3.8%の**コスト削減努力**が行われていた、ということです。

もし、同業他社についても同じようなデータが得られるのであれば、それらと比較することで、分析の精度を上げることができます。たとえば、栃木クメハチ製作所では、販売価格が10.6%下落したことになっています。ところが、同業他社では、20%下落していたとします。もし、業界の市況から判断して、20%下落のほうが正しいのであれば、栃木クメハチ製作所の売上高に粉飾の疑いが生じます。

逆に、栃木クメハチ製作所の下落率10.6%のほうが正しいのであれば、同社の製品の市場競争力が高いと判断することができます。経営分析も、諸刃の剣ですね。

同じことは、販売数量やコストについてもいえます。販売数量の増減率を同業他社と比べることで、分析対象会社の営業力の優劣を知ることができます。また、コストの変化率を同業他社と比べることで、**コスト削減努力**の程度を知ることができます。

5-2-4　もう一歩踏み込んだ読みかた

「図表54」は、これはこれで完成された表なのですが、いま一つ見栄えがよくない。売上高や売上原価の増減要因はわかっても、では、売上総利益にはどういう影響があるのかが、パッと見てわかりません。結論として、売上総利益が前期より124百万円増えた、というだけです。

そこで、「図表54」を、売上総利益を中心にした増減要因別に組み替えて

みます。

図表57　売上総利益増減分析表

(単位：百万円)

(1)販売単価の変化による売上総利益の増減　　（①－A）			★¹▲476
(2)販売数量の増減による売上総利益の増減			
	①販売数量の増減による売上高の増減　　（①－B）	1,036	
	②販売数量の増減による売上原価の増減　（②－D）	▲523	★²+513
(3)コスト削減による売上原価の減少　　　　　（②－C）			★³+87
売上総利益の増減			★⁴+124

「図表54」から「図表57」へ組み替えるのは、少しばかり頭をひねる必要があるかも。①－Aから②－Dまでの順序に気をつけて、頑張ってみてください。

「図表57」からは、次のようなことを読み取ることができます。

---

① 当期においては、★³87百万円のコスト削減努力が行われました。
② しかし、コスト削減努力をはるかに上回る販売単価があり、売上総利益が★¹476百万円も減少しました。
③ 販売数量の増加により★²513百万円の売上総利益を確保したので、当期は何とか★⁴124百万円の黒字を確保することができました。

こういう結果を、分析対象の企業に見せたら喜ぶかな。たぶん、嫌がられるだろうなぁ。

5-2-5　複数製品を扱う企業の場合

利益増減の要因分析は、企業が1種類の製品だけを取り扱っている場合には容易ですが、実際には、多品種の製品を扱っているので、分析作業も複雑なものとなります。このような場合、**製品別の損益計算書**と、**製品別の販売数量**とがわかれば、**製品別の利益増減分析**を行うことができます。

ただし、すべての企業において、製品別の損益計算書と、製品別の販売数量を把握することは期待できません。そのときは、ある程度の**推定**を行いま

す。分析する側の**力量**が現れる、といったところでしょうか。

　ここでは、精密機械メーカーとして中堅の、E社の有価証券報告書[①]を利用します。E社は、世界的にも競争力のある製品を扱うことで有名です。

　E社の有価証券報告書によると、販売数量と売上高は次のようになっていました。

図表58　E社、販売実績　　　　　　　　　（単位：百万円）

	前　期		当　期	
	台数(×1,000)	売上高	台数(×1,000)	売上高
通信機器				
A製品	2,283	39,190	2,327	41,270
B製品	986	14,584	1,028	16,026
計測機器	−	2,430	−	3,832
合　　計	3,269	★1 56,204	3,355	61,128

　まず、販売数量の増加率を求めます。

図表59　販売数量の増加率

$$(販売数量の増加率) = \frac{(当期の販売数量) - (前期の販売数量)}{(前期の販売数量)} \times 100$$

$$= \frac{3,355千台 - 3,269千台}{3,269千台} \times 100$$

$$= 2.6\%$$

　計測機器事業は、ウェイトが低いので無視します。

　販売単価に変化がなかったと仮定した場合の、当期の目標売上高を求めると、次のように計算できます。

---

①近年の有価証券報告書は、ぶ厚く難解な割りに、重要な情報を盛り込まなくなりました。製品や商品の販売数量のデータもかなり省略されています。よ〜く目を凝らして読まないと。

> ★¹56,204百万円×102.6％＝57,665百万円（当期の目標売上高）

（注）102.6％は、100％＋2.6％（販売数量の増加率）です。

　有価証券報告書の損益計算書より、前期の売上原価のデータを拾ってきます。前期の売上原価は、47,906百万円とありました。したがって、コストに変化がなかった場合の、当期の予定売上原価を求めると、次のようになります。

> 47,906百万円×102.6％＝49,152百万円（当期の予定売上原価）

　仕上げとして、当期の売上原価が54,172百万円であることを有価証券報告書で確かめ、E社の利益増減分析表を作ると、次のようになりました。

図表60　E社、利益増減分析表

（単位：百万円）

売上高の増減			
	①－A　販売単価の変化による売上高の増減		
	当期の実際売上高	61,128	
	当期の目標売上高	57,665	★¹3,463
	①－B　販売数量の増減による売上高の増減		
	当期の目標売上高	57,665	
	前期の実際売上高	56,204	★²1,461
	売上高の増減		★³4,924
売上原価の増減			
	②－C　コストの変化による売上原価の増減		
	当期の実際売上原価	54,172	
	当期の予定売上原価	49,152	★⁴5,020
	②－D　販売数量の増減による売上原価の増減		
	当期の予定売上原価	49,152	
	前期の実際売上原価	47,906	★⁵1,246
	売上原価の増減		★⁶6,266
	売上総利益の増減		★⁷▲1,342

5-2-6　複数製品であろうと着眼点は単純だ

E社の売上総利益は、前期に比べて[*7]1,342百万円減少しています。その原因は、次のとおりです。

---
① 販売単価が上昇したため、売上高は[*1]3,463百万円増加しました。
② 販売数量の増加によって、売上高は[*2]1,461百万円増加しました。
③ 販売数量・販売単価ともに上昇したため、売上高のトータルでは[*3]4,924百万円も増加しました。

問題なのは、売上原価です。

---
④ コスト削減が不十分なため、売上原価が[*4]5,020百万円増加しました。
⑤ 販売数量の増加によって、売上原価が[*5]1,246百万円増加しました。
⑥ 売上原価は、トータルで[*6]6,266百万円も増加しました。

売上高の増加（4,924百万円増）を上回るスピードで売上原価が増加（6,266百万円増）したため、売上総利益が1,342百万円も減少したのでした。E社における、販売単価の変化率と、コストの変化率とを求めてみます。

図表61　販売単価の変化率とコストの変化率

$$（販売単価の変化率）= \frac{（当期の実際売上高）-（当期の目標売上高）}{（当期の目標売上高）} \times 100$$

$$= \frac{61,128百万円 - 57,665百万円}{57,665百万円} \times 100$$

$$= 6.0\%$$

$$（コストの変化率）= \frac{（当期の実際売上原価）-（当期の予定売上原価）}{（当期の予定売上原価）} \times 100$$

$$= \frac{54,172百万円 - 49,152百万円}{49,152百万円} \times 100$$

$$= 10.2\%$$

当期は、国内・海外ともに景気が低迷しましたが、E社の製品競争力は相変わらず際立ったものがありました。販売単価が6.0%も上昇しています。
　しかし、心配なのは、コストの上昇です。上昇率が10.2%となっています。取り扱う数量が増加（前期比2.6%増）すれば、量産効果によって単位あたりのコストは低下するのが普通なのに。
　E社の有価証券報告書によれば、新たな工場を建設したが、研究開発を優先したために、十分な量産効果を上げられなかった、と記されています。来期以降に期待せよ、ということか。
　108頁「図表60」を基に、E社の売上総利益増減分析表を作ってみます。

図表62　E社、売上総利益増減分析表　　　　（単位：百万円）

(1) 販売単価の変化による売上総利益の増減　　（①－A）		[*1]3,463
(2) 販売数量の増減による売上総利益の増減		
①販売数量の増減による売上高の増減　　　（①－B）	1,461	
②販売数量の増減による売上原価の増減　　（②－D）	▲1,246	[*2]215
(3) コスト上昇による売上原価の減少　　　　　（②－C）		[*3]▲5,020
売上総利益の増減		[*4]▲1,342

　この表から読み取れることは、次のとおりです。

> ①　販売単価の上昇によって、売上総利益は[*1]3,463百万円増加しています。
> ②　販売数量の増加によっても、売上総利益は[*2]215百万円増加しています。
> ③　しかし、コストの上昇分[*3]5,020百万円をカバーするにいたらず、売上総利益は[*4]1,342百万円の減少となりました。

　やっぱ、大切なのは、**コスト管理**ですね。

第3節　費用の分析は要約して

>――もし一年じゅう休みだったら、遊びも
>仕事と同じく退屈なものになる。
>　　　　　　（シェイクスピア『ヘンリ四世』）

5-3-1　売上高販管費比率は予算でフォローせよ

　売上高については、Ｚチャートを紹介しました。売上原価と利益についても、一通り説明しました。

　損益計算書に関して次に取り組むのは、**費用**です。売上原価以外の費用で大きな比重を占めるのは、**販売費及び一般管理費**（通称、**販管費**）です。

　最初に紹介するのは、**売上高販管費比率**です。これは別名、**営業経費率**ともいわれ、売上高に対して何％の販管費を要しているかを示すものです。

図表63　売上高販管費比率

$$（売上高販管費比率：\%） = \frac{（販売費及び一般管理費）}{（売上高）} \times 100$$

　売上高販管費比率は、売上高総利益率と強い相関関係があると考えてもかまいません。つまり、2つの比率には次の関係があります。

① 売上高総利益率が高い（↑）ときは、売上高販管費比率も高い（↑）
② 売上高総利益率が低い（↓）ときは、売上高販管費比率も低い（↓）

　本当かな？　自分の所属する会社で試してみてください。「そうかもしんない」などと、他人の言葉を鵜呑みにするようでは、この先あなたは、きっとだまされる。

次に、販管費には、次の2種類の性格があることを知ってください。

> ① 売上高の伸びに連動するもの（これを**変動費**といいます）
> ② 売上高の伸びに連動しないもの（これを**固定費**といいます）

　売上原価にも変動費と固定費のものとがありますが、販管費には売上高に連動しない固定費的なものが圧倒的に多い、という特徴があります。販管費で売上高に連動するものといったら、荷造運送費や販売手数料など、ごく限られたものでしょう[①]。
　販管費には固定費の性格を有するものが非常に多いことから、売上高販管費比率を単純に求めただけでは、販管費の問題点をあぶり出すことはできません。そもそも、固定費は、売上高を基準にして検証するのものではなく、**予算**によって管理されることが多いはずです。
　あなたの会社でも、広告宣伝費や接待交際費などは予算で管理されていますよね。え？　してない？　そいつは、問題だなぁ。予算のデータが得られるのであれば、予算と実績の対比（いわゆる**予実対比**）は必ず行うようにしてください。
　企業外部の者にとっては、予算を知ることはできません。そこで、企業の外部の者にとって分析しやすい、**売上高人件費比率**と**売上高減価償却費比率**について説明します。

5-3-2　売上高人件費比率の求めかた

　売上高人件費比率は、一定の売上高を達成するために、どれだけの人手を要しているか、を示す比率です。

図表64　売上高人件費比率

$$（売上高人件費比率：\%）= \frac{（人件費）}{（売上高）} \times 100$$

[①]変動費と固定費との分類については、154頁「図表93　中小企業庁方式による固変分解」などを参照してください。

分子の人件費には、役員報酬、給与手当、賞与・退職給付引当金繰入額のほか、福利厚生費や法定福利費といったものも含めます。製造業の場合は、販管費における人件費のほか、製造原価の中の人件費も含めます。

5-3-3　人件費は「生産性」と「成果配分」の板ばさみ

ここ数年、日本国内の人件費が、海外のそれと比較して相対的に高くなり、日本の企業の収益力を悪化させる要因の一つになっています。それを乗り越えるために行われているのが、**工場の海外移転**です。中国や東南アジアの人件費は日本の数十分の一とされることから、とくに製造業では海外移転が進み、日本の企業の収益を悪化させるどころか、日本に製造業がなくなってしまうのではないかと危惧する事態にもなっています。
「図表64」の式の分子には、製造原価の中の人件費も含めて計算するのですが、製造業が日本からどんどんいなくなると製造原価の人件費は外注費へと変わることでしょう。将来は、製造原価に占める人件費の割合がゼロとなり、「図表64」の式は、販管費に占める人件費だけを調べる指標になってしまうかもしれません。杞憂であることを願って、ここでは売上高に占める人件費の割合が持つ意義について考えましょう。

まず、売上高人件費比率が大きく増減している場合には、その増減の内容が、次のいずれにあるのかを調べます。

① 人数の変化によるものなのか
② 給与ベースの変化によるものなのか

人件費の水準が、同業他社と比較してどのような水準にあるのかも把握したいところです。
次に、売上高と人件費については、次の関係があることに注意して見るようにしてください。

① これだけの人件費を支払えば、これだけの売上高を達成できる、という**生産性**の問題
② これだけの売上高を達成すれば、これだけの人件費を支払うことができる、という**成果配分**の問題

この微妙な表現の違い、ご理解いただけますか。どちらも難しい問題ですね。

ところで、筆者はいま、こうして経営分析の本を書いているのですが、筆者の得意とする分野は**原価計算**です。自ら原価計算システムを開発し、いくつかの企業にそれを導入して、原価計算の指導にあたっています。

中小の製造業の経営環境は厳しい、と一般的にいわれています。しかし、筆者が原価計算を指導している企業では、そのような印象を持っていません。みんな元気です。人件費の高低や、生産性の優劣だけでは測れないものがあるようです。

5-3-4　売上高減価償却費比率の求めかた

売上高減価償却費比率は、一定の売上高を達成するために、どれだけの生産設備を利用しているか、を示す指標です。

図表65　売上高減価償却費比率

$$（売上高減価償却費比率：\%） = \frac{（減価償却費）}{（売上高）} \times 100$$

新しく設備投資を行ったが、需要の予測がはずれてしまって売上高が思うように伸びず、減価償却費の負担増で収益を悪化させてしまうケースがよくあります。**設備投資の意思決定**がよかったのかどうかを判定する指標として、この比率を用います。

製造業の比率を算出する場合、分子の減価償却費は、製造原価における減価償却費と販管費の減価償却費を合計した金額とします。

5-3-5　この会社の費用分析

栃木クメハチ製作所では、前期の売上高は3,454百万円、製造原価に占める人件費は782百万円、販管費における人件費は574百万円なので、売上高人件費比率は次のようになります。

図表66　売上高人件費比率

$$（売上高人件費比率）=\frac{（人件費）}{（売上高）}\times 100=\frac{782百万円+574百万円}{3,454百万円}\times 100=39.3\%$$

当期の売上高人件費比率を同様に求めたところ、39.7％となっており、人件費負担はほぼ横ばいです。

また、前期において、製造原価に占める減価償却費は24百万円、販管費に占める減価償却費は36百万円なので、売上高減価償却費比率は次のようになります。

図表67　売上高減価償却費比率

$$（売上高減価償却費比率）=\frac{（減価償却費）}{（売上高）}\times 100=\frac{24百万円+36百万円}{3,454百万円}\times 100=1.7\%$$

当期の売上高減価償却費比率を同様に求めたところ、1.8％となっており、償却負担が若干増えたようです。

第4節　ズシリとくる金利負担

――行き詰まりは展開の一歩である。
（吉川英治『草思堂随筆』）

5-4-1　売上高純金利負担率の求めかた

　販管費の次にくるのが、**営業外収益**と**営業外費用**です。その中心は、**受取利息**と**支払利息**です。手形割引を行っている企業は、**手形売却損**も対象となります。これらを含めて**金融費用**といいます。手形割引にともなって支払われる割引料が、手形売却損という名称に変更されても、やはり金融費用に変わりはありません。

　これら金融費用に売上高を対応させて、**売上高純金利負担率**を求めます。売上高純金利負担率は、**金融費用負担率**ともいわれ、売上高に対して金利負担がどの程度であるかを示す指標です。

図表68　売上高純金利負担率

$$（売上高純金利負担率：\%）＝\frac{（支払利息・手形売却損）－（受取利息）}{（売上高）}\times 100$$

　分子の金融費用は、借入金の支払利息や手形売却損の合計から、受取利息を差し引いた金額で計算します。企業が負担する純額でとらえるようにしてください。

　企業経営に必要な資金を調達するにあたっては、できれば自己資金で賄いたいものです。しかし、現実には、買入債務など企業どうしの信用で資金調達を行ったり[1]、借入金や手形割引を利用したりせざるを得ません。買入債務による資金調達には金利はつきませんが、金融機関を利用した資金調達

---
[1] 買入債務（支払手形や買掛金）が実は、企業が資金調達する上で有力な手段だということが、案外理解されていないんですよね。

は、金利負担を一気に増大させます。ズシリとくる金利負担の度合いを、**売上高純金利負担率**が表します。

5-4-2　金利の七五三

　企業が負担する金利の重さを見る目安として、**金利の七五三**という経験則があります。製造業の場合、売上高純金利負担率が３％以内であれば健全、５％以内であれば要注意、７％以内であれば危険、それより高くなれば倒産する域であるとされています。

　３％以内の状態なら、元金・利息ともに滞りなく返済することができます。この段階は、健全な状態です。

　ところが、３％から５％の段階に進むと金利負担が重く感じられるようになり、よほど高い収益力がないと、買入債務の支払いや借入金の返済に、遅延の生ずる恐れがあります。資金繰表とにらめっこの日々が続きます。

　売上高純金利負担率が５％を超える段階で、市中の金融業者から借金をすれば（金融機関はもはや相手にしてくれないでしょう）、金融費用が一気に増加し、ますます資金繰りが苦しくなり、警戒水位を超える段階になります。７％近くになると金策に奔走するようになり、在庫管理・売掛金回収・経費節減といった日常業務が疎かになり、賃金の遅配も起きてきます。

　７％を超えると、金利負担がどうのこうの、といってられる事態ではなくなります。損益分岐点[①]は飛躍的に上昇し、明日の資金繰りに窮するようになります。

　振り出した手形を落とすために、これだけは売らなければならないという、資金繰りのための販売が行われる結果、採算は度外視され、出血が出血を生み、賃金の遅配は恒常化し、従業員の士気が極度に低下する危険な状態に陥ります（うわぁ、書くのもつらい）。この段階で、遊休資産を処分し、従業員を解雇して、人件費・減価償却費・金利等の固定費を節約して、といったリストラ策は手遅れです。もはや傍観するしかない状態となり、ついに"The End"のときを迎えます。

　このように、製造業の場合、「金利の七五三」という経験則があって、３％までの金利負担は健全であるとされています。流通業・小売業の場合は、

---

　①損益分岐点については、146頁「7-1-1」を参照してください。

1％以内なら健全、3％以内なら要注意、5％以内なら危険、それを超えたら倒産する事態であるということを、知っておいても損はないかな。

5-4-3　嗚呼、金利が重い

栃木クメハチ製作所では、前期の売上高は3,454百万円、支払利息は70百万円、受取利息は37百万円だったので、売上高純金利負担率は、次のように計算されます。

図表69　栃木クメハチ製作所、売上高純金利負担率

$$（売上高純金利負担率）=\frac{（支払利息・手形売却損）-（受取利息）}{（売上高）}\times 100$$

$$=\frac{70百万円-37百万円}{3,454百万円}\times 100 = 1.0\%$$

栃木クメハチ製作所では、企業経営を行うにあたって、売上高の1.0％の純金利負担があることを示しています。当期の売上高純金利負担率は1.2％に上昇し、その結果、**売上高経常利益率**も、前期の9.9％から当期の7.4％へと低下しました。でも、「金利の七五三」のことを考慮すれば、まだまだ健全な状態なんじゃないですか。

5-4-4　金利でメシを食う人々

金を借りる側でありながら、意外と疎かにされているものがあります。**実質金利**です。

図表70　実質金利

$$（実質金利:\%）=\frac{（支払利息・手形売却損）-（受取利息）}{（借入金総額）-（預金総額）}\times 100$$

企業は、金融機関から借り入れを行ったとき、すべてを使い切ってしまうわけではありません。当座預金、普通預金、定期預金などにそれなりの残高が積みあがります。企業と金融機関との間で、どれくらいの**金利のやりとり**があるかを知るのが、実質金利です。

　借入金総額よりも預金総額が多ければ、実質金利はマイナスとなります。それならば、問題なし[①]。

　しかし、多くの企業は、借入金総額のほうが預金総額を上回るはず。その場合、借り入れたときの約定利率（これを**表面金利**といいます）よりも、**実質金利**のほうが必ず上回ります。とくに、当座預金のように受取利息がまったくつかないような口座にプールしている場合は、実質金利がぐんと跳ね上がります。

　金融機関は金利でメシを食う組織ですから、企業ごとに実質金利を必ず計算して、収益管理をしています。ところが、借りる側の企業は他にメシの種があるので、実質金利にまで気が回りません。金融機関の側が「最近の貴社の実質金利は高いですね。次の借り入れのときは下げましょうか」などとアドバイスすることは絶対ないですから、企業自ら収益管理することを怠りなく。

5-4-5　隠れた金利負担

　対外的に公表される財務諸表において、**リース取引**に関しては残念ながら、大企業から中小企業まで統一した様式が採用されていません。

　一定の条件[②]を満たすリース取引については、貸借対照表に、対象となるリース資産を固定資産の部に計上し、負債の部には**短期借入金**や**長期借入金**と並んで**リース債務**を計上することになっています。リース会社へ支払うリース料も、**支払利息**と**減価償却費**とに区別して損益計算書に計上します。百歩下がって、貸借対照表や損益計算書にこれらの金額が明示されていなくても、上場会社の有価証券報告書などでは**注記事項**として開示されています。

　ところが、圧倒的大多数の企業[③]は、リース取引に関して、貸借対照表に**固定資産**と**リース債務**とをそれぞれ計上する基準など知るよしもなし。いわ

[①]ただし、こういう場合は、さっさと返済してしまうに限る。
[②]所有権移転の定めがある場合や、特別仕様により借り手だけが使用することが明らかな場合など。
[③]当然、有価証券報告書など作成していません。

第5章　収益性の分析以外でも大切なものがある　　119

ゆる**簿外**（オフバランス）となっています[1]。リース料も、支払利息と減価償却費とに分けられることなく、**賃借料**として一括して扱われています。一千歩下がって、注記事項として開示されることもありません。本当の簿外です。賃借料のうち、支払利息部分がいくらかなど、知りようがないのです。

リースを盛んに利用している企業で、リース取引を財務諸表できちんと開示していない場合には、**売上高純金利負担率**や**実質金利**を求めようとしても、正しい結果が得られないことを覚悟してください。リース対象の固定資産も簿外になっているのですから、**総資本事業利益率**もずいぶん高いものとなることでしょう。

経営分析にとって、リース取引は鬼門です。

---

[1]簿外とは、貸借対照表の外にある、という意味です。簿外というと悪いイメージがありますが、それは偏見です。リース取引のほか、割引手形・裏書手形や保証債務なども、簿外扱いとされています。これらの簿外取引は、貸借対照表の欄外に、注記事項としてその残高を明らかにすることとされています。

第6章

貸借対照表からも収益性がわかる

第1節　バランスしている理由を探れ

　　　　　　　　　——本人の努力を俟たずして人を伸ばしてやろうとする企業があったら、それはとんでもない温情主義か、さもなければ間抜けな考え方である。

　　　　　　　　　　　　　　　（ドラッガー『現代の経営』）

6-1-1　収益性と資金繰りの二正面作戦

　損益計算書の着眼点は、収益性一本勝負でした。貸借対照表も、損益計算書とのからみで収益性の分析対象となりますが、損益計算書ほど一途ではありません。

　損益計算書とのからみがない場合、つまり貸借対照表だけを用いる場合は、**収益性**だけでなく、**資金の調達と運用**も議論の対象となります。どこから資金を調達し、その資金はどこに運用されているかということ。これを調べることを**キャッシュフロー分析**といい、**収益性分析**とは異なるステージがあります。

　損益計算書は、上（売上高）から下（当期利益）へと流れるように展開しますが、おっと、付加価値利益のように下から上へ逆流することもありますが、いずれにしても直線的な流れです。ところが、貸借対照表は、左（資産）と右（負債・資本）の組み合わせですから、話はかなりややこしいものとなります。しかも、収益性と資金繰りという二正面作戦。貸借対照表って、読み解くのが意外と難しいんですよ。

　本章ではまず、収益性の観点から、貸借対照表を見てみることにします。

6-1-2　やっぱ、前期との増減比較が基本でしょ

　貸借対照表でも前期と当期の増減比較は、当然行われなければなりません。作成方法についてはすでに、33頁「図表11」などで概要を紹介しました。まずは、栃木クメハチ製作所の増減比較を掲げます。

図表71 貸借対照表、増減比較

(単位：百万円)

科目	前期	当期	増減額	増減率
現金預金	890(29.8)	932(25.8)	42	4.7%
受取手形	580(19.4)	698(19.3)	118	20.3%
売掛金	498(16.7)	670(18.5)	172	34.5%
製品	154(5.2)	54(1.5)	▲100	▲64.9%
仕掛品	8(0.3)	6(0.2)	▲2	▲25.0%
原材料	76(2.5)	276(7.6)	200	263.2%
（棚卸資産計）	238(8.0)	336(9.3)	98	41.2%
その他流動資産	104(3.5)	24(0.7)	▲80	▲76.9%
貸倒引当金	▲22(▲0.7)	▲34(▲0.9)	▲12	54.5%
【流動資産計】	2,288【76.6】	2,626【72.6】	338	14.8%
土地	248(8.3)	248(6.9)	0	0.0%
建物構築物	270(9.0)	414(11.4)	144	53.3%
機械装置	138(4.6)	279(7.7)	141	102.2%
（有形固定資産計）	656(22.0)	941(26.0)	285	43.4%
無形固定資産	10(0.3)	14(0.4)	4	40.0%
投資等	32(1.1)	35(1.0)	3	9.4%
【固定資産計】	698【23.4】	990【27.4】	292	41.8%
【資産計】	2,986【100.0】	3,616【100.0】	630	21.1%

(単位：百万円)

科目	前期	当期	増減額	増減率
支払手形	621(20.8)	738(20.4)	117	18.8%
買掛金	208(7.0)	286(7.9)	78	37.5%
短期借入金	554(18.6)	628(17.4)	74	13.4%
未払法人税等	96(3.2)	64(1.8)	▲32	▲33.3%
賞与引当金	36(1.2)	36(1.0)	0	0.0%
その他流動負債	66(2.2)	84(2.3)	18	27.3%
【流動負債計】	1,581【52.9】	1,836【50.8】	255	16.1%
長期借入金	518(17.3)	750(20.7)	232	44.8%
退職給付引当金	14(0.5)	12(0.3)	▲2	▲14.3%
【固定負債計】	532【17.8】	762【21.1】	230	43.2%
【負債計】	2,113【70.8】	2,598【71.8】	485	23.0%
資本金	60(2.0)	60(1.7)	0	0.0%
利益準備金	14(0.5)	15(0.4)	1	7.1%
別途積立金	510(17.1)	711(19.7)	201	39.4%
当期未処分利益	289(9.7)	232(6.4)	▲57	▲19.7%
（うち当期利益）	168(5.6)	148(4.1)	▲20	▲11.9%
【自己資本計】	873【29.2】	1,018【28.2】	145	16.6%
【負債・資本計】	2,986【100.0】	3,616【100.0】	630	21.1%

　表の見方は、いままでに説明してきたことと同じです。右端の増減率は、前期に比べて当期は何パーセント増加または減少したかを表しています。前期と当期のカッコ内数値は、総資産（または総資本[1]）を100とした場合の構成割合（パーセント）です。

---

[1]総資産と総資本とは同義である、というのは、もう慣れていただきましたよね。

6-1-3　増減比較で注目すべきところ

貸借対照表の増減比較をしてみて、気がつくところをあげてみます。大切なのは、増減率をどこで区切るかです。ここでは、増減率が30％以上のものを拾い上げてみます。

①　売掛金　　　　　＋34.5％
②　製品　　　　　　▲64.9％
③　原材料　　　　　＋263.2％
④　その他流動資産　▲76.9％
⑤　貸倒引当金　　　＋54.5％
⑥　建物構築物　　　＋53.3％
⑦　機械装置　　　　＋102.2％
⑧　無形固定資産　　＋40.0％
⑨　買掛金　　　　　＋37.5％
⑩　未払法人税等　　▲33.3％
⑪　長期借入金　　　＋44.8％
⑫　別途積立金　　　＋39.4％

この増減で、あなたなら、どのようなことを推測しますか。

①　製品が減少して、売掛金が増加している
　　→　見切売りの、在庫一掃か
②　原材料が増加するとともに、買掛金が増加している
　　→　仕入れ在庫を増やしているのか
③　長期借入金が増加することで、建物構築物と機械装置が増加している　→　新しい事業でも始めるのか

このような推測を行えるのは、各科目に次のような性格があるからです。

①　製品は、販売用として保有する棚卸資産です。
　　したがって、製品の販売は、売上高や売掛金と結びつきます。

これから得意先へ販売しようとする製品が、買掛金と結びつくことはありません。
② 原材料は、製品と同じ棚卸資産ですが、仕入れに関するものです。原材料の仕入れは、買掛金と結びつきます。
　仕入れた原材料をそのまま販売用とするならば、それは原材料として棚卸資産に計上するのではなく、初めから商品とすべきです[①]。
③ 建物や機械装置などの固定資産を購入するにあたっては、買掛金や短期借入金など返済期間の短い資金で対応するものではありません。
　長期借入金や増資など、長期的に安定した資金で対応するものです。

6-1-4　企業へのヒアリングのコツ

もし、経営分析の対象会社の担当者に、増減内容について質問する機会があるのなら、それにこしたことはありません。経営分析は自らの予測で行うものであり、実態はまったく異なることもあるからです。

しかし、会社の担当者に直接ヒアリングできるのは、よほど特殊な地位（会計監査人やアナリストなど）でない限りできません。だからこそ、独力で分析できる力を磨かなければならないのです。

もし、増減比較に関する質問を企業にぶつける機会があるとしたら、面白い現象に出くわすと思います。それは、損益計算書の増減比較に関しては細かな資料がないと答えてもらえないのですが、貸借対照表の増減比較については、すんなりと答えてもらえることがあるということです。

損益計算書の増減比較は、前期365日と当期365日の比較ですから、すぐに記憶をたどるというのは難しいのでしょう。ところが、貸借対照表は、（3月決算の場合）前期の3月31日時点と当期の3月31日時点の比較ですから、「ああ、これはですね」と担当者もすぐに思い出し、答えてくれることがあります。いや、毎年繰り返される、決算整理作業の苦しみが染みついた証(あかし)なのか。

[①]商品の場合は、仕入れ・買掛金、売上げ・売掛金いずれとも結びつきます。

第2節　収益性を親にもつ双子の兄弟

　　　　　　　　　　　――男は気持ちで年をとり、女は容貌で
　　　　　　　　　　　年をとる。
　　　　　　　　　　　　　　　（コリンズ『あなたはいくつか』）

6-2-1　性格が正反対の二人

　67頁「3-2-1」で説明したように、会社の収益力を決める要素として、**総資本回転率**がありました。この**回転**という意味を、もう少しくわしく考えてみます。

　総資本の回転のほかにも、**商品の回転**とか**売上債権の回転**とか、いろいろな回転が考えられます。回転とは、新旧が入れ替わること、つまり、新陳代謝が行われることです。

　たとえば、**総資本の回転**をとってみると、企業活動で運用される総資本（ヒト、モノ、カネ）は、売上高が積み上げられることによって徐々に古い資産から新しい資産へと変わってゆきます。企業活動が続く限り、この新旧の入れ替わりは、総資産だけでなく、負債や自己資本についても行われます。製品の回転、原材料の回転、売上債権の回転、買入債務の回転などがそうです。資本金の向こうにいる株主だって、入れ替わるといえば入れ替わります。経営分析では、これらの回転を、回転率または回転期間の数値として表します。

　回転率とは、1年間に、資産や負債が「何回ぐらい入れ替わるか」ということ、言い換えれば、1年間における資産または負債の回転数のことです。回転率の単位は、「回」です。

　回転期間とは、資産または負債が1回転するのに「どれくらいの期間がかかるか」ということ、言い換えれば、1回転に要する期間のことです。回転期間の単位は、「月」です。

　このように、資産や負債の回転は、売上高が積み上げられることによって行われる新陳代謝ですから、次のような式が成り立ちます。数値は、栃木クメハチ製作所の当期のものです。

図表72　回転率と回転期間

$$（総資本回転率：回）=\frac{（売上高）}{（総資本）}=\frac{4,014百万円}{3,616百万円}=1.11回$$

$$（総資本回転期間：月）=\frac{（総資本）}{（売上高）}=\frac{3,616百万円}{4,014百万円}=0.9年=10.8か月$$

　この２つの式を見比べてみると、回転率と回転期間とは、分子と分母が逆になっているだけです。たとえば、回転率が年１回であれば、回転期間は１年です。回転率が年２回であれば、回転期間は0.5年、つまり６か月になります。

6-2-2　バイバイ・ゲーム

　では、回転率とか回転期間とかいうのは、何を意味しているのでしょうか。それは、資産・負債・資本を、どれだけ有効に活用しているか、ということを表しているのです。
　たとえば、栃木クメハチ製作所が属する業界全体を平均した総資本回転率が年0.6回（回転期間は１年８か月）とします。栃木クメハチ製作所の総資本回転率は年1.1回（回転期間は10.8か月）ですから、同社は業界平均よりも、総資本を２倍近くも有効に使っていることになります。
　さらに回転率が２倍に上がれば、同じ額の総資本を使っていても、４倍の総資本を使っているのと同じ効果があります。他の条件が一定ならば、栃木クメハチ製作所の収益力は倍の倍に跳ね上がります。これぞ資産の有効活用。

6-2-3　イモヅル式の総資本回転率

総資本回転率は、次のように分解することができます。

図表73　総資本回転率の分解

（総資本回転率）＝（現金預金回転率）＋（売上債権回転率）＋……＋
　　　　　　　　　（固定資産回転率）

総資本回転期間も、次のように分解することができます。

図表 74　総資本回転期間の分解

> （総資本回転期間）＝（現金預金回転期間）＋（売上債権回転期間）＋
> 　　　　　　……＋（固定資産回転期間）

つまり、総資本は、資産の部の各項目に分解されます。したがって、総資本回転率（または回転期間）の大小は、各資産の回転率（または回転期間）の大小に影響されることになります。

なお、経営分析では、回転率と回転期間について、次のように使い分けます。

> ①　回転率を使うもの………総資本回転率、有形固定資産回転率など
> ②　回転期間を使うもの……売上債権、棚卸資産、買入債務など

上記②の科目について、回転率よりも回転期間が用いられることが多いのは、回転期間のほうが**回転の長さ**を表現しやすいからです。

回転率や回転期間は、貸借対照表のすべての項目について求める必要はありません。現金預金から始まって、負債の項目まで細かく求める人がいますが、主要なものだけを把握しておけば十分です。ここでは、重要性のある次の科目を解説することにします。

①　売上債権回転期間
②　棚卸資産回転期間
③　有形固定資産回転率（回転期間でないことに注意）

第3節 売上債権回転期間から始めよう

　　　　　　　　　　　——人はしばしば贋作を賞賛し、本物を
　　　　　　　　　　　あざける。
　　　　　　　　　　　　　　　　（イソップ『イソップ寓話集』）

6-3-1　月平均売上高であることに注意せよ

　売上債権回転期間は、売上高の何か月分相当の売上債権を持っているか、または売上代金を何か月で回収しているか、を示すものです。栃木クメハチ製作所の数値を使って、前期と当期の売上債権回転期間を求めてみます。

図表75　売上債権回転期間

$$
\begin{aligned}
(\text{売上債権回転期間}) &= \frac{(\text{売上債権})}{(\text{年間売上高}) \div 12 \text{か月}} \\
&= \frac{580\text{百万円}+498\text{百万円}+6\text{百万円}}{3{,}454\text{百万円} \div 12\text{か月}} = 3.77\text{か月（前期）} \\
&= \frac{698\text{百万円}+670\text{百万円}+100\text{百万円}}{4{,}014\text{百万円} \div 12\text{か月}} = 4.39\text{か月（当期）}
\end{aligned}
$$

　式の分母に注目してください。回転期間における売上高は、**月平均の売上高**を使用します。これを**平均月商**または**月平**（げっぺい）といいます。
　分母の売上高を、なぜ12か月で割るかというと、それは、分子の売上債権が期末日1か月のものだからです。もし、分母を年間の売上高とするのであれば、分子の売上債権は12か月分の残高を累計したものとしてください。
　売上債権回転期間は、短いほど回収期間の早いことを表し、売上債権という資産の運用効率がよいことになります。これは、**総資本回転率を高める**（総資本回転期間を短くする）ことになります。
　反対に、回転期間が長いほど回収期間が遅いことを表し、資産の運用効率が悪いことになります。これは、**総資本回転率を低める**（総資本回転期間を

長くする）ことになります。

その会社の売上債権の決済条件が、月末締め切り、翌月25日に90日サイトの手形払いであれば、売上代金の回収期間は4.8か月[1]以内でなければなりません。売上債権回転期間がこれよりも長ければ、滞留債権があることになります。

6-3-2　割引手形にこだわる人へ

売上債権は、受取手形と売掛金の合計です。このうち、受取手形は、手持ち手形、割引手形および裏書手形に分かれます。

経営分析において、売上債権に、割引手形と裏書手形（以下「割引手形等」といいます）を含めるかどうかは微妙な結果をもたらします。結論から述べると、次のとおりです。

> ①　総資本回転率を検討する場合は、売上債権に割引手形等を含めません。
> ②　売上債権回転期間を検討する場合は、売上債権に割引手形等を含めます。

総資本回転率に割引手形等を含めないのは、現在の会計制度で求めている貸借対照表が、割引手形等を、保証債務と同様のものとして位置づけ、貸借対照表の欄外に**注記事項**として扱っているからです。また、各種の統計資料においても、総資本に割引手形等を含めていないのが普通です。

こうした制度上の扱いに対し、割引手形等も借入金と実質的に変わりはないことから、総資本に割引手形等を含めるべきだ、と主張する人もいます。しかし、他の統計資料との比較を考えると、やはり含めないほうがいいでしょう。

これに対し、売上債権回転期間は、売上代金が何か月で回収されているかを検討するものですから、手持ちの受取手形以外に割引手形等を含める必要

---

[1] 25日＋90日＝115日だから、回収期間は約3.8か月（＝$\frac{115日}{365日} \times 12$か月）だろうと計算してはいけません。売掛金は月の初めから発生することもあるので、これにあと1か月を加えて最長4.8か月となります。

があります。受取手形をすべて割り引いて資金繰りをしている会社の場合は、受取手形に割引手形等を含めなければ、手持ちの受取手形はゼロになってしまいます。これでは、売上債権回転期間は、売掛金の回転期間そのものとなってしまい、取引の実情と合わなくなってしまいます。「図表75」では、売上債権に割引手形を含めて計算しています。

6-3-3　資本効率の巧拙が現れる

　売上債権回転期間は、業界の慣習、その企業の商品開発力、販売力の強さ、市場の競争状態、得意先との力関係などによって左右されます。市場での競争が激しい場合には、回転期間は長くなります。独占的な商品を扱っている場合には、回転期間は短くなります。ですから、一律の指標というものはありません。ただし、各年度の推移をとって、前の年よりも回転期間が長くなった場合は、資本効率が確実に悪くなっていると判断することができます。

　このほか、売上債権の回収管理の巧拙によって、回転期間が長期化することもあります。回収管理がずさんであれば、代金回収が慢性的に遅れ、回転期間が長期化し、得意先の倒産により売上債権が焦げ付き、滞留債権が生じて、部長から怒られる、ということを毎年繰り返してはいませんか。

第4節　棚卸資産回転期間

　　　　　　　　　　——世の中は賢きものにて、また騙しやすく候。

　　　　　　　　　　　　　　　　（井原西鶴『万の文反古』）

6-4-1　ここも平均月商があることを忘れずに

　棚卸資産回転期間には、2種類の意味があります。

　1つめは、平均月商の何か月分の棚卸資産を在庫として抱えているか、を示すものです。これを**手持ち期間**といいます。2つめは、何か月経過すれば、現在保有している棚卸資産が消費されてなくなるか、という期間を表します。これを**費消期間**といいます。

　企業の内部の人であれば、**適正在庫**との比較を行って、**過剰在庫**の判定などに利用してください。企業外部の者が分析を行う場合は、う〜む、適正在庫など知るよしもないので、前の期より長いかどうかで騒ぐしかないか。騒いだからといって、別にどうとなるものでもないけど。

　栃木クメハチ製作所の数値を使って、棚卸資産回転期間を求めてみます。

図表76　棚卸資産回転期間

$$（棚卸資産回転期間）＝\frac{（棚卸資産残高）}{（年間売上高）÷12か月}$$

$$＝\frac{154百万円＋8百万円＋76百万円}{3,454百万円÷12か月}＝0.83か月（前期）$$

$$＝\frac{54百万円＋6百万円＋276百万円}{4,014百万円÷12か月}＝1.00か月（当期）$$

　分子の棚卸資産は、小売業・流通業の場合は商品だけとなります。製造業の場合は、製品、仕掛品、原材料などを合計して求めます。中小企業などで在庫の変動が激しい場合、分子の棚卸資産残高は、毎月末の在庫残高を平均

したものを用いたほうがいいかもしれません。回転期間を求めるときは、小売業・流通業・製造業の区別なく、分母は平均月商を用います。

　棚卸資産回転期間は、在庫の手持ち期間を表しているので、資産の運用が効率的に行われているかどうかという観点からすれば、短いほうがいいに決まっています。棚卸資産回転期間が長期化している場合は、売れ行き不振、販売力以上の過大仕入れ、生産工程の乱れなどを疑わなければなりません。

　ただし、在庫の手持ち期間があまりに短いと、品切れが発生します。材料であれば生産活動が停滞することになりますし、製品であれば販売活動に支障をきたすことになります。ここが売上債権と違って、判断の難しいところ。売上債権回転期間は短ければ短いほど、現金回収が進んでいることであり、限りなく喜ばしいと単純に判断できるのにね。

6-4-2　棚卸資産回転期間 Part Ⅱ の登場

　いままで説明してきた回転期間は、(月平均の) 売上高を用いて算出したものでした。ところが、この回転期間の求め方では、厳密な意味での**回転**を示さない場合があります。すなわち、回転が、その資産の新陳代謝を示すようにするためには、少しばかり変形しなければならないのです。

　そこで、分母は、月平均売上高の代わりに、その資産の (月平均の) 費消額を用います。これを**棚卸資産回転期間 Part Ⅱ**と名づけます。

図表77　棚卸資産回転期間PartⅡ

$$(棚卸資産回転期間PartⅡ:月) = \frac{(棚卸資産残高)}{(月平均費消額)}$$

$$= \frac{(棚卸資産残高)}{(年間費消額) \div 12か月}$$

　費消額というのは、聞きなれない用語かもしれません。費消とは、材料費や売上原価などの形でモノを消費することをいいます。消費よりも範囲が狭いです。

　棚卸資産ごとの費消額を並べると、次のようになります。なお、いままで説明してきた回転期間を Part Ⅰ とします。

図表78　棚卸資産回転期間PartⅡの分母

	回転期間PartⅠの分母	回転期間PartⅡの分母
商品回転期間	月平均売上高	月平均売上原価
製品回転期間	同　　上	月平均売上原価
仕掛品回転期間	同　　上	（月平均材料費＋月平均製品製造原価）÷2
材料回転期間	同　　上	月平均材料費

したがって、棚卸資産回転期間 PartⅡは、次のとおりとなります。

図表79　各棚卸資産の回転期間PartⅡ

$$(商品回転期間) = \frac{(商品残高)}{(売上原価) \div 12か月}$$

$$(製品回転期間) = \frac{(製品残高)}{(売上原価) \div 12か月}$$

$$(仕掛品回転期間) = \frac{(仕掛品残高)}{(材料費＋製品製造原価) \div 2 \div 12か月}$$

$$(材料回転期間) = \frac{(原材料残高)}{(材料費) \div 12か月}$$

　さぁてと、**製造原価明細書**の構造を知っていないと、理解しがたい計算式が登場しました。製品製造原価ってどこだ？　仕掛品回転期間の分母は、なぜ、2で割るんだ？

　ここまで来たんだ。ちょっと横道にそれて、製造原価明細書の世界を覗いてみましょう。「どこ、なぜ」を説明するのが、本書の特徴ですからね[1]。

---

[1] **回転期間**（回転率を含めます）は、**収益性分析**だけでなく**キャッシュフロー分析**でも用いられます。回転期間がどちらの分析に属するか、という議論は不毛です。ただし、定義にうるさい人は、次のように使い分けるみたいです。すなわち、収益性分析における回転期間では分子を期首と期末の平均残高とし、分母はすべて売上高とします。キャッシュフロー分析における回転期間は、分子は期末残高で、分母は売上原価などの費消額を対応させます。で、それがどうだというのだろう。筆者には違いがわかりません。

6-4-3　製造原価明細書の世界へワープ

39頁「1-3-5」で、製造業においては貸借対照表と損益計算書の他に、**製造原価明細書**を作成する必要があることを紹介しました。この製造原価明細書は、損益計算書の売上原価の、さらにその奥の、**当期製品製造原価**でつながっていることも説明しました。栃木クメハチ製作所の当期の数値を使って、製造原価明細書から損益計算書の売上原価までの流れを、**勘定連絡図**で図解してみます（次頁「図表80」参照）。

6-4-4　勘定連絡図の読みかた

勘定連絡図は、貸借対照表や損益計算書を視覚的に捉えるために作成されるものです。とくに、損益計算書や製造原価明細書を理解する際には、威力を発揮します。

　勘定連絡図の基本は、左から右へと金額が流れてゆくことです。右から左へ反対に流れる取引があるとしたら、それは、生産活動の途中で仕損が発生した場合や、補修を行う場合など例外的なケースです。
「図表80」の勘定連絡図の左にある材料勘定を見てください。期首材料棚卸高76百万円と材料仕入高802百万円を合計したものが、同じ材料勘定の材料費602百万円と期末材料棚卸高276百万円に分かれます。材料費602百万円については、その右隣にある仕掛品勘定の総製造費用に転記されます。

　左から右へと金額が流れてゆくことで、最後には売上原価2,180百万円と、売上高4,014百万円との差額として、売上総利益1,834百万円が求められることになります。

　材料費、総製造費用、製品製造原価、売上原価の場所をそれぞれ確認してください。これらは専門用語ですから、その位置と合わせて覚えるようにします。

　材料勘定から始まって、労務費や製造経費を加え、仕掛品勘定までが**製造原価明細書**の世界です。仕掛品勘定の製品製造原価2,080百万円は、製品勘定の製品製造原価へ同額が転記されます。仕掛品勘定の右側と製品勘定の左側は、製品製造原価という共通の用語で結ばれていることを確認してください。

　製品勘定から右側の世界は、損益計算書になります。

図表80 勘定連絡図

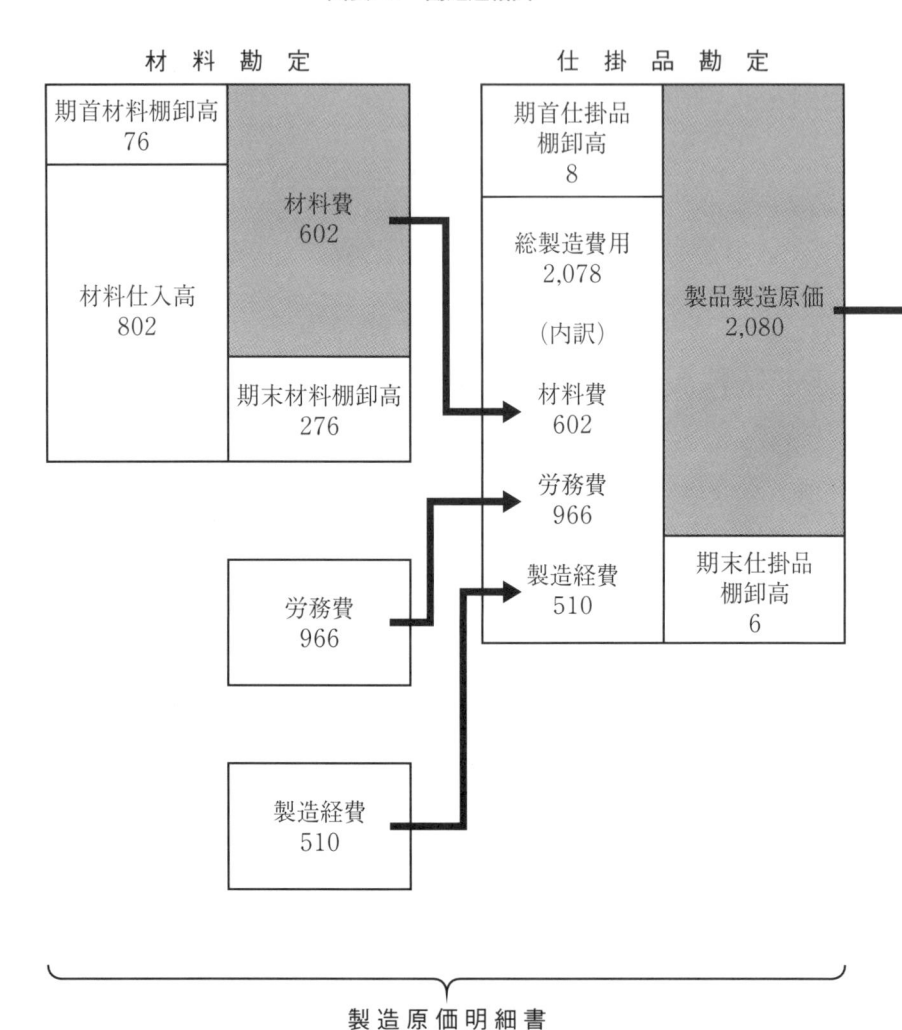

材　料　勘　定		仕　掛　品　勘　定	
期首材料棚卸高 76	材料費 602	期首仕掛品棚卸高 8	製品製造原価 2,080
材料仕入高 802		総製造費用 2,078 （内訳） 材料費 602 労務費 966 製造経費 510	
	期末材料棚卸高 276		期末仕掛品棚卸高 6

労務費 966

製造経費 510

製造原価明細書

136

製　品　勘　定

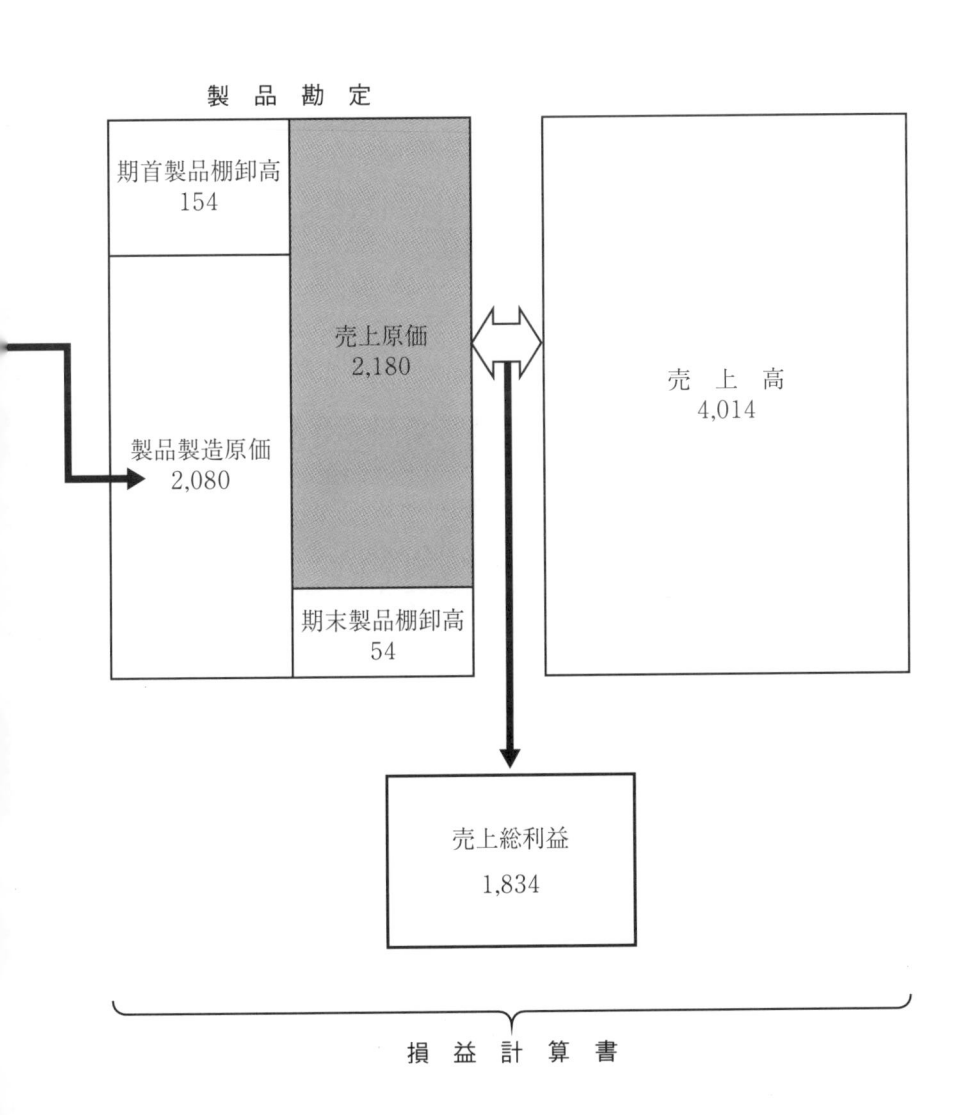

期首製品棚卸高 154	売上原価 2,180
製品製造原価 2,080	期末製品棚卸高 54

売　上　高
4,014

売上総利益
1,834

損　益　計　算　書

6-4-5　簡単なものから片付ける

製品の回転期間 Part Ⅱは、次のようにして求めます。これは、商品の場合も同じです。

図表81　製品回転期間PartⅡ

$$(製品回転期間PartⅡ) = \frac{(製品残高)}{(売上原価)\div 12か月}$$

$$= \frac{54百万円}{2,180百万円\div 12か月} = 0.30か月（約10日間）$$

原材料の回転期間の求め方も簡単です。

図表82　材料回転期間PartⅡ

$$(材料回転期間PartⅡ) = \frac{(原材料残高)}{(材料費)\div 12か月}$$

$$= \frac{276百万円}{602百万円\div 12か月} = 5.50か月（約5か月半）$$

材料の回転期間が5.50か月とかなり長いのは、架空企業のデータゆえのご愛嬌として、ここまでは難なくクリアすることができました。

6-4-6　仕掛品の回転期間がクセモノ

仕掛品の回転期間を理解するには、アタマの体操が必要になります。具体的に「ものづくり」を考えてみます。製造方法には、大きく分けて3種類の方法があります。

> ① 工程の最初に材料を投入し、あとはその材料に加工を行うだけのもの。
> ② 製品が完成するまで、すべての工程において材料を逐次投入し、加工を行うもの。
> ③ 頭脳労働が中心で、最後に材料を投入するもの。

部品製造などが中心の中小企業は、①の方法が多いでしょう。最初の工程でパイプを切断し、あとは曲げたり伸ばしたり。この場合、材料を**始点投入する**といいます。

大規模機械装置産業や建設業など比較的大きな製造活動を行う企業の場合には、材料はすべての工程において逐次投入されますから、②の方法となるはずです。この場合、材料を**平均投入する**といいます。

また、③の方法は、ソフトウェア開発に多く見られます。ソフトウェアのプログラミングを行って、最後の工程でＣＤ－ＲＯＭに焼き付けるとか。この場合、材料を**終点投入する**といいます。

このうち、材料を終点投入する生産活動は稀でしょう。ソフトウェア開発でも、原材料は工程全体にわたって平均的に投入されるケースが多いはずです。したがって、ここでは終点投入は考慮せず、**始点投入**か**平均投入**の生産活動を前提とします。

さて、問題は、ここから分岐します。材料が始点投入されるか、平均投入されるかで、仕掛品の回転期間の計算式が異なるのです。

まず、材料を始点投入する場合の仕掛品の回転期間は、次の計算式によります。

図表83　材料始点投入の場合の仕掛品回転期間PartⅡ

$$（仕掛品回転期間PartⅡ：月）＝\frac{（仕掛品残高）}{（材料費＋製品製造原価）÷2÷12か月}$$

次に、材料を平均投入する場合の仕掛品の回転期間は、次の計算式によります。

図表84 材料平均投入の場合の仕掛品回転期間PartⅡ

$$（仕掛品回転期間PartⅡ：月）＝\frac{（仕掛品残高）}{（製品製造原価）÷2÷12か月}$$

　分析対象となる企業がどのような生産活動を行っているかで、仕掛品回転期間を使い分けてください。中小の部品メーカーなどは、「図表83」の式によります。大規模メーカーなどは、「図表84」の式によります。

6-4-7　疑問点が2つある

「図表83」と「図表84」の式はともに、分母を2で割っています。その理由はこうです。

　仕掛品は、工程の最初のほうにあったり、完成品に近いものもあったりします。その平均をとると、だいたい50％です。その意味で、2で割ります。50％をかける、でも同じです。一つ疑問が解決されました。

　なお、12か月で割っているのは、**月平均**とするためです。

　次に、材料の始点投入における仕掛品回転期間の分母は、なぜ、製品製造原価に材料費を加えているのでしょうか。逆に、材料を平均投入するときは、なぜ、製品製造原価だけでいいのでしょうか。

　仕掛品の回転期間も「図表84」の式だけでいいような気がしそうですね。そうすれば、製品や原材料の回転期間の式と同じになりますから。始点投入の計算式があえて複雑なのは、それなりに理由があります。

　製品製造原価が「材料費＋労務費＋製造経費」の3つの要素から構成されているのは、すでにマスターしていただいていると思います。このうち、労務費や製造経費には始点投入はなく、すべて平均投入です。さらに、材料費が平均投入であるならば、次の式となります。

$$（製品製造原価）÷2＝（材料費＋労務費＋製造経費）÷2$$
$$＝\left(材料費×\frac{1}{2}\right)＋\left(労務費×\frac{1}{2}\right)＋\left(製造経費×\frac{1}{2}\right)$$

この式は、材料費も労務費も製造経費も、平均的（50％＝$\frac{1}{2}$）に使われていることを表しています。

ところが、材料の始点投入は、平均的に投入されるものではありません。工程の最初で、すべて（100％）の材料が投入されます。したがって、次のようになります。

$$\left(材料費 \times \frac{2}{2}\right) + \left(労務費 \times \frac{1}{2}\right) + \left(製造経費 \times \frac{1}{2}\right)$$
$$= \left(材料費 \times \frac{1}{2}\right) + \left(材料費 \times \frac{1}{2}\right) + \left(労務費 \times \frac{1}{2}\right) + \left(製造経費 \times \frac{1}{2}\right)$$
$$= (材料費) \times \frac{1}{2} + (製品製造原価) \times \frac{1}{2}$$
$$= (材料費 + 製品製造原価) \div 2$$

材料費を$\frac{1}{2}$ではなく、$\frac{2}{2}$とするのがミソです。これを理解するのが、あなたの脳ミソです。これで2つめの疑問が解決されました、よね？

6-4-8　疑問が氷解していることを前提に

栃木クメハチ製作所の当期の数値を使って、仕掛品の回転期間を求めてみます。同社の製造方法は、材料を工程の始点に投入して、あとは加工を行うものですから、139頁「図表83」の式によります。

（仕掛品回転期間PartⅡ）
$$= \frac{6百万円}{(602百万円 + 2,080百万円) \div 2 \div 12か月} = 0.05か月（1.66日）$$

仕掛品の回転期間が1.66日ですから、同社の取り扱う製品は約2日で仕上げるものが多い、ということになります。規格品を大量生産する企業の特徴です。

第5節　有形固定資産回転率

　　　　　　　　　　——愚か者は、天使も二の足を踏むとこ
　　　　　　　　　　ろに突進する。
　　　　　　　　　　　　　　　　　　　（ポープ『批評論』）

6-5-1　これは回転期間で求めない

有形固定資産回転率は、土地や建物などの有形固定資産が、どれだけ有効活用されているかを表すものです。分子の売上高は、1年間のものを用います。

図表85　有形固定資産回転率

$$（\text{有形固定資産回転率}:回）=\frac{（売上高）}{（有形固定資産）-（建設仮勘定）}$$

分母は、好みによって**固定資産**でもかまいません。固定資産とするならば、**有形固定資産**のほか、**無形固定資産**や**投資等**を含みます。ただし、企業活動の上で重要なのは有形固定資産です。有形固定資産の稼働率を見たいということで、本書では有形固定資産回転率を用います。

分母は、有形固定資産から**建設仮勘定**を控除していることに注意してください。**建設仮勘定**とは、いまだ建設中の建物などであって一時的にプールしておく勘定です。旅費精算を待つまでの、仮払金勘定と同じようなものです。完成したときに、本勘定（建物・機械装置等）へ振り替えます。建設仮勘定は、いまだ企業活動に役立つものではないので、有形固定資産から控除するのです。

有形固定資産回転率は、回転数で表されますから、その値が高いほど、資産が活用されていることを表します。反対に、回転数が低いほど、過大投資が行われていることになります。

有形固定資産は購入したその年度に、資金がドンと支出され、その後、長

期にわたって、生産活動や販売活動に利用されます。生産活動や販売活動は、収益（売上）を生む基礎であり、その収益によって、当初「ドンと支出」された資金が「少しずつ回収」されることになります。「ドンと支出した資金」と「少しずつ回収される資金」の間を取り持つのが、**減価償却**です。

　有形固定資産の回転率が低い場合、減価償却をカバーするだけの収益力をあげていないことになります。当初の設備投資が過大ではなかったか、現時点で有形固定資産が十分に活用されていないのではないか、といった原因が考えられます。このほか、固定資産税、火災保険料、借入金利息などのムダな費用がかかっているはずであり、収益性をひたすら悪くします。

6-5-2　慧眼おそるべし

　有形固定資産回転率を求めるにあたっては、その値が単純に高いか低いかだけで喜ぶことはできません。かなりの慧眼を必要とします。

　分析する者を惑わせるのは、有形固定資産そのものの性質にあります。有形固定資産回転率を算出する場合、分母の有形固定資産は**簿価**を採用します。簿価とは**帳簿上の価額**を略したもので、建物や機械装置などの**取得価額**から、**減価償却費**の累計額[1]を控除したものをいいます。

　もし、設備投資を行わなければ、その年は減価償却費の分だけ簿価が減少し、売上高が横ばいでも回転率は上昇します。業績は低迷していても、見かけ上、資産効率が良くなったかのような印象を与えます。

　反対に、積極的な設備投資をすると有形固定資産は急増し、相当の売上増を達成しても、売上高増加率が有形固定資産増加率を上回らなければ、回転率は低下します。業績がいいために行う積極的な取り組みが、見かけ上は、資産効率が悪くなるかのような印象を与えます。

　したがって、有形固定資産回転率は単純に上昇すればよく、下降すれば悪いとはいえないのです。過去数期間の回転率を並べて、設備投資に関する**変動の波**を読み取るようにします。

---

[1] 会計用語で**減価償却累計額**といいます。減価償却累計額は、毎年の減価償却費を合計したものです。

6-5-3　前期と当期の比較では不十分だ

栃木クメハチ製作所の**有形固定資産回転率**をみてみます。なお、建設仮勘定の残高は前期・当期ともにゼロです。

$$（有形固定資産回転率）=\frac{（売上高）}{（有形固定資産）-（建設仮勘定）}$$

$$=\frac{3,454百万円}{656百万円}=5.27回（前期）$$

$$=\frac{4,014百万円}{941百万円}=4.27回（当期）$$

同社の回転率が、ちょうど1回転だけ落ちています。しかし、悪化しているからといって、投資が過大・非効率である、役員の経営責任を明らかにしろっ！　と一概に論ずることはできません。3年前・4年前はどうなっていたのか、現在はどのような事業計画をもっているのか、など設備投資に関連した波を調べないと。

　土地や建物は一度購入すると、そう簡単に売却することができません。「隣の土地はご祝儀相場でも買え」といって、結局、従業員専用の青空駐車場以外に使い道がない、というのはよくあるパターンです。まぁ、更地を最も有効活用する方法は、更地として持ち続けることだ、という呑気(のんき)な考え方もありますが。

第7章

得意先からの値引き要請に耐えられる分岐点

第1節　だれでも知ってる損益分岐点

>――社会に出て役に立たぬことを学校で
>講義するところに教育の意味がある。
>　　　　　　　　（内田百閒『学生の家』）

7-1-1　これほど使いづらい分析道具もない

　図表で視覚的に企業の収益性を判断する方法があります。**損益分岐点**（ＢＥＰ：Break Even Point）です。経営分析の本には必ず登場するほどポピュラーなものです。

　理屈はスッキリとして簡単、しかし、具体的な企業のデータで利用しようとすると、これほどアヤフヤで、難しいものはありません。ボヤキは横に置いといて……。

　損益分岐点とは、売上高がその「点」を超えれば**利益**が発生し、その「点」を下回れば**損失**が発生するという、**損益**が分岐する売上高の「点」のことをいいます。損益分岐の「点」と、売上高の「点」とが一致すると、利益も損失も発生しません。

　とまぁ、理屈はこのように簡単でして、この損益分岐点を説明するだけでは、面白くありません。本書では、損益分岐点の理解をベースにして、**キャッシュフロー分岐点**なるものを求め、それが**得意先からの値引き要請に耐えられる限界点**であることを紹介します。

　まず、**売上高**、**費用**、**利益**、この三者[1]には次の関係があることを復習しておきます。

図表86　売上高、費用および利益の関係

（売上高）－（費　用）＝（利　益）

---

[1] Cost（費用）、Volume（売上高）、Profit（利益）の頭文字をとって、損益分岐点分析はＣＶＰ**分析**と呼ばれることもあります。

損益分岐点は、利益がゼロの点ですから、売上高と費用とが等しくなります。

図表87 利益がゼロのとき

> （売上高）－（費　用）＝0
> ∴（売上高）＝（費　用）

損益分岐点分析では、売上高、費用、利益の関係を図表化し、**損益分岐点図表**[1]を作成して、損益分岐点を求める方法がとられます。

7-1-2　費用の分解から始める

損益分岐点図表を作るには、まず、企業全体の費用を、**変動費**と**固定費**とに分けます。これを**固変分解**といいます。

固定費とは、売上高の増減に関係なく、常に一定額発生する費用のことをいいます。たとえば、従業員の基本給や、固定資産の減価償却費などです。これらは、売上高がたとえゼロであっても、必ず発生する費用です。

変動費とは、売上高が増加すればそれに連動して増加し、売上高が減少すればそれに連動して減少する費用です。製造業の原材料や外注費、販売手数料、歩合制の給与などがその例です。これらは、売上高がゼロであれば、発生額がゼロとなる費用です。

7-1-3　架空の企業はすんなりわかる

いきなりですが、F社の売上高・費用・利益のデータを使って、損益分岐点図表を作ることにします。F社の場合、固定費を600百万円、売上高に対する変動費の割合を50％とします。売上高に対する変動費の割合を、**変動費率**といいます。

F社の月次での損益計算書を見ると、次のような推移になっていました。

---

[1]別名、利益図表ともいわれます。

図表88　F社、損益計算書　　（単位：百万円）

月		1月	2月	3月	4月	5月
売上高		800	1,200	1,600	1,800	2,000
費用	変動費	400	600	800	900	1,000
	固定費	600	600	600	600	600
	費用合計	1,000	1,200	1,400	1,500	1,600
利益		▲200	0	200	300	400

損益分岐点図表は、次の「図表89」のようになります。

図表89　F社、損益分岐点図表

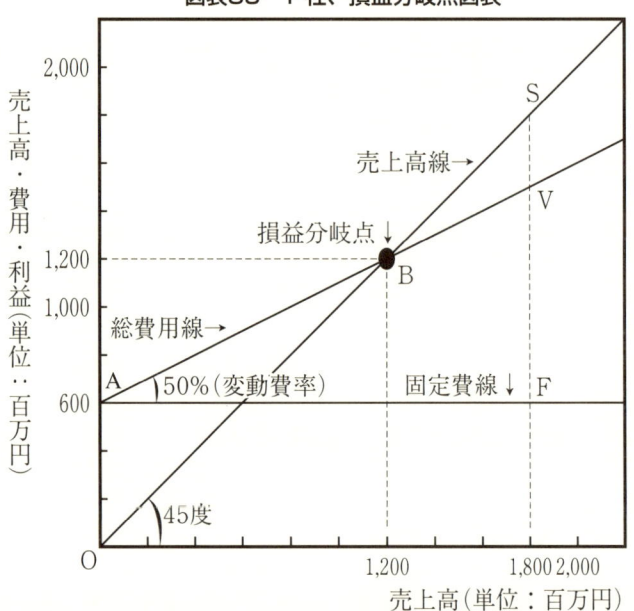

損益分岐点図表を作るとき、縦軸は売上高・費用・利益をとります。横軸は売上高だけをとります。左下の原点Oから、45度の傾きを持つ右上がりの直線（図表89でＯＢＳの各点を結んだ線）を引きます。これが売上高線となります[1]。

　Ｆ社の固定費は、売上高の増減に関係なく600百万円ですから、縦軸の600百万円のところにＡ点をとり、これを横軸に平行に伸ばしたＡＦを固定費線とします。変動費については、売上高が800百万円のとき400百万円の高さ、1,200百万円のとき600百万円の高さというように、固定費線ＡＦの上にその高さをとってゆけば、総費用線ＡＢＶを引くことができます[2]。もしくは、変動費率が50％とされていますから、固定費線ＡＦから50％（22.5度）の傾きを持つ、右上がりの直線ＡＢＶを引いても同じです。

　売上高線ＯＢＳと、総費用線ＡＢＶの交点Ｂが、Ｆ社の**損益分岐点**となります。横軸の売上高が1,200百万円のとき、縦軸の総費用も1,200百万円となって、利益がゼロになることを、その目で確かめることができます。このときの1,200百万円を、**損益分岐点売上高**といいます。

　実際売上高が損益分岐点売上高1,200百万円未満であれば、総費用線ＡＢＶが売上高線ＯＢＳを上回るので、損失が発生します。実際売上高が損益分岐点売上高1,200百万円より上であれば、売上高線ＯＢＳが総費用線ＡＢＶを上回るので、利益が発生することになります。

　Ｆ社の当期の実際売上高が1,800百万円であったとすると、Ｆ点で固定費が600百万円、Ｖ点で総費用が1,500百万円、よってＳＶの高さで利益が300百万円発生することがわかります。ＳＶの高さは、売上高線と総費用線との乖離幅でもあります。

　損益分岐点図表を用いれば、一定の利益を上げるためには売上高をいくらにしなければならないかなど、**経営計画**を立案する場合に利用することができます。また、企業の現時点の収益性がどのような位置にあるかも判断することができます。

　架空の企業データを使うと、損益分岐点分析は、実にスマートな分析道具なんですよねぇ。

---

[1]売上高線は常に45度の傾きをもちます。30度や60度になることはありません。
[2]総費用とは、固定費と変動費とを合計した費用という意味です。

第2節　公式を2つほど

　　　　　　　　　　　——人間は好き嫌いで働くものだ。論法
　　　　　　　　　　　で働くものじゃない。
　　　　　　　　　　　　　　　　　（夏目漱石『坊つちやん』）

7-2-1　損益分岐点売上高を求める

　147頁「図表87」の式を変形してゆくと、**損益分岐点売上高**を計算式から求めることができます。

図表90　損益分岐点売上高を求める公式

$$（売上高）-（費\ 用）=0$$
$$（売上高）-（変動費+固定費）=0$$
$$（売上高）-（変動費）=（固定費）$$
$$（売上高）-\left(売上高\times\frac{変動費}{売上高}\right)=（固定費）$$
$$（売上高）\times\left(1-\frac{変動費}{売上高}\right)=（固定費）\cdots\cdots①$$
$$（損益分岐点売上高）=\frac{（固定費）}{1-\frac{（変動費）}{（売上高）}}\cdots\cdots②$$
$$=\frac{（固定費）}{（限界利益率）}$$

　「図表90」の①式にある$\frac{（変動費）}{（売上高）}$は、売上高に対する変動費の割合ですから**変動費率**になります。また、②式の、$1-\frac{（変動費）}{（売上高）}$を**限界利益率**といいます。これらは専門用語ですから、このまま覚えてください。

　F社の4月のデータをもとに計算すると、次のように損益分岐点売上高1,200百万円を求めることができます。

$$（\text{F社損益分岐点売上高}）=\frac{600\text{百万円}}{1-\dfrac{900\text{百万円}}{1,800\text{百万円}}}$$

$$=\frac{600\text{百万円}}{0.5}$$

$$=1,200\text{百万円}$$

7-2-2　目標売上高がわかっても

ある一定額の利益をあげるために目標とすべき売上高も、計算式で求めることができます。目標利益などが決められた場合に、これを達成するための**目標売上高**はどれくらいになるかを計算してみます。

図表91　目標売上高を求める公式

$$（\text{売上高}）-（\text{費用}）=（\text{利益}）$$

$$（\text{売上高}）-（\text{変動費}+\text{固定費}）=（\text{利益}）$$

$$（\text{売上高}）-（\text{変動費}）=（\text{固定費}）+（\text{利益}）$$

$$（\text{売上高}）\times\left(1-\dfrac{\text{変動費}}{\text{売上高}}\right)=（\text{固定費}）+（\text{利益}）$$

$$（\text{目標売上高}）=\dfrac{（\text{固定費}）+（\text{目標利益}）}{1-\dfrac{（\text{変動費}）}{（\text{売上高}）}}$$

$$=\dfrac{（\text{固定費}）+（\text{目標利益}）}{（\text{限界利益率}）}$$

（手書き：0から利益が加わっただけのこと）

F社において、利益500百万円を達成するための目標売上高は、次のように2,200百万円となります。

$$（\text{F社目標売上高}）=\frac{600\text{百万円}+500\text{百万円}}{1-\dfrac{900\text{百万円}}{1,800\text{百万円}}}$$

$$=\frac{1,100\text{百万円}}{0.5}$$

$$=2,200\text{百万円}$$

第3節　固変分解で苦労する

　　　　　　　　　　　——冗談に本気を混ぜて変化をつける
　　　　　　　　　　　のは、よいことである。
　　　　　　　　　　　　　　　　　　（ベーコン『随筆集』）

7-3-1　新入社員の腕の見せどころ

　損益分岐点を求めるためには、次の2つのことがわからなければなりません。

図表92　損益分岐点を求めるための二大要素

①　変動費率 ②　固定費の額

　費用の合計を変動費と固定費とに分けることを**固変分解**ということは、すでに紹介しました。この固変分解の作業が意外と難しく、損益分岐点を求めるときに最も苦労するところです。固変分解のテクニックいかんで、損益分岐点は大きく変わります。

　損益計算書や製造原価明細書などに記載されている科目を見ると、変動費でもなく固定費でもない費用の、なんと多いことか。たとえば、損益計算書の販管費に含まれている給与手当、広告宣伝費、交際費などは、純粋の変動費ではありませんし、純粋の固定費でもありません。製造原価明細書の労務費や電力費などもそうです。

　しかも、変動費と固定費の中間にあるこれらの費用[①]は、費用全体の中でかなりの部分を占めます。損益分岐点を求めるためには、これらを一定の方法で変動費と固定費とに分けなければなりません。そこに、損益分岐点を求める難しさがあります。

---

　①準変動費や準固定費といいます。

損益分岐点分析が理論的にはスマートで、たくさんの人が知っているにもかかわらず、現実の適用に限界があるのは、ここに原因があります。ベテランであればあるほど迷うところがあるので、いっそ新入社員に固変分解を行わせたほうがすっきりいく場合もあります。ほんと、まじめな話。
　数学的な手法[①]は他の書籍に譲るとして、本書では勘定科目ごとに固変分解する方法（勘定科目法）を紹介します。

7-3-2　勘定科目法（個別費用法）のさわりを少々

　勘定科目法とは、損益計算書や製造原価明細書に記載されている個々の科目について、「えいっ、やっ！」と割り切って、変動費と固定費とに分解する方法です。変動費と固定費の両方の性質を兼ね備えている科目については、過去のデータを参考にして、その金額の何％を変動費、残り何％を固定費というように分解してもかまいません。
　勘定科目法は、最も一般的に用いられている固変分解の方法です。しかし、外部の分析者にとって正確な固変分解はそれほど期待できないため、ある程度便宜的な分解にとどまっている場合が多いようです。
　中小企業庁の『中小企業の原価指標』によると、固変分解の基準について、建設業、製造業、販売業、サービス業の４業種に区分しています。そのうち、製造業と販売業については、154頁「図表93」のような分解基準を採用しています。
　日本銀行の『主要企業経営分析[②]』では、「図表94」のような算式が用いられていました。

[①]高低点法、スキャター・チャート法、回帰分析法（最小自乗法）などがあります。
[②]『主要企業経営分析』は、1996年以降、廃刊となっています。

図表93　中小企業庁方式による固変分解

【製造業の場合】				
固定費	直接労務費 間接労務費 福利厚生費 給食費 減価償却費 賃借料 保険料	修繕料 電力料 ガス料 水道料 旅費 交通費 その他製造経費	通信費 支払運賃 荷造費 消耗品費 広告宣伝費 交際接待費 役員給料手当	事務員・販売員給料手当 支払利息 割引料 租税公課 その他販売管理費
変動費	直接材料費 買入部品費 外注工賃	間接材料費 その他直接経費 重油等燃料費	当期製品仕入原価 期首製品棚卸高 期末製品棚卸高	物品税 酒税
【販売業（卸売業・小売業）の場合】				
固定費	販売員給料手当 消耗品費 販売員旅費交通費 通信費 広告宣伝費 車輌燃料費（卸売業の場合50％） 保険料（卸売業の場合50％）	その他販売費 役員給料手当 事務員給料手当 賄い費 福利厚生費	減価償却費 交際接待費 土地建物賃借料 修繕費 光熱水道費 車両修理費（卸売業の場合50％）	支払利息割引料 租税公課 その他営業費
変動費	売上原価 支払運賃 支払荷造費	保険料（卸売業の場合50％） 車輌燃料費（卸売業の場合50％） 車両修理費（卸売業の場合50％）	支払保管料	

図表94　日銀方式による固変分解

（売上高）＝総売上高−売上値引・戻り高

（固定費）＝労務費＋経費−外注加工費＋販売費及び一般管理費＋営業外費用−営業外収益

（変動費）＝総支出[※]−固定費
　[※]総支出＝売上原価＋販売費及び一般管理費＋営業外費用−営業外収益

中小企業庁方式も日銀方式も、多数の企業を画一的な方法で分析するために作られているものですから、個別企業の分析にあたっては、よりきめの細かい固変分解を要します。画一的だと精度が落ちる、きめ細かく分解すると手数を要する。だから、だれが取り組んでも難しいのです。

7-3-3　あの企業の損益分岐点はどこだ

栃木クメハチ製作所の当期の財務諸表から、損益分岐点を求めてみます。便宜的に、日銀方式の算式を用いて固変分解を行います。

(単位:百万円)

(売上高)＝総売上高－売上値引・戻り高
　　　　＝4,014

(固定費)＝労務費＋経費－外注加工費＋販売費及び一般管理費＋営業外費用－営業外収益
　　　　＝966＋510－230＋1,488＋104－56
　　　　＝2,782

(変動費)＝総支出－固定費
　　　　＝売上原価＋販売費及び一般管理費＋営業外費用－営業外収益－固定費
　　　　＝2,180＋1,488＋104－56－2,782
　　　　＝934

以上の売上高、固定費、変動費の数値をもとに、150頁「図表90」の公式にあてはめると、損益分岐点売上高は次のようになります。

$$
(損益分岐点売上高) = \frac{(固定費)}{1 - \frac{(変動費)}{(売上高)}} = \frac{2,782百万円}{1 - \frac{934百万円}{4,014百万円}}
$$

$$
= \frac{2,782百万円}{1 - 0.233} = 3,626百万円
$$

損益分岐点図表は、次のとおりとなります。

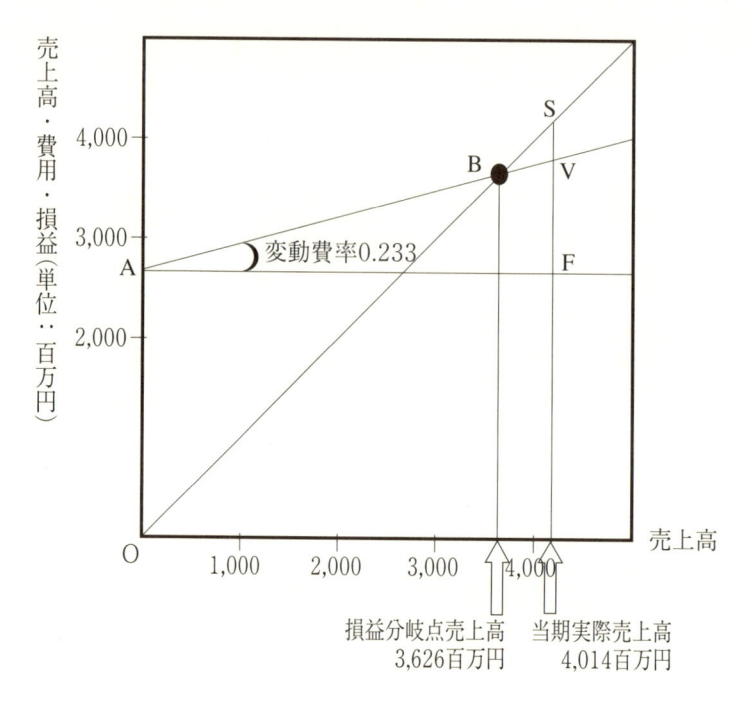

原点Oから45度のOBS線が売上高線となります。

　固定費は、売上高の増減に関係なく2,782百万円ですから、縦軸にこの点Aをとり、横軸に平行に伸ばして固定費線AFとします。変動費については、売上高に対する変動費率が0.233ですから、固定費線の上に45度×0.233の傾きを持つ線ABVを引きます。

　売上高線OBSと総費用線ABVとが交わっているB点が損益分岐点で、損益分岐点における売上高は3,626百万円です。当社の当期の実際売上高は4,014百万円ですから、SVの高さで表される利益298百万円が発生したことがわかります。

7-3-4　損益分岐点の位置を調べる

　実際売上高と損益分岐点売上高の関係から、**損益分岐点の位置**を計算することができます。

図表95　損益分岐点の位置

$$
\begin{aligned}
(損益分岐点の位置) &= \frac{(損益分岐点売上高)}{(実際売上高)} \times 100 \\
&= \frac{3,626 百万円}{4,014 百万円} \times 100 \\
&= 90.3\%
\end{aligned}
$$

　損益分岐点の位置は、その値が低ければ低いほど、安定した収益を稼ぐ状態にあるといえます。当社の損益分岐点の位置が90.3％であるということは、売上高があと9.7％減少しても損失が発生しないことを表します。この9.7％を**安全余裕度**といいます。

図表96　安全余裕度

$$
\begin{aligned}
(安全余裕度) &= \left(1 - \frac{(損益分岐点売上高)}{(実際売上高)} \right) \times 100 \\
&= 100\% - 90.3\% \\
&= 9.7\%
\end{aligned}
$$

　日本の製造業では、**損益分岐点の位置**はだいたい80％台だといわれています。栃木クメハチ製作所の損益分岐点の位置はかなり高めで、安定した収益を稼ぐには心もとないものがあります。
　日本の企業の損益分岐点の位置は、平成バブルの崩壊以降、かなりの上昇を見せています。損益分岐点の位置が100％を超える企業も、ざらにあるといいます。もっとも、損益分岐点は正確に求めにくいという事情があるので、損益分岐点分析の結果に過敏になる必要はないと思われます。
　う〜む、求めた結果に過敏になるなといっても、求めたあとでは気休めにしかならないか。

第4節　キャッシュフロー分岐点を探せ

　　　　　　　　　　　　——人はよほど注意をせぬと地位が上が
　　　　　　　　　　　　るにつれて才能をなくす。
　　　　　　　　　　　　　　　　　　　（石黒忠悳『懐旧九十年』）

7-4-1　損益分岐点、以外の分岐点

　損益分岐点分析を一通りくさしたあとで、名誉挽回、もう一歩踏み込んだ話をします。原価計算に真剣に取り組んでいる企業と、**どんぶり原価計算**しかしていない企業とでは、これだけの差がつく、という話です。
　ある製品の原価計算を正確に行ったところ、4,000個で1,100,000円の原価になったとします。1個あたりの製品原価は、275円になります。

　　1,100,000円÷4,000個＝＠275円（製品1個あたりの原価）

　275円は、この製品の**損益分岐点**です。1個あたり275円未満で販売したのでは**赤字**（原価割れ）になります。ところが、この製品は市場での競合が激しく、得意先からは再三、値引き要請を受けています[①]。やむなく得意先の値引きに応じるとして、どこまで価格を下げられるかを考えてみましょう。
　結論から先に申し上げると、原価計算を正確に行っている場合、1個あたり275円未満でも販売可能な**価格**を知ることができます。原価割れとなってもなお販売できる（値引き要請に応えられる）価格の限界点があるのです。この限界点を**キャッシュフロー分岐点**といいます。

7-4-2　キャッシュフロー分岐点を求めるための下ごしらえ

　キャッシュフロー分岐点を求める前に、損益分岐点を求めます。正確な原

[①]筆者の経験で申し上げると、最強の交渉相手は、大阪のオバチャンです。値切りかたですごいのは名古屋の商人です。交渉のときに値切り、契約のときにさらに値切り、支払い段階でもう一度値切る。「三本切り」というそうな。

価計算を行うことによって、製品の原価を次のように固変分解することができました。

図表97　固変分解（その１）

（当期データ）製品売上高（4,000個）	★¹1,100,000円	(@275円)
変動費	★²600,000	(@150円)
限界利益	★³500,000	
固定費	★⁴500,000	
営業利益	★⁵0	

　売上高★¹1,100千円から変動費★²600千円を控除すると、**限界利益**★³500千円を求めることができます。限界利益は、「売上高から変動費を控除したもの」と覚えてください。

　限界利益は、会計制度で一般に用いられる用語ではありません。企業が外部に対して公表している財務諸表のどこを探しても、限界利益という用語は見つかりません。経営分析特有の用語です。

　限界利益から固定費★⁴500千円をさらに控除したものが、営業利益になります。「図表97」では営業利益が★⁵0円となっていますから、つまり、1,100,000円がこの製品の**損益分岐点売上高**になります。

7-4-3　損益分岐点に関する２種類の図法

この製品に関する損益分岐点図表を、次のように描くことができます。

図表98　損益分岐点図表（その1）

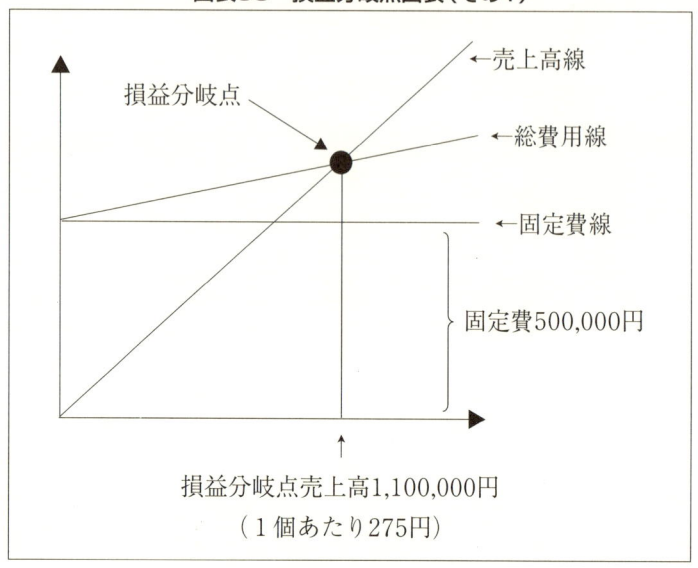

（グラフ：売上高線、総費用線、固定費線、損益分岐点、固定費500,000円、損益分岐点売上高1,100,000円（1個あたり275円））

　応用問題として、「図表98」を「図表99」のように書き換えることができます。

図表99　損益分岐点図表（その2）

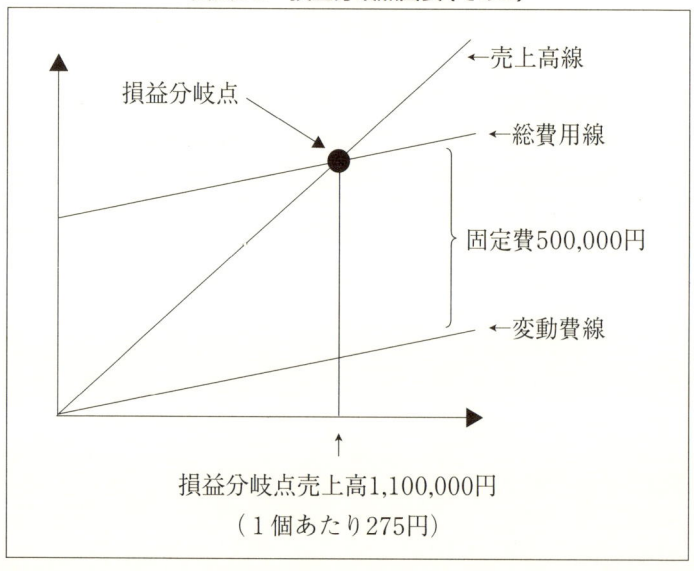

（グラフ：売上高線、総費用線、変動費線、損益分岐点、固定費500,000円、損益分岐点売上高1,100,000円（1個あたり275円））

「図表98」と「図表99」の違いは、固定費と変動費の上下関係を逆転させただけです。幾何学をご存知であれば、図形の本質に変わりはないこと一目瞭然。

7-4-4　固定費は二重人格だ

さて、ここで問題となるのが、**固定費**です。この固定費、実は次の2つの性格をもっています。

図表100　2つの性格をもつ固定費

---
① すでに支出が行われた固定費
　　（例）機械減価償却費、建物減価償却費
② これから支出が予定される固定費
　　（例）賃金・給与、機械のリース料、修繕費、借入金の支払利息

減価償却費は、すでに購入した有形固定資産を、毎期費用として配分していくものです。過去において支出が完了した費用ですから、これ以上1円たりとも支出は行われません。つまり、キャッシュフローには影響のない費用です。この費用を**非キャッシュフロー固定費**といいます。

一方、賃金・給与、リース料などは、これから支出が予定される費用です。減価償却費と同じ固定費ですが、これから支出が行われる点で、減価償却費とは異なる固定費です。つまり、キャッシュフローに大きな影響を与えます。この費用を**要キャッシュフロー固定費**といいます。

このように固定費といっても、2つの性格があります。

変動費は、これから支出が予定される費用ですから、キャッシュフローに大きな影響があります。「これから支出が予定される費用」という特徴に着目すると、**変動費**と**要キャッシュフロー固定費**とは、互いに共通する性質があります。

7-4-5　キャッシュフロー利益の再登場

変動費か固定費か、すでに支出が行われた費用なのか、これから支出が予定される費用なのか、こうした分類で、先ほどの製品をさらに固変分解する

ことにします。

図表101　固変分解（その2）

（当期データ）製品売上高(4,000個)	1,100,000円	(@275円)
変動費	600,000	(@150円)
限界利益	★¹500,000	
要キャッシュフロー固定費	200,000	
キャッシュフロー利益	★²300,000	
非キャッシュフロー固定費	300,000	
営業利益	★³0	

　限界利益は、先ほどと同じく★¹500千円です。限界利益は、売上高から、変動費を差し引いた利益です。

　次に、固定費を2つに分けたので、**要キャッシュフロー固定費**の下に、新たに**キャッシュフロー利益**なるものを求めることにします。この製品のキャッシュフロー利益は、★²300千円です。キャッシュフロー利益は、売上高から、**これから支出が予定される費用**（＝変動費＋要キャッシュフロー固定費）を差し引いた利益です。

　実は、「図表101」で求めている**キャッシュフロー利益**は、92頁「4－3－5」で説明した**キャッシュフロー利益**と実質的に同じものです。「4－3－5」で説明したキャッシュフロー利益は、企業全体のものでした。「図表101」で求めているキャッシュフロー利益は、製品ごとのものです。企業全体（マクロ）と製品ごと（ミクロ）の違いはあっても、キャッシュフローを稼ぐ点では同じことです。

　キャッシュフロー利益からさらに、**非キャッシュフロー固定費**を差し引くと、営業利益を求めることができます。営業利益は★³0円です。営業利益が0円のとき、**キャッシュフロー分岐点**が明らかになります。

7-4-6　キャッシュフロー分岐点を押さえろ

　営業利益が0円のところで、もう一度、損益分岐点図表を描くことにします。

図表102　キャッシュフロー分岐点

（図中の要素）
- 売上高線
- 損益分岐点
- キャッシュフロー分岐点
- 総費用線
- 非キャッシュフロー固定費 300,000円
- 要キャッシュフロー固定費 200,000円
- 変動費 600,000円
- 損益分岐点売上高 1,100,000円（＝＠275円×4,000個）

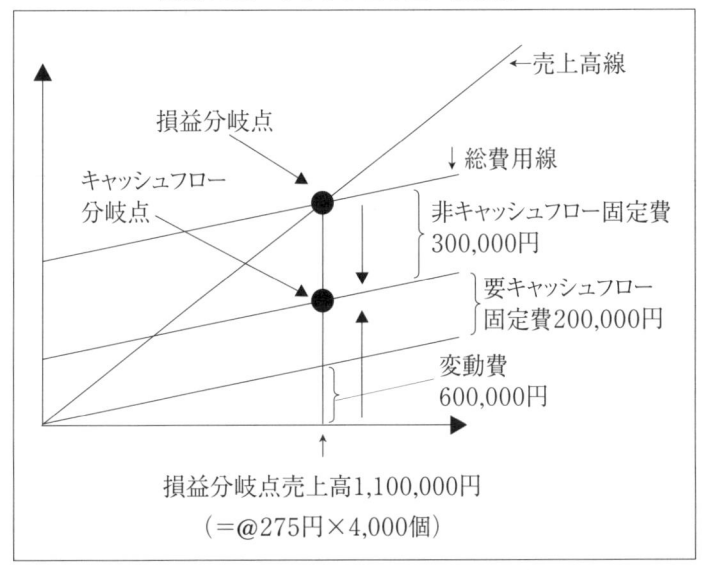

「図表102」の損益分岐点は、160頁「図表99」と同じ位置にあります。**損益分岐点**から下へ、ずずっと駆け降りたところに**キャッシュフロー分岐点**があります。

キャッシュフロー分岐点は、損益分岐点から「非キャッシュフロー固定費300千円」の分だけ下がった位置にあります（図中、下向きの矢印）。もしくは、横軸（Ｘ軸）の損益分岐点売上高から上へ、「変動費600千円」と「要キャッシュフロー固定費200千円」とを積み重ねたところ（合計800千円）にある、ともいえます（図中、上向きの矢印）。

重要なのは、変動費600千円と要キャッシュフロー固定費200千円を合計した、「800千円」という金額です。800千円を4,000個で割ると、200円となります。この、製品１個あたりの価格200円が、得意先からの値引き要請に耐えられる**最低価格**になります。損益分岐点の製品単価275円よりも、さらに75円もの値引きに耐えられることになるのです。

原価計算を正確に行うことによって、キャッシュフロー分岐点までの値引き要請には"ＧＯ！"サインを出しても、いいんです。

7-4-7　どんぶり原価計算の企業には理解できない世界

　確かに、**損益分岐点**の275円未満で販売すれば、売れば売るほど、損益計算書は赤字になります。しかし、損益分岐点より下であっても、**キャッシュフロー分岐点**の200円よりも上の価格で販売していれば、少なくとも**キャッシュフロー利益**は企業内部に蓄積され、資金繰りに窮することはありません。

　それで市場のシェアを一挙に獲得し、リーディング・カンパニーとなってから損益分岐点よりも上の価格を設定する。そうして過去の累積損失を一掃し、今度は大幅な黒字決算を確保していく。市場を開拓するときの経営戦略とは、そういうものでしょう。

　損益計算書上の赤字は、ちっとも怖くありません。たとえ、損益計算書で黒字を確保していても、キャッシュフローがなければ**黒字倒産**の憂き目をみます。怖いのは、キャッシュフローの蓄えが減ることです。

　そのためには、**正確な原価計算**を行っていることが前提です。正確な原価計算を行うことによって、製品ごとに、**損益分岐点やキャッシュフロー分岐点**を知ることができます。

　日本の製造業のほとんどは、正確な原価計算を行っているとはいえません。**どんぶり原価計算**どまりです。企業全体、工場全体、事業全体の損益分岐点はわかっていても、**製品ごとの損益**を正確に求めることを知らない企業が多すぎます。製品ごとに原価を求めているつもりでも、**配賦計算**という、原価計算特有の計算プロセスで勘違いしている場合が多い。

　実は、損益分岐点どころかキャッシュフロー分岐点さえも下回っている製品であるにもかかわらず、ＱＣ活動、工程改善、作業時間短縮などに必死になって取り組んでいる製造部長を知っています。本当は、一部に高収益の製品を作っているのに、全社では赤字だからといって、海外に工場をそっくり移転して、心労を重ねる資材部長を知っています。いずれも、製品ごとの正確な原価計算を行っていないことによる悲劇です。

　経営分析によっても救えない世界が、そこにある。

第 8 章

キャッシュフロー分析
という迷路の中で

第1節　ここが本書の折り返し地点

——金を貸した人は、金を借りた人よりもずっと記憶がいい。
（フランクリン『貧しいリチャードの暦』）

8−1−1　収益性分析だけではダメなんだ

26頁「1−2−1」で、経営分析には2つのポイントがあると、お話ししました。**収益性分析**と、**キャッシュフロー分析**と。

企業活動の成果は、①**最終的にはその収益性によって判断される**、ということを、そこで述べました。高い収益性を実現するためには、②**企業の体内をめぐる資金がうまく循環していなければならない**、とも述べました。経営分析では、少なくともこの2つのポイントを解明しなければなりません。

いままでの話は、収益性分析が中心でした。ここからは、キャッシュフロー分析が中心となります。まずは、資金繰り。

8−1−2　「資金繰り」から話を始めましょう

資金繰りとは、将来において必要とされる資金需要を予測し、これに備えるために資金の調達を図ることをいいます。資金が不足すると予測される場合には、どのような方法で資金を調達するかを考えます。逆に、資金が余ると予測される場合には、その運用を考えなければなりません[①]。

資金の流入と流出とを、時間的にうまく適合させることが資金繰りであって、企業の財務活動において重要な分野を形成しています。経営分析でも、資金繰りに関する分析は重要です。

なぜ、資金繰りを分析する必要があるのでしょうか。キャッシュフロー分析には**資金繰り分析**のほかに、従来から行われてきた手法として、流動比率や固定比率を用いたものがあります。これを、**静態的分析**といいます。静態

[①]運用というと、定期預金の預入や有価証券への投資などを思い浮かべてしまいますが、借入金の返済も資金運用の一つです。

的分析は、企業の、ある一定時点における資金のバランスを知るものです。計算式を暗記していれば、だれでも短時間でその値を求めることができます。

ところが、資金は常に、ぐるぐると回るものです。ある一定時点における**静態比率**（流動比率など）を観察するだけでは、企業の姿をほんの一部分しか捉えることができません。資金が企業の体内を循環するときの、強弱・速度・流量、ルートなども、情報として入手したいところです。それが、本来のキャッシュフロー分析です。時間を止めずに**資金の流れ**（cash-flow）をつかもうとすることから、**動態的分析**ともいわれます[1]。

とくに、**企業に流入する資金**（cash-in-flow）と、**企業から流出してゆく資金**（cash-out-flow）とが、バランス[2]よく維持されているかどうかを検討するのが、キャッシュフロー分析の入り口となる、**資金繰り分析**なのです。

8-1-3　神さまは、よく考えたものだ

企業が設立されてから、解散するときまでを考えてみます。設立から解散までに決算を1回しか行わないと仮定すると、損益計算書に計上される収益と費用は、現金の収入と支出に等しくなりますから、**損益計算書の利益**と**資金繰表の現金増加額**[3]とは完全に一致します。

ところが、神さまは、1年かけて地球が太陽のまわりを回るように命じられました。人も春夏秋冬を一区切りとして、さまざまな制度を作り上げてゆきました。

現在の会計制度も、企業活動を、1年ごとに**決算期**として区分し、それぞれの期において損益を確定することを義務づけています。こうして、損益計算書と資金繰表とは枝分かれし、利益と現金増加額は、不一致が避けられなくなりました。

すなわち、売上げが発生すれば、現金の回収が行われたかどうかにかかわらず、収益を認識することになります。経費が発生すれば、現金の支出が行われたかどうかにかかわらず、費用として認識します。

このため、損益計算書では毎年利益を上げているにもかかわらず、資金の

---

[1]昆虫を標本にするのが静態的分析。飛ぶ姿、鳴き声、求愛活動を観察するのが動態的分析です。こういう例示ってありかな。
[2]資金バランスとは、資金運用と資金調達とがうまく釣り合っていることをいいます。バランスが崩れて破綻するのが、資金ショートです。
[3]現金の「残高」ではなく、現金の「増加額」である点に、注意してください。

支払いに追いつかないケースが生じてきます。ひどくなれば、損益計算書では利益を計上しながら、倒産することもあります。これが**黒字倒産**のカラクリです。

反対に、売上げと同時に現金回収が行われる企業では、赤字が続いても資金繰りに行き詰まることがありません。これを**赤字不倒産**と呼ぶかどうかまではわかりませんが、**現金商売**が最も活力あふれるビジネスモデルであることは確かです。

8-1-4　制度が一人歩きする

会計制度の草創期に生じた、利益と現金増加額のミスマッチは、経済の仕組みが高度化すればするほどさらに乖離していきます。

たとえば、現在、企業どうしの取引では、**信用取引**が一般的です。すぐに現金として回収できない売上げや、すぐに支出する必要のない費用が増えています。

また、生産技術が発展すればするほど、企業は多額の固定資産を保有することになります。固定資産への**支出**は購入のときに一括してドンと行われますが、**費用**となるのは減価償却が行われるときからです。しかも、**減価償却**というのは、少しずつ費用として処理してゆくものです。こうして、現金として支出した時期と、費用として計上していく時期とに、大きなズレが生じます。

さらに経済が高度に発展すると、**金融取引**が増えてきます。企業の圧倒的大多数は、金融機関からの借り入れに依存しています。この借入金は、資金が企業に流入することを意味するだけであって、売上高とは直接関係がありません。借入金を返済することや、他の企業への貸付金は、企業から資金が流出することを意味するだけであって、原価や費用とは直接関係がありません。

8-1-5　貸借対照表のお出ましだ

こうしたミスマッチは、ただ放置されてきたわけではありません。各決算期において、このミスマッチを整理したものが、**貸借対照表**です。

売上高など収益として損益計算書に計上されても、当期の現金として回収

されなかったものは、受取手形、売掛金、未収入金として貸借対照表の**流動資産**に計上されます。原価や費用として損益計算書に計上されても、当期において現金として支出されなかったものは、支払手形、買掛金、未払金として貸借対照表の**流動負債**に計上されます。

　現金入金があったにもかかわらず収益とはならないものは、前受金として流動負債に計上します。

　現金として支出されたにもかかわらず費用とはならないものに、棚卸資産や固定資産の取得などがあげられますが、これらは資産として計上されます。

　いわば、前期の損益計算書と，当期の損益計算書とを橋渡しする役目として、貸借対照表が存在します。

　ところが、貸借対照表には、損益計算書とは関係のない、橋渡しの役目をもたない科目もあります。

　たとえば、借入金です。もともと収益と関係のない収入として借入金がありますし、費用とはまったく関係のない支出として借入金の返済があります。損益計算書の**利益**とは結びつかない取引が、貸借対照表に計上されているのです。

　借入金のように、損益計算書と結びつかない取引は、収益性と関係がないと決めつけてしまっていいのでしょうか。**収益性の分析**だけでは捕捉できない取引が、人為的に決算を区切っている会計制度のもとでは、ますます拡大しているというのに。

8-1-6　彼は考える葦(あし)である

　栃木クメハチ製作所の社長は、貸借対照表と損益計算書を机の上に並べて、腕を組み、深く考えました。

　——経理部が毎月作るこれらの表は、明朝体でプリントアウトされていて、確かに見栄えがいい。だが、情報として何かが足りない。収益性が高ければ資金繰りもうまくゆくはずなのに、どこか矛盾したところがあるよな。

　収益性が高いにもかかわらず、資金繰りに苦労する、という話をよく聞きます。毎月、確実に利益を上げているにもかかわらず、月末の資金繰りにヒ

ヤッとした経験は、どこの企業も一度や二度はあるはずです。

　売上げを大きく伸ばそうとすれば、売掛金はどうしても長くならざるを得ません。原材料や商品を仕入れる場合に、優良なものを安く手に入れようとするならば、買掛金の支払いは速やかに行わなければなりません。これは、資金繰りを圧迫させることになります。

　これを打開するために、粗利(あらり)を削ってでも売掛金の回収を促進し、当面の資金繰りをつけたほうがいいのでしょうか。しかし、これでは、**資金繰り**を確保するために**収益性**を低めざるを得ない、という矛盾した関係が生じます。

　栃木クメハチ製作所の社長は、65頁「3−1−7」の議論を思い出しました。確か、収益性は、**経常利益**と**資金の運用**の相互作用から判断される、と。

　66頁「図表36」の式をよく見ると、左辺の**収益性**と右辺の**資金の運用**との間には反比例の関係があります。資金の運用を高めようとすると、収益性は低下する。収益性を高めようとすると、資金の運用は滞る。

　——そうか。高い収益力の実現と、資金をうまく循環させることとは、企業活動において必ずしも同時に達成できるものではない。利益を管理することとは別に、資金繰りを把握する必要があるんだ。

　そう、彼は気づきました。

　——いや、待てよ。もう一歩、踏み込んで考えてみよう。長期的には、「収益性が高ければ、資金繰りもうまくゆく」といえるはずだ。しかし、短期的には必ずしもそうはいえない。こういう観点で、収益性と資金繰りとを管理すればいいんだ。

　彼は、ホワイトボードに、次のような図を描きました。

図表103　収益性と資金繰りとの関係

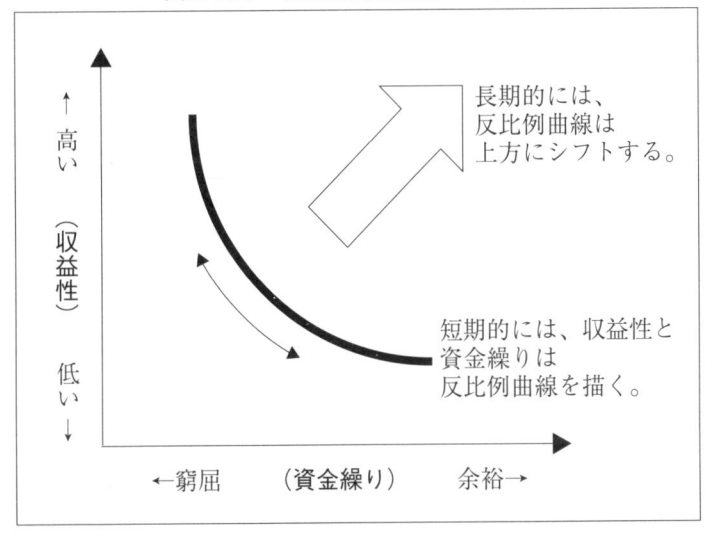

（収益性）高い↑↓低い

長期的には、
反比例曲線は
上方にシフトする。

短期的には、収益性と
資金繰りは
反比例曲線を描く。

←窮屈　（資金繰り）　余裕→

8-1-7　資金繰りはタイミングが命

　ふむふむ、「図表103」の関係があることに気づいただけでも、よしとしましょう。各企業において、月次の貸借対照表や損益計算書とは別に資金繰表を作成し、管理している理由は、こういうところにあるのです。
　総資本事業利益率や**損益分岐点**の式をいくら暗記していても、**資金繰り**には役立ちません。資金繰りは資金繰りとして、別に管理しなければならないのです。
　過去における企業倒産の事例をみると、**資金繰りの甘さ**が決定的な原因となっていることがあります。極端な例になると、豊富な受注残を抱え、相当量の在庫と最新鋭の設備機械を有し、かつ、毎期利益をあげているにもかかわらず、目先の運転資金が不足して倒産した企業もあります。
　2期や3期連続して赤字であっても倒産するとは限りませんが、資金繰りのほうは「待ったなし」が要求されます。今月末に1億円の入金が予定されていても、その前日にたった100万円の支払資金が不足すれば、その企業はおしまいです。
　資金繰りにはタイミングが必要であり、このタイミングを見誤ると、黒字

倒産の憂き目を見ることになります。すべては神のお導き、などと悠長なことはいってられません。だからこそ、資金繰りは重要なのです。

8-1-8　キャッシュフロー分析の着眼点

キャッシュフロー分析は主に、次の3種類からアプローチします。

図表104　キャッシュフロー分析のアプローチ

① 現金預金
② 経常資金
③ 固定資金

最初の**現金預金**は、次の事項に関する資金繰りを扱うものです。

図表105　現金預金に関する資金繰り

① 仕入代金の支払い
② 買掛金や支払手形の決済
③ 人件費や営業経費の支払い
④ 借入金の返済
⑤ 固定資産の購入代金の支払い

「図表105」に掲げたものはすべて、**支払い**に関するものです。資金繰りで、**出金**と**入金**のどちらを中心に考えるかというと、やはり**出金**です。
　これらの支出に備えて、現金預金の流入を計画し、トータルで現金預金の流入と流出のバランスを見ていきます。現金預金に関する分析方法としては、**資金繰表**を主に用います。
　次に、**経常資金**とは、日常の企業活動を行うために最低限必要な資金であって、短期間に流入したり流出したりする資金です。経常資金は、貸借対照表の流動資産と流動負債の差から生ずるものです。分析方法としては、**資金運用表、キャッシュフロー計算書、各種の財務比率**を用います。
　固定資金は、資金が長期にわたってバランスしているかどうかを見るため

のものです。**調達された資金**と**運用されている資金**とが、短期的にバランスしているのかいないのか、また、将来にわたってバランスを確保できる方向にあるかどうかを検討します。

企業内部では、利益計画や設備投資計画などと関連させた検討が行われます。外部の者が行う分析においては、**短期の資金運用表**をベースにして**長期の資金運用表**などを用います[①]。

3種類の資金と、分析道具をまとめると、次のようになります。

図表106　資金ごとの分析道具

```
現金預金……資金繰表
経常資金……資金運用表、キャッシュフロー計算書、各種の財務比率
固定資金……短期の資金運用表、長期の資金運用表
```

次章ではまず、資金そのものについて、理解していただくことにします。資金だなんて、なんだかつかみどころがなくて、難しそうです。でも、難しい話は、もっとその先にあるんですよ。

楽しくて、ワクワクしますね。

---

①短期とは、1年以内のものをいいます。長期とは、3〜5年を一つにまとめたものをいいます。へそ曲がりの人は、「2年程度は、どうするの？」。中期といいます。

第 9 章

資金よ、
おまえはどこへ行く

第1節　資金の形態を知る

> ——バカをいっぺん通ってきた利口と、始めからの利口とはやはり別物かもしれない。
>
> （寺田寅彦『異質触媒作用』）

9-1-1　左から右か、右から左か

　貸借対照表は、決算日現在の財政状態だけを表すものではありません。キャッシュフロー分析において、資金の調達先と運用先を読み取る資料として活用することもできます。
　貸借対照表における資金の流れを示すと、次のようになります。

図表107　貸借対照表における資金の流れ

貸借対照表

```
【資産の部】          【負債の部】      ⇐ 調達
（流動資産）
              ⇐ 運用
（固定資産）          【資本の部】      ⇐ 調達
```

　資金はまず、貸方（右側）の**負債の部**と**資本の部**で調達されます。調達された資金は、借方（左側）の**資産の部**で運用されることになります。貸借対照表の左側にある**資産の部**はさらに、**流動資産**と**固定資産**とに区分され、**資金の運用先**を具体的に示します。
　136、137頁「図表80　勘定連絡図」は、左から右へ流れることを基本としました。ところが、資金は右から左へ流れるのを基本とします。物理学の、電子と電流の関係みたいなものだと思ってください①。

---

①電子（−）が左から右へ移動することによって、電流（＋）が右から左へ流れるんでしたよね。

貸借対照表における資産・負債・資本の各科目は、簿記の仕訳のためだけにあるのではありません。キャッシュフロー分析でも、しっかりとその役目を果たしてくれます。本章ではまず、左側にある**資金の運用先**について説明することにします。

9-1-2　窮屈な会計制度を飛び越えろ

企業が外部から調達してきた資金に、識別番号をいちいち記録している人はいません。したがって、調達された資金が、どこへ運用されたかを知るのは不可能です。しかし、それでは不便なので、**資金の運用先**について、次の2種類に区分します。

　　図表108　資金の運用先の分類（その1）

（1）　経常資金 （2）　固定資金

経常資金とは、貸借対照表の流動資産で運用されている資金です。**固定資金**とは、貸借対照表の固定資産で運用されている資金です。両者にはその資金の**流動化**に違いがあるので、区分した管理が必要となります。

流動化とは、現金預金以外の資産へ運用されたものが、もう一度、現金預金の形として**短期間**のうちに戻ることができることをいいます。短期間とは通常、1年以内です。

経常資金と固定資金はさらに、次のように分類されます。

　　図表109　資金の運用先の分類（その2）

（1）　経常資金 　　①　**営業運転資金** 　　②　**営業外運転資金** （2）　固定資金 　　③　**設備資金** 　　④　**非設備資金**

経常資金のうち、**営業運転資金**とは、企業が日々の営業活動を行うにあたって必要となる資金です。**現金預金**、**売上債権**、**棚卸資産**などに運用されている資金が該当します。
　営業外運転資金とは、企業の営業活動には直接関係しませんが、1年以内に**流動化**するために流動資産に計上されている資金をいいます。**短期貸付金**や**仮払金**などが該当します。なお、190頁「9−4−1」で改めて説明しますが、営業外運転資金と非設備資金とをあわせて、**営業外資金**といいます。
　資金繰りを検討するうえで重要なのは、**営業運転資金**です。営業運転資金は、経常資金の中でも大半を占めます。
　固定資金は、流動化までに1年以上を要する資金、または、現金預金へ変えることを予定していない資金です。**有形固定資産**として運用されている資金のほか、**無形固定資産**や**投資等**、さらには**繰延資産**として運用されている資金などから構成されます。
　資金繰りを検討するうえで重要なのは、有形固定資産として運用されている資金です。これをとくに、**設備資金**といい、固定資金の大部分を占めます。
　用語とその定義をあれこれ並べましたが、すんなりと理解していただけたでしょうか。ひょっとして、「経常資金は流動資産に対応させて、固定資金は固定資産に対応させればいいんだな」と、簡単に結論づけていないでしょうか。
　ところが、どっこい。貸借対照表における科目の配列と、経営分析における資金の分類とは、かなり異なります。食材は同じでも、調理方法が異なれば、味わいかたも異なります。
　会計制度が定める財務諸表の表示は、窮屈です。経営分析は自由な発想のもとに、自由な解釈を行うことができます。だからこそ、おもしろいし、それだけに、むずかしい。

第2節　営業運転資金

　　　　　　　　　　——表から見える慎重を、裏から見ての
　　　　　　　　　　不決断という。
　　　　　　　　　　　　　　　　　　（山田美妙『平清盛』）

9-2-1　頭が高いぞ、御三家だ

営業運転資金は、企業が営業活動を行うにあたって必要となる資金です。その大部分は、常に、ぐるぐると回転しているものです。

営業運転資金として代表されるものは、次の3つです。

図表110　営業運転資金の内訳

①　現金預金
②　売上債権
③　棚卸資産

業種によっては、4番目の営業運転資金として、前渡金が含まれることがあります。前渡金とは、仕入先に事前に支払いをすませておくものです。営業上の手付金と考えてください。流動資産において、前渡金が大きな比重を占める場合は、上記の御三家に含めることにします。

9-2-2　現金を持つのは資金の運用といえるのか

現金預金も資金の運用先の一つである、というのは、ちょっと奇妙な感じがします。現金預金は、調達と運用の橋渡しを行う勘定であること、もしくは、資金の調達額が運用額を上回った「余り」であると一般に解釈されています。

ところが、企業が営業活動を続け、日常の支払いを滞りなく行うためには、ある程度の現金預金は持っていなければなりません。金庫の中にある現

金預金は営業上最低限必要なものであって、企業がなんらかの方法によって調達してきたものです。現金預金という運用形態が、金庫の中にあると考えてもらったほうがいいかもしれません。

キャッシュフロー分析においては、手持ちの現金預金を、資金の調達と運用の差額として単にとらえるのではなく、企業の営業活動における運用形態の一つとして認識します。

金融機関が内部で作成する『自己査定ワークシート[①]』では、営業運転資金から現金預金を除外しています。これは、**焦げ付き債権**の発生を予測するためです。資金の流れ（キャッシュフロー）を分析するためではありません。目指すところが違う。

なお、キャッシュフロー分析では、**現金預金**も**現金**も同義です。現金で買掛金を支払おうと、普通預金から銀行振込で買掛金を支払おうと、どちらも同じ資金の流出とみなします。

現金を預金口座へ入金したり、普通預金から定期預金へ振り替えたりする取引などは、資金の流出や流入とはなりません。現金と預金通帳を金庫の中に詰め込んで、合計でその運用を考えるようにします。

9-2-3　現金預金に適正残高はあるか

現金預金が資金の運用形態の一つであるならば、企業が常時保有する現金預金の残高は、どの程度であるべきでしょうか。残念ながら、これについては、定説がありません。

まず、企業が現金預金を保有する目的を考えてみます。

図表111　現金預金を保有する目的

①　経常的な支払いに備えるため
②　不測の支払いに備えるため

このうち、「不測の支払いに備えるため」については、企業規模や営業内容、さらには借入金などの負債残高などによってかなりの個体差（企業

[①]金融機関の貸出先である債務者（法人・個人）を、正常先、要注意先、要管理先、破綻懸念先などに色分けするための極秘資料です。別名、えんま帳。

差?)があります。

「経常的な支払いに備えるため」については、一般的には、**月間売上高**と同じ残高だけ保有していれば安全だ、といわれています。月間売上高に相当する程度の現金預金を備えていれば、月を単位として回転している資金繰りに不足は生じないだろう、というものです。

無借金経営を誇る企業などでは、月間売上高の半分以下でよかろう、ともいいます。いや、手持ちの現金預金は、企業の支払いに対する準備金みたいなものだから、月間売上高と比較するのではなく、**月間支払高**を基準とすべきだ、という人もいます。この場合、月間支払高に相当する程度の手持ち現金が必要であるという人もいますし、半分以下でよし、とする人もいます。

いずれも企業ごとにケース・バイ・ケースでいわれていることであって、スタンダードなものはありません。企業の実態を考慮して、個別に判断することになるのでしょう。

少なくとも、消費税を税務署に納める現金もない、などというのは、資金繰りとして問題です。たぶん、企業としての存続も危うい。

9-2-4　現金預金にも回転期間がある

収益性分析のところで、**売上債権回転期間**や**棚卸資産回転期間**を説明しました。ところが、収益性分析で、現金預金の回転期間も調べるというのは聞いたことがありません。定期預金から生まれる利息など、収益性という点では微々たるものだからです。しかし、資金繰り分析で、**現金預金回転期間**を調べるのは、必須の作業です。

図表112　現金預金回転期間

$$(現金預金回転期間：月) = \frac{(現金預金)}{(月平均売上高)}$$

分母は、**月平均売上高**を用います。現金預金の回転期間を厳密に求めようとするならば、分母は売上高ではなく、**現金支払額**とすべきなのでしょう。しかし、外部の分析者に、現金支払額などわかりません。したがって、便宜的に月平均の売上高を利用します。企業内部の人であれば、分母はできるだけ現金支払額を用いるようにしてください。

営業運転資金の負担を考えると、現金預金の残高は少なければ少ないほど、現金預金回転期間は短ければ短いほど、良いことになります。しかし、現金預金の保有額が異常に少なければ、支払準備に事欠くことになります。
　業績が順調なときは体外的な信用が増し、証券会社や投資銀行が擦り寄ってくるため、現金預金の効率的な運用が可能になり、現金預金の手持ち保有額が一時的に減少することがあります。とはいえ、おのずと適正な水準があるはずで、資金ショートが起きないように注意しなければなりません。
　2001年9月、アメリカで同時多発テロが起きて、世界中の経済活動が一時パニックになったとき、ある企業経営者がこんなことをいっていました。「企業にとって最大のリスク回避策は、現金を持っていることだ」と。けだし、名言であります。

9-2-5　売上債権を眠らせるな

　売上債権（受取手形と売掛金）は、近い将来、現金預金となることが予定されているものですが、それまでは売上債権という形で資金を運用していることになります。運用先はもちろん、お得意さんです。
　通常、売上債権が増加する理由には、次のようなものがあります。

---

① 　企業規模が拡大したため
② 　回収期間が長期化したため
③ 　不良債権が発生したため
④ 　季節的なもの

　このうち、「①企業規模が拡大したため」や「④季節的なもの」については、営業上必要な増加原因と考えられます。しかし、「②回収期間が長期化したため」とか、「③不良債権が発生したため」などは、極力抑えなければなりません。資金を眠らせることになるからです。
　そうはいっても、ね、企業は製品や商品を売り上げることによって成長してゆくものですから、売上を達成するために、犯罪とならなければ、あらゆる努力をする生き物です[1]。売上を伸ばす一番簡単な方法は、得意先からの

---

[1]企業倫理として許されるかどうかは別問題として。

回収条件を緩めること、つまり、売掛金の回収期間を長くすることです。「これ、ちょっと使ってみていただけませんか」と得意先に商品を預けておいて、会社に戻ったら、しっかり売上伝票をたてたりしていませんか。

　資金繰りの観点からすれば、売上債権の回収期間は短いほうがいい。しかし、よほど競争力のある製品を扱っている場合や、よほど価格が安い商品を扱っている場合以外は、回収期間の延長もやむを得ない選択となることがあります。

　仕入先への支払条件は従来どおりにもかかわらず、売上債権が増加した場合、その分だけ、資金が不足することになります。貸借対照表に占める売上債権は、どの企業でも一番大きいものですから、ほんのちょっとした営業戦略の巧拙が、企業の資金バランスを大きく崩すこともあります。

9-2-6　二律背反を同時に追い求める

　そこで、資金繰り分析でも、手っ取り早い方法として、**売上債権回転期間**を調べます。計算式についてはすでに、129頁「図表75」で説明しました。資金繰り分析でも、収益性分析と同じ式を使います。売上債権の絶対額が増加していても、売上債権回転期間が長くなっていなければ、資金繰りとしてはまず心配ないでしょう。

　あなたの会社では、どうしていますか。月次で、得意先別または製品別の売上高や粗利益を求めるだけで満足していませんか。収益性だけをトレースしていては、ダメなんですよ。

　短期的には、収益性と資金繰りとは二律背反（反比例）であることを念頭において、両にらみするようにしてください。得意先別または製品別に粗利益を求める欄の、その横に、売上債権の回転期間も求めるようにしなければ。

　月次の管理資料を作るのなら、製品別・得意先別の**利益管理**とともに、製品別・得意先別の**回転期間の管理**もしなければダメだということをいいたいのです。

9-2-7　みんなで在庫を増やせば怖くない

　購買管理の担当者は、製造現場からの要求に即座に応ずることができるよう、原材料の在庫を一定水準以上に保とうとします。生産現場の従業員は、

工程に滞りがないよう、自分の工程における仕掛品の量を一定水準以上に保とうとします。販売管理の担当者は、得意先の需要にいつでも応じられるよう、製品や商品の在庫を一定水準以上に保とうとします。これら過剰な在庫を、**バッファー在庫**といいます。バッファー在庫と官僚組織は、放っておくと限りなく肥大化し、腐敗していきます。

　工場や営業所に製品や商品が存在するとき、資金の面から見ると、棚卸資産に資金が運用されていることになります。「資金が運用されている」なんて聞こえはいいですが、各セクションがバッファー在庫を抱えることで、「資金が眠る」度合は深くなります。

　どこの企業でも、**在庫圧縮**は至上命題です。ところが、在庫管理には特有の問題があります。売上債権の残高はゼロが理想ですが、棚卸資産の残高をゼロにすることは、たちまち生産活動を停止させ、得意先からの注文を逃すことになるからです。その落としどころが難しい[1]。

9-2-8　在庫がどんどん、どんどん増加する理由

棚卸資産の増加原因には、さまざまなものがあります。

---

① 企業規模の拡大に伴うもの
② 備蓄用のもの
③ 季節的なもの
④ 製造期間に長期を要するもの
⑤ 売れずに倉庫に山積みされるもの（デッドストック）
⑥ 投機目的で仕入れたもの

　上記のうち、「①企業規模の拡大に伴うもの」「②備蓄用のもの」「③季節的なもの」を在庫として保有することは、やむを得ないものといえるでしょう。「④製造期間に長期を要するもの」は、大規模機械装置産業や建設業など、身の丈にあった業種では容認されます。

　「⑤売れずに倉庫に山積みされるもの（デッドストック）」「⑥投機目的で仕

---

[1] 世にいう**カンバン方式**は、自社の在庫をゼロとする代わりに、下請け企業に在庫を抱えさせるものです。カンバン方式を導入するための条件は、下請けを犠牲にしても平気でいられる神経と、道路事情がいいことです。

入れたもの」は、在庫の問題ではなく、経営方針に問題があります。いわゆる**デッドストック**は、劣化した原材料や、新型製品の投入または規格変更などによって陳腐化した製品・商品です。帳簿価額で販売することは、もはや困難です。

　投機目的で仕入れたものは、目先の値上がり益を期待して、市況の安いときに購入した棚卸資産です。予測がはずれればクズ同然の危険性があります。

　デッドストックも投機目的も、度を超せば、資金繰りを一気に悪化させます。

9-2-9　適正在庫は回転期間からわかるもの

　適正在庫という言葉を、しばしば耳にします。棚卸資産はその手持在庫が極端に少なければ、営業活動に支障をきたしますから、売上債権のように少なければ少ないほどよい、というわけには行きません。しかし、適正在庫を超えた過剰在庫は資金繰りを圧迫します。

　とくに棚卸資産が増大して、資金繰りが逼迫してくると、収益性の面でも次の問題が生じます。

---

① 　営業運転資金に不足が生じ、資金不足を補うために借り入れを行うことで、**金利負担**が増大する。
② 　在庫の**保管コスト**が増加する。
③ 　陳腐化、値下がり、汚損などによって、**含み損失**が拡大する。

　資金繰り分析では、在庫がどれだけあるかを知る指標として、**棚卸資産回転期間**を求めます。その計算式は、132頁「図表76」で紹介したものと同じです。

　棚卸資産の絶対額が増加していても、それが企業規模の拡大に伴うものであれば、棚卸資産回転期間が伸びることはありません。当然といえば、当然ですね。

9-2-10　収益性と資金繰りは親友でありライバルである

　売上債権では、収益性と資金繰りは、短期的には二律背反だと申し上げま

した。売上債権の回収を早めようとすると、収益を犠牲にしなければならない場合があります。

　ところが、棚卸資産では、長期的にも短期的にも両者は比例関係にあります。これは、売上債権は売上高（収益）と結びつくものであるのに対し、棚卸資産は売上原価（費用）と結びつくものだからです。なかなか、奥が深いぜ。

　したがって、在庫を圧縮すること、つまり棚卸資産回転期間を短縮することは、資金に余裕が生まれ、長期的にも短期的にも収益力を高めます。次の「図表113」の①の、左上に向かって坂道を上る部分がそうです。横軸は、**棚卸資産の在庫高**であることに注意してください。

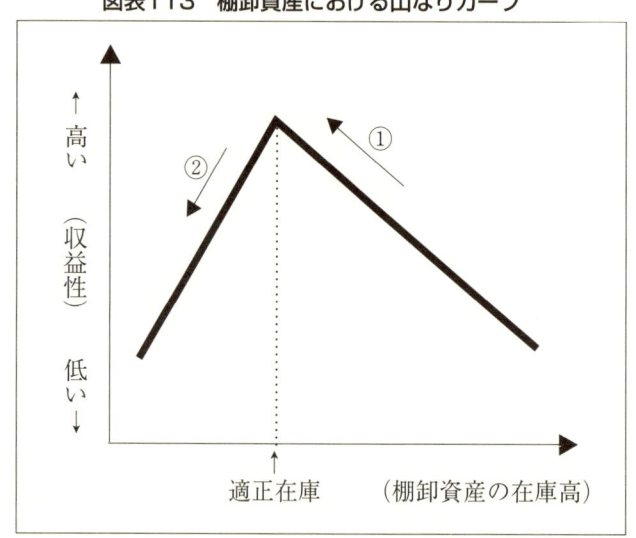

図表113　棚卸資産における山なりカーブ

　収益性と資金繰りとの比例関係は、適正在庫で頂点を迎えます。適正在庫を下回る在庫圧縮を行った場合、モノ不足が生じて、収益性は途端に悪化することに注意してください。「図表113」の②の部分を、左下へ駆け下りていきます。

　こうして、棚卸資産においては、山なりのカーブが描かれます。

第3節　設備資金

> ——道のシャンと歩けぬような者は、人の上に立てぬ。道を歩いている姿が一番人の眼につくものである。
> 　　　　　　　　（宮本常一『家郷の訓』）

9-3-1　設備投資は経営者の力が現れる

　有形固定資産のことを別名、**設備資産**といいます。設備資産に運用される資金を、**設備資金**といいます。設備資金には次の特徴があります。

図表114　設備資金の特徴

> ① 　一時に支出する金額が巨額であること
> ② 　**減価償却費**を通じて徐々に資金を回収するので、資金回収までの期間が長いこと

　このうち、②については、少し説明が必要かもしれません。
　売上債権や棚卸資産は通常、1年以内に資金回収されます。しかも、これらは得意先に請求したり、製品を売ったりすることで資金を直接回収します。ところが、設備資金は、直接回収することはできません。設備資金を直接回収しようとするならば、設備資産を売却することですが、それは本来の目的ではないでしょう。
　機械装置などを使って製品を作り、減価償却費や労務費などを含めた原価以上の価格で製品を売ることによって、ようやく設備資金を回収する、というなんとも回りくどいことをします。しかも、その製品は1年以上にわたって作られ、販売されるのが普通です。こうした形態をとるので、設備資金は間接的かつ長期にわたって、徐々に回収されることになります。
　将来の需要予測を見誤った設備投資を行うと、長期間にわたり収益性を圧迫し、資金繰りにも悪い影響を与えます。だから、どこの企業でも設備投資計画は、1年ぐらいの期間をかけてじっくりと練るのです。思いつきで工場

を建てたり、最新鋭の機械を買ったりするものではありません。

9-3-2　安易な設備投資が禍根を残す

まず、**収益性**の観点から考えてみます。

新しい設備資産を購入すると、設備資金の調達に伴う支払金利や減価償却費は、その設備資産が稼働する、しないにかかわらず、**固定費**として発生します。その設備資産を管理する人件費の一定部分も固定費として発生します。**変動費率**に変わりがなければ、**損益分岐点**は、固定費が増えた分だけ上昇します。

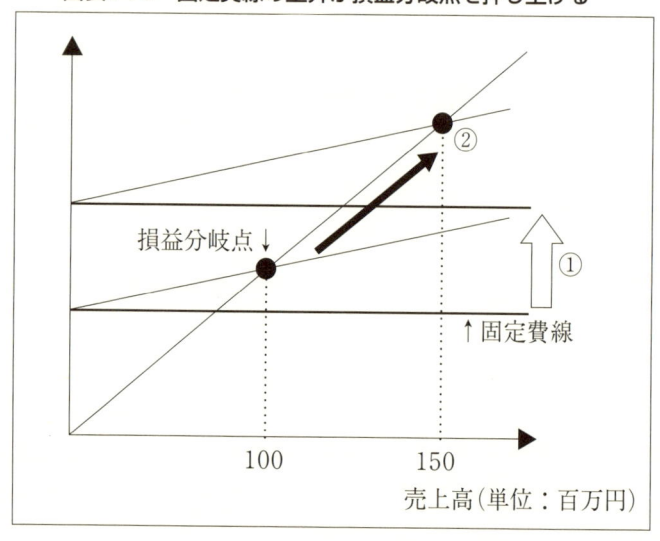

図表115　固定費線の上昇が損益分岐点を押し上げる

損益分岐点図表では、横軸に平行な固定費線が上昇することになります（「図表115」の①）。固定費線が上昇すれば、損益分岐点は右上に移動します（「図表115」の②）。従来、売上高が100百万円を超えれば利益を計上していたのに、今後は、売上高が150百万円を越えないと利益が生まれないことになります。

次に**資金繰り**の問題です。設備投資は、巨額の資金を長期にわたって固定化しますから、資金繰りに与える影響も甚大です。長期借入金や増資など安定的な資金を大量に調達できる見込みがなければ、日常の営業運転資金を圧

迫し、早晩行き詰まることになります。

　安易な設備投資は、床上浸水にたとえられることがあります。企業の中には、浮かんでいるのがやっとといった状態で操業している場合もあり、新たな設備投資を行っても、その設備資産がフル稼働できなければ、そのまま水没してゆくようです。

9-3-3　有形固定資産回転率を役立てろ

　企業の保有する有形固定資産が、どの程度有効に利用されているか、さらには有形固定資産として運用されている資金に無駄がないかを見るためには、**有形固定資産回転率**を計算して検討します。有形固定資産回転率は、142頁「図表85」と同じものを利用します。

　有形固定資産回転率は、有形固定資産が1年で何回、回転しているかを表す比率です。他社と比較して、なるべく回転の多い方が、資金の無駄が少ないことを示します。もっとも、重厚長大企業と軽薄短小企業とでは、有形固定資産の回転数は大きく異なりますから、この比率を業種の違う企業どうしで比較するのは無意味です。

　なお、売上債権や棚卸資産については、回転率と回転期間とを併用する場合がありますが、有形固定資産については、回転期間を求める必要はありません。有形固定資産の回転期間を求めたところで、有形固定資産の**手持ちの期間**や**費消の期間**といったものに意味が出てこないからです。有形固定資産については回転率だけを算出することによって、その**有効活用の度合い**を検証する、と解釈したほうがいいでしょう。

第4節　その他の資金にも注目

　　　　　　　　　——意地には、緊張が伴う。
　　　　　　　　　　　（斉藤茂吉『童馬漫語』）

9-4-1　営業外の資金がある

　貸借対照表の資産の部を見ると、**営業運転資金**や**設備資金**以外にも、あと1種類の資金が計上されています。営業運転資金や設備資金は、企業の営業活動に積極的に用いられる資金です。もう1種類の資金とは、企業本来の活動とは離れた資金のことです。これを**営業外資金**といいます。

> （1）　営業運転資金
> （2）　設備資金
> （3）　**営業外資金**

　営業外資金は、投資や貸付といった**投融資資金**としての形をとるもの、**無形固定資産**や**繰延資産**といった形をとるものなどに分けられます。

9-4-2　津波となって押し寄せる資金需要

　いままで説明してきた資金は、いずれも**貸借対照表**から読み取るものです。売上債権を回収して資金を確保し、その資金を仕入代金の決済に回すのは、貸借対照表の残高の増減を見れば明らかです。有形固定資産や投資有価証券の残高が増えていれば、設備資金や営業外資金が増えているんだな、と読み取ることができます。
　ところが、企業の必要とする資金は、貸借対照表に現れてくるものばかりではありません。たとえば、給与その他の経費の支払い。ただし、これらの支払いは営業運転資金の中で賄われ、**損益計算書**を見れば明らかです。
　困るのは、貸借対照表や損益計算書からは読み取れない資金需要があるこ

とです。1年に数回、「ビッグ・ウェーブ」が水平線の彼方から現れ、営業運転資金だけでは賄いきれない津波となって押し寄せます。**年末決済資金**と**決算資金**です。

　年末において急激に膨らむ資金需要を、年末決済資金といいます。また、配当金、役員賞与、法人税など、決算日を過ぎてから2か月以内に支払わなければならない資金を、決算資金といいます。いずれも、一時的に大規模な資金需要が発生しますから、**営業運転資金**や**設備資金**とは別に把握する必要があります。

　以上をまとめると、次のとおりとなります。

図表116　運用資金の分類（復習）

（1）　営業運転資金   　　　　（2）　設備資金   　　　　（3）　営業外資金   　　　　（4）　年末決済資金   　　　　（5）　決算資金

　年末決済資金と決算資金とは、キャッシュフロー分析において重要な役割を果たすので、ここで簡単に説明しておきます。

9-4-3　年末決済資金は冬のヒマワリ

　企業は売上債権の回収によって資金を作り、この資金で仕入代金を決済し、従業員への給料やその他の経費を支払います。とくに、人件費や経費の支払いは、売上債権の回収資金でカバーされる性質のものであって、外部から資金を調達してきて支払いをするものではありません。人件費や経費の支払いを、外部資金に頼るようになったら、一気に**自転車操業**に陥ります。

　ただし、次の場合は例外です。

① 夏季と冬季の賞与資金   　　　　② 年末の諸経費支払資金   　　　　③ 年末年始の仕込み資金

前記のうち、「①夏季と冬季の賞与資金」は人件費であり、「②年末の諸経費支払資金」は人件費以外の経費です。いずれも、毎月の売上代金から支払われるのがスジです。賞与資金は毎月支払うものではないって？　いえいえ、売上代金の中から毎月積み立てておくべきものでしょう。
　外部から資金を調達して支払いにあてる方法が堂々と許されるのは、「③年末年始の仕込み資金」ぐらいです。これは、年末に集中して資金需要が膨らむためです。
　みんな、人件費や諸経費の支払いに窮することがないよう、日ごろから資金を積み立てておかなければ、と知っているはずなのに。面倒なことは先送りするのが世の常で、③だけでなく、①と②も含めて年末に集中するため、巨額の資金需要が発生することになります。
　資金繰りにこのような「大津波」を呼び込むことは好ましくないのですが、毎月の売上債権の回収代金が内部に蓄積されず、どこかへ運用されている場合は、金融機関からの借り入れに頼るしかありません。年末に調達された資金は、年明けの売上債権の回収によって返済されます。
　①から③まで、年末にかけて一時的に膨らむ資金需要を**年末決済資金**といいます。営業運転資金とは異なるものですが、かといって外部からの資金調達に頼るのは、限定されたものでなければなりません。年末決済資金の名目で、借り過ぎないように。
・小窓からもれる冬の陽射しを浴び、パッと咲いて、パッと散る。年末決済資金は、別名「冬のヒマワリ」といいます。

9-4-4　決算資金は資金の垂れ流し

　3月31日が決算日の会社の例を考えてみます。この会社は、決算日から2か月後の5月末日までに株主総会を開催し、その直後、株主へ配当金を支払い、取締役へは役員賞与を支払い、税務署へ確定申告書を提出して法人税や消費税などを納めます[1]。

---

[1] 大きな会社では、株主総会の開催や法人税申告書の提出を1か月だけ延長することができます。ただし、税金は、決算日後2か月以内に見込み納付を行います。それを超えると利子税が課せられます。

これら決算日後、2か月以内に集中して発生する資金需要を、**決算資金**といいます。

図表117　決算資金の種類

(1)　利益処分（配当金、役員賞与）
(2)　税金納付（法人税等、消費税等）

決算資金は、他の資金と比べて決定的に異なる性格があります。「図表116」に掲げた「(1) 営業運転資金」から「(4) 年末決済資金」までは、資金が企業の体内をぐるぐると循環します。売上債権、棚卸資産、固定資産などは、これらに運用された資金が再び回収（調達）されて、さらに運用されていくというサイクルの中にあります。

ところが、配当金や法人税等の決算資金は、いったん資金が流出すると、再び企業へ戻ることがありません。株主から褒美をもらえるわけでなし、税務署から見返りをもらえるわけでなし。いわば、**資金の垂れ流し**。企業活動を絶対的に縮小させるだけ。

決算資金だけは、**資金の運用**とはいいません。**資金の流出**[①]といいます。したがって、その流出額の多寡には、十分に目を配らなければなりません。

9-4-5　決算資金は建前と本音の食い違い

決算資金に関する「正しい見かた」を説明します。

再度、3月31日が決算日の会社の例で考えてみます。決算資金の支出の基となるのは、去年の4月1日から今年3月31日までの1年間で稼いだ利益です。企業は、今年の3月31日までの営業活動で得られた利益を、現金預金の形で蓄積しておき、これに基づいて配当金・役員賞与・納税資金の支払いにあてるのが原則です。

ところが現実には、本年3月31日付けの損益計算書に計上されている利益は、売上債権の形となっていることもありますし、棚卸資産の在庫となっていることもあります。現金預金の形で積み上がっているケースは、ほとん

[①]**社外流出**ともいいます。

どないといっていいでしょう。むしろ、現金預金として持っていることが、資金運用のムダとなることもあります。

　3月31日までに計上された利益が、その2か月後の5月末日までに現金預金として回収されていない場合、または、すでに現金預金として回収されていても4月から5月の間さらに他へ運用されている場合には、5月末日に**決算資金**という名の資金需要が発生し、金融機関から超短期の借り入れが行われます。つまり、決算資金は、前期の営業運転資金が翌期において現金化されるまでの**つなぎ資金**なのです。前期の営業運転資金が回収または再回収されれば、金融機関から借り入れた決算資金は償還されることになります。

　ところが、よくよく考えてみてください。企業活動は、日々流転するもの。決算資金の償還財源は、翌4月以降に回収される「前期の」営業運転資金の中からだとはいっても、企業活動が縮小しない限り、回収された営業運転資金は、さらに次の企業活動へと運用されるはずです。どれが前期の資金で、どれが当期の資金かなど、わかろうはずもない。

　建前としては、3月31日までに稼いだ利益が翌4月以降に現金預金となったら決算資金を償還しますよ、ということなのですが、実際には、4月以降に新たに稼ぐ利益がそのまま決算資金の償還財源になっている、というのが本音でしょう。つまり、前期の資金不足を、翌期の利益でカバーできているだろうか、というのが、決算資金に関する正しい見かたです。

9-4-6　銀行の口車に乗るな

　いまの説明を踏まえると、現時点において資金繰りにゆとりがある場合、決算資金を金融機関から借り入れることはナンセンスです。それに、考えてもみてください。金融機関から借り入れようとすると、どれだけのコストを消費すると思っているのですか。

　いくら借り入れるか、利率は何％にするか、返済期限はいつか。金融機関と交渉するだけで数日にわたって、延べ1時間以上のムダが生じるでしょう。しかも、収入印紙だってバカになりません。収入印紙は、会計上は税金ですが、実質的には支払利息と同じです。

　日ごろから預金を積み立てておいて、必要になったら金融機関の払戻請求書にポンとハンコを押し、「はい、これを口座に振り替えておいてください」といえば、5分ですみます。時間こそ金なり。

そうそう、金融機関の口車に乗って、中途半端な積立預金などをしてはダメですよ。毎月１万円の積み立てを行って、法人税や消費税の納付に備えましょう、などとセールスする金融機関があります。1年でたかだか12万円を積み立ててどうするの。銀行なんて、目先のノルマしか考えていないんだからっ！

第10章

資金はどうやって調達されるのか？

第1節　それは自己資本の検討から始まった

——自分の顔と折合いをつけながら、だんだんに年をとってゆくのは賢明な方法である。

（三島由紀夫『私の顔』）

10-1-1　その前に調達資金の分類を

企業が資金を必要とするとき、どこから、どのようにして調達するかについて、2つのルーツ（源泉）があります。

図表118　資金調達の源泉

①　自己資金（内部資金） ②　外部資金

外部資金はさらに、短期と長期とに分かれます。
　これらの調達資金は、貸借対照表の貸方に計上されます。キャッシュフロー分析の観点から再分類すると、次のようになります。

図表119　調達源泉別の資金分類

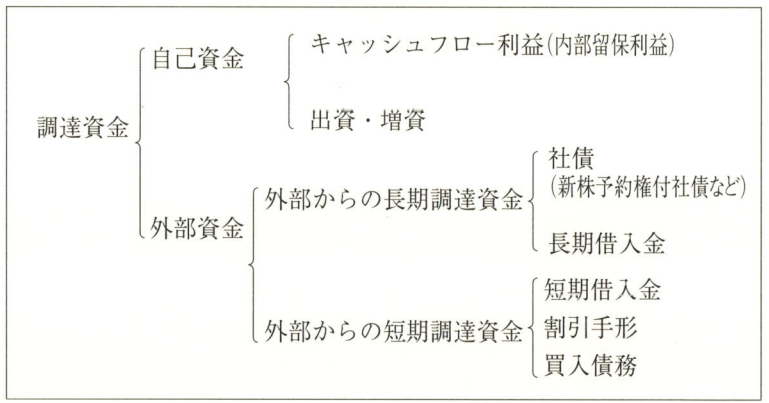

調達資金
- 自己資金
  - キャッシュフロー利益（内部留保利益）
  - 出資・増資
- 外部資金
  - 外部からの長期調達資金
    - 社債（新株予約権付社債など）
    - 長期借入金
  - 外部からの短期調達資金
    - 短期借入金
    - 割引手形
    - 買入債務

あれれっ？　貸借対照表では**短期調達資金**（流動負債）が上で、自己資本は一番下だけど。いえいえ、キャッシュフロー分析では自己資本、とくに**キャッシュフロー利益**を最初に考えます。

10-1-2　自己資金には2種類ある

自己資金は借入金と異なり、返済義務のない資金です。企業の資金調達手段としては、長期かつ安定的な資金の調達源泉となります。資金調達を自己資金に依存している割合が大きい企業ほど、資金繰りは安定しています。

自己資金は、次の2つの方法によって調達されます。

図表120　自己資金の分類

①　キャッシュフロー利益
②　出資・増資

もしお手許に、企業会計の憲法ともいうべき『**企業会計原則**』がありましたら、「第一　一般原則　三」をご覧ください。次のように書かれています。

三　資本取引と損益取引とを明確に区別し、特に資本剰余金と利益剰余金とを混同してはならない。

非常に乱暴な表現かもしれませんが、利益剰余金は「①キャッシュフロー利益」であり、資本剰余金は「②出資・増資」のことです。

10-1-3　キャッシュフロー利益の再登場

キャッシュフロー利益の求め方については、92頁「4-3-5」で説明しました。93頁で説明した「図表47」を再掲すると、次のとおりとなります。

図表121　キャッシュフロー利益

税引後当期利益	←ここからスタート
利益処分における配当金・役員賞与	(▲)
法人税等調整額	(▲)
（特別損益より）	
固定資産売却損・評価損	(＋)
投資有価証券売却損・評価損	(＋)
（営業外損益より）	
有価証券売却損・評価損	(＋)
減価償却費（特別償却費を含む）	(＋)
繰延資産償却費	(＋)
貸倒損失	(＋)
貸倒引当金	前期比純増なら(＋)、純減なら(▲)
賞与引当金	前期比純増なら(＋)、純減なら(▲)
退職給付引当金	前期比純増なら(＋)、純減なら(▲)
キャッシュフロー利益	←これがゴール

　キャッシュフロー利益は、キャッシュフロー分析の観点からいうと、「当期において自己増殖した資本」です。企業が自らの努力で資金を増加させたものであるからこそ、自由に使うことができ、資金の調達源泉として最も強力なものとなります。

　付言しておきますと、本書で用いる**キャッシュフロー利益**は、一般的には**内部留保利益**と呼ばれているかもしれません。呼び方がどうであろうと、要は、どれだけその内容を理解できているかによります。

10-1-4　減価償却費が資金の源泉となる理由

　「図表121」で、**減価償却費**が、なぜ**キャッシュフロー利益**を構成するのか、なぜ**資金の調達源泉**になるのかを考えてみます[①]。

企業が所有する建物・機械装置などの有形固定資産は、時の経過に伴って、次第にその価値を減らしていきます。その価値の減った部分が、減価償却費として、商品や製品の原価に織り込まれます。その商品や製品が販売されると、現金預金として回収されていきます。

　つまり、有形固定資産に対して減価償却という手続を行うことによって、減価償却費が売上原価や販管費に含められ、その製品が販売されて現金として回収されるに伴い、当初、有形固定資産に投入された資金が少しずつ回収されることになるのです。実にまどろっこしい過程ですが、資金はこうして循環しています。

　しかも、商品を販売して回収する現金の合計額は、当初支出した設備資金を上回るものであるはずです。その上回る部分が自己増殖した資金、つまり、**キャッシュフロー利益**となります[②]。

　ところで、減価償却費は、他の費用（広告宣伝費や修繕費など）と異なり、費用であっても現金の支出を伴わない、という特徴があります[③]。仮に、税引後の当期利益がゼロであった場合、企業に流入してくる資金の量は、減価償却費の分だけプラスになっているはずです[④]。このプラスの資金が、外部に返済義務を持たない自己資金として企業内部に蓄積されていきます。

　「減価償却費は資金の源泉になる」というのは、不正確な表現かもしれません。当期利益の裏側に隠れていた**自己資金の増殖分**が、減価償却費というベールを取り払うことで、**キャッシュフロー利益**として表舞台に現れた、と表現するほうが正しい。特別償却費や繰延資産の償却費も、増殖した自己資金を厚いベールで覆い隠しているものです。これらを取り払えば、キャッシュフロー利益としてあぶり出されます。

　こうして、減価償却費などは、企業の収益力を支えるとともに、自己資金を増殖させる機能も持っているといえるのです。

[①] 142頁「6-5-1」で、減価償却が果たす役割を少し説明しました。それも思い出してください。
[②] 商品を販売して回収する現金の合計額が、当初支出した設備資金を下回る場合、キャッシュフロー利益はマイナスとなりますから、**黒字倒産**を招く危険性があります。
[③] だから、**非キャッシュフロー固定費**というんでしたね。
[④] 税引後の当期利益は、減価償却費を控除した後の利益でもあります。減価償却費を控除した後の当期利益がゼロであるならば、減価償却費を控除する前の利益は当然、プラスであるはずです。

第10章　資金はどうやって調達されるのか？

10-1-5　引当金の増加も資金の源泉となる

　貸倒引当金などの各種引当金も、その残高が増加した場合、資金の源泉となります。減価償却費と同じ理屈です。
　賞与引当金や退職給付引当金の残高が増加したときも、その増加した額が資金の源泉となります。

10-1-6　会社は株主のものである

　自己資金の2番手は、**増資**による資本金の増加です。資本金は株主への返済義務がないことから、キャッシュフロー利益の増加に次いで、安定的な資金調達源泉となります。ただし、増資がキャッシュフロー利益と異なるのは、次の2点です。

---
① 企業外部から新たに調達される資金であること
② 配当金という資本コストが要求されること

　会社は誰のものかと問われれば、それは出資を行った株主のもの、という当たり前の論理があります。当期利益が黒字である限り、世間並みの配当金を支払って、株主の恩に報いなければなりません。
　そういう負担はあるものの、増資は、キャッシュフロー利益とともに長期かつ安定した自己資金であって、これらに依存する割合の大きい企業ほど、資金繰りは安定するものです。

10-1-7　株主は会社にとって邪魔な存在

　以上が、自己資金の内容です。とくに、キャッシュフロー利益によって調達される資金は、最も弾力的かつ安定的な資金源泉となるので、各企業ともこれを増加させる努力をしているのです。もし、キャッシュフロー利益がマイナスになるような事態になると、外部から資金調達してこない限り、企業は行き詰まることになります。
　キャッシュフロー利益からは、株主総会後の利益処分として配当金や役員

賞与が支出されることになります。利益処分は文字どおり、利益の処分であって、これによっていったん流出した資金は、企業へ還流されることはありません。

　資金繰りの面からいえば、株主などへの分配は、なるべく抑えたほうがいいんですよね。企業の所有者たる株主に向かって、「金だけよこせ。あとは黙ってろ！」とはいえないでしょうけれども。

第2節　外部からの長期の資金調達

>──仕事に対する考えを整理するとか、熟考するとか口走るのは、おおかたは仕事を逃れる口実である。
>（ヒルティ『時間を得る方法』）

10-2-1　いまのところ2つしかない

　企業が資金調達をするにあたって、すべて自己資金で賄うことができれば理想です。しかし、企業規模が拡大すると、自己資金だけでは賄いきれなくなります。そこでやむを得ず、下げたくもない頭を下げて行うのが、外部からの資金調達です。
　まず、長期の調達資金について説明します。外部からの長期調達資金は、次の2つに代表されます。

図表122　外部からの長期調達資金

①　社債（新株予約権付社債など）
②　長期借入金

　社債は、**直接金融**によって調達された資金です。直接金融とは、企業が社債券を発行し、それを投資家が購入することによって、資金が企業に流入することをいいます。資金の出し手と受け手とが、相対（あいたい）するものです。
　長期借入金は、**間接金融**によって調達された資金です。資金の直接の出し手は、金融機関です。しかし、金融機関の資金は、預金者から集めた資金が元になります。つまり、預金者の資金が、金融機関を通過して間接的に、企業へと流れていきます。預金者と企業とが相対することはありません。だから、間接金融といいます。
　いずれも最終の返済期限が1年を超えるものであって、資金調達する企業の側からすれば、長期にわたって安定した事業を展開することができます。

10-2-2　設備投資は長期の資金調達で行え、って本当?

　経営分析の本を少しでもかじったことのある人なら、「有形固定資産などの設備投資を行うときは、社債や長期借入金など長期の資金で調達せよ」という話を聞いたことがあるでしょう。本書でも何か所か、そうした趣旨を述べてきました。なぜなのか、それでいいのか、ウワサの真相を探ってみます。

　企業が、有形固定資産などに代表される**設備投資**を行うとき、まず**自己資金**の利用を考えるはずです。自己資金で不足する場合は、**外部から長期の資金を調達**することになります。

　設備投資を行うとき、**短期借入金**などで資金調達するのは、返済に追われて資金繰りを苦しくするからダメだ、といわれます。それって、本当ですか？　短期借入金どころか、社債や長期借入金などで資金調達するのも、無理の生ずる場合があるのではないですか。

　たとえば、設備投資を行うために、社債や長期借入金で資金調達する場合、その償還期限は5年から10年くらいでしょう。これに対し、購入する有形固定資産の耐用年数は、機械装置で10年前後、工場建物では30年前後になることもあります。一般的に、資金を運用する期間のほうが、資金を返済する期間よりも長いケースが多いはず。

　したがって、仮にすべての設備資産を順調に稼動させたとしても、日々の営業活動から回収される資金で社債や借入金の返済を進めていたのでは、やがて無理が生ずるはずです。ましてや、一部でも使い切れない設備資産を抱えたら、すぐそこに**デフォルト**（債務不履行）の落とし穴が待ち構えていることになります。

　教科書的には、設備投資には長期の資金を調達して充当せよ、という。しかし現実には、設備資産の利用期間は、長期調達資金の返済期間よりも長い。この「もどかしさ」を解決するためには、次のような考え方が必要になります。

図表123　設備投資を行うときの心構え

① 設備投資のために調達される資金の大部分は、**自己資金**で賄うこと
② **外部からの調達資金**の割合は小さいこと
③ 当該設備資産の稼動によって、**高収益**の製品の製造・販売が期待できること
④ 当該設備資産から生産される製品**以外**にも、収益性の高い製品・商品を扱う事業を抱えていること

別の表現をするならば、次のようになります。

図表124　設備投資を行うときの心構え（別の表現）

「将来において企業にもたらされるキャッシュフロー利益」を上回る設備投資は、絶対に行わないこと。

つまり、設備投資は、日々の企業活動から稼ぐ**キャッシュフロー利益**の範囲内で行え、ということです。設備投資を行うなら、社債や長期借入金で調達してくればいい、という発想は短絡的なのです。

10-2-3　中央フリーウェイ、左にビール工場が見える

そうそう、2つだけ注意してくださいよ。個々の設備投資の案件でキャッシュフロー利益が**赤字**となっていてもかまいません。大切なのは、「図表123」の③よりも④のほうです。

また、全社・全工場・全支店で集計したときは常に、「図表124」の心構えを守るようにしてください。全社集計でキャッシュフロー利益が**黒字**でなかったら、そりゃあ、どんなに頑張ってみても、企業の存続自体が危うい。

むかし、某酒造メーカーが新たにビール事業に進出したとき、ビール事業単独では長期間、キャッシュフロー利益を生むことができませんでした。それでも、頑張ってこられたのは、既存のウィスキー事業などで大きなキャッシュフロー利益を稼いでいたからだといわれます。

ビール事業に携わる者は、1日でも早く黒字にしようと努力する。他の事

業の者は、なんとか全社を支えようと、さらに努力する。設備投資に対する、経営者の長期ビジョンと、従業員の心意気がなせるワザでしょう。

さらに、もう一つ、話を付け加えておきましょうかね。

社債の償還や長期借入金の返済は、毎月一定の日に元金や利息の支払いが行われるものです。その支払いの日に、月々生まれる**キャッシュフロー利益**からきちんと返済できているかどうかが重要です。しかも、長期にわたって、安定的に。もし、社債や長期借入金などを短期借入金に乗り換えたとしても、毎月のキャッシュフロー利益が潤沢であるならば、短期借入金の増加にそれほど目くじらを立てることもありません。

10-2-4　金融負債返済期間がある

外部からの長期調達資金について、償還能力があるかどうかを知るための指標があります。これを**金融負債返済期間**といいます。

図表125　金融負債返済期間

$$（金融負債返済期間:年）=\frac{（短期借入金）+（長期借入金）+（社債）}{（キャッシュフロー利益）}$$

計算された数値は、年単位です。分母は、**キャッシュフロー利益**を使います。収益性の分析では、キャッシュフロー利益は**付加価値利益**の弟分のような扱いでしたが、キャッシュフロー分析では主役に抜擢です。

金融負債返済期間は、企業が生み出すキャッシュフロー利益によって、企業が負っている負債を何年で返済できるかを表します。通常の場合、長期調達資金の返済期間は5年から10年程度でしょうから、金融負債返済期間もこの期間内であることが望ましいといえます。

もし、金融負債返済期間がこれよりも長いとすると、いわゆる**過剰債務**の誹りを免れることができません。大胆なリストラ計画でもあれば、話は別ですが。

10-2-5　短期借入金が長期化する

「図表125」の金融負債返済期間の分子に、**短期借入金**が含まれているのが奇異に感じられるかもしれません。含めている理由は、次のとおりです。

　短期借入金の多くは、企業から金融機関へ、いわゆる単名手形[①]を振り出すことによって行われます。金融機関において**コロガシ単名**という用語が定着しているとおり、手形の期日が到来すると同額の手形が企業から金融機関へ再度振り出されます。翌年もまた手形の期日が来ると、同額の手形に書き換えられる（コロがされる）のでしょう。こうして、短期借入金が実質的に長期化してゆきます。

　営業運転資金の名目で借り入れた短期借入金は、多くの場合、長期化することがあります。これは、やむを得ない現象です。なぜなら、営業運転資金の増加分そのものが、「固定化」する性質を持つものだからです。こういう場合は本来、長期の資金調達[②]で対応すべきなのです。

　企業――とくに中小企業――の短期借入金で、真の意味での短期借入金は、あまりないかもしれません。「真の意味」とは、1年以内にきちんと返済されているかどうか、ということです。

　貸借対照表の流動負債にしっかりと根の張った短期借入金の償還財源は、もはや**キャッシュフロー利益**以外にありません。したがって、金融負債返済期間は、割引手形やコマーシャル・ペーパー（ＣＰ）などを除く金融負債を、企業努力によってすべて返済してみせるぞ、という意気込みを表した指標になります。

---

　①手形は通常、振出人（お金を支払う人）、受取人（お金をもらう人）、決済銀行の三者から構成されます。単名手形は、振出人から金融機関に対して手形を振り出すもので、受取人と決済銀行とが同一となります。
　②借り入れるときの名目は、**長期運転資金**となります。

第3節　外部からの短期の資金調達

　　　　　　　　　　　――創造力が不足しているから、才能
　　　　　　　　　　　に訴えるようになる。
　　　　　　　　　　　　　　　　　　　（ブラック『昼と夜』）

10-3-1　短期借入金の運用先に注意せよ

短期の調達資金の代表的な例として、次のものがあります[①]。

図表126　短期の調達資金の分類

①　短期借入金
②　割引手形
③　買入債務

　まず、**短期借入金**は、**キャッシュフロー利益**の増加など自力で資金を増やせない企業が多く利用している資金調達手段です。努力不足のシワ寄せが、短期借入金に現れる、というのは言い過ぎでしょうか。貸借対照表の流動負債に計上されている短期借入金が、真の意味での短期借入金なのかどうかを見極める作業が、資金繰りでは重要になります。
　短期借入金は文字どおり、1年以内に返済されるべき借入金です。短期間に返済される資金として金融機関から調達され、企業の営業運転資金などに運用され、短期間のうちに返済されるのが原則です。
　短期借入金が運用される先は、主に次のものでなければなりません。

[①]大企業ではこのほか、コマーシャル・ペーパー（ＣＰ）による資金調達があります。

図表127　短期借入金の運用先

① 営業運転資金の不足に対して
② 年末決済資金に対して
③ 決算資金に対して

　上記のうち、**営業運転資金**は、貸借対照表の流動資産を舞台にして循環するものであって、営業活動の中で運用されなければなりません。もし、売上債権の中に焦げ付いたものがあったり、デッドストック（売れ残り品）があったりすると、営業運転資金はそこに留まったままとなります。これは、資金の流れに動脈硬化を起こすことになります。
　また、設備投資資金を、自己資金や長期調達資金で賄うことができず、短期借入金で賄おうとするケースが多くあります。いたずらに短期借入金が長期化するケースも多くあります。金融負債返済期間を計算するにあたって、長期・短期にこだわることなく総合的に判断すべきこと、すでに207頁「10－2－4」で説明したとおりです。

10-3-2　割引手形は手形の売却

　割引手形は、企業が保有する手持ちの手形を金融機関に売却して、現金化することです。数か月後に到来する手形期日に決済されますので、短期の資金調達手段となります。
　受取手形は営業運転資金の代表選手ですから、企業が割引手形によって資金を調達しなければならない場合とは、次のような状況でしょう。

① 営業運転資金の不足を、自己資金や長期調達資金などで賄うことができないこと。
② 営業運転資金の相当部分を、受取手形として保有していること。

　つくづく思うのは、自己資金の代表選手たる**キャッシュフロー利益**が潤沢であれば、「今月はいくら割り引こうか」などと心配することはない、ということですね。
　得意先から振り出された受取手形を金融機関に割り引いてもらう場合、会

計処理としては、貸借対照表の流動資産にある**受取手形**から控除し、貸借対照表の欄外に**割引手形残高**として注記することになっています。割引手形と短期借入金は、日本語としてまったく違うといわれればそれまでなのですが、企業の資金繰りに果たす役割を見ると、割引手形は短期借入金と同じといっていいでしょう。とくに、**商業手形担保**と比較すると、割引手形と短期借入金はますます近似します。

割引手形は、1枚1枚の手形を割り引くものです。商業手形担保は、たとえば自動車などの購入資金として購入者からディーラーに対して振り出す手形のように、1枚あたりの金額が小さく、しかしながら数十枚・数百枚と数だけは多い手形[1]を、ディーラーがひとまとめにして金融機関に担保として差し出し、借り入れを行うものです。

商業手形を担保とした借り入れは、実質的に割引手形と同じにもかかわらず、金融機関へ担保に差し入れた商業手形はそのまま貸借対照表の流動資産に受取手形として残り、これに対応した借入金が流動負債に残ります。この借入金が企業から返済された場合、担保に供された商業手形は、金融機関から企業へ返却されます。

ところが、割引手形は金融機関に売却するものであって、不渡りにでもならない限り、買い戻す必要がありません。商業手形担保と手形割引とは、法律の面においても会計処理の面においても、その取り扱いがまちまちです。また、手形に代えて**売掛金のファクタリング**（債権の買い取り）[2]が増加傾向にあることも、割引手形を貸借対照表の欄外におく意義を失わせています。

そこで、キャッシュフロー分析を行う場合には、割引手形を貸借対照表に組み入れてしまいます。つまり、割引手形の残高の分だけ、貸借対照表の流動資産と流動負債とを増加させます。仕訳で示すと、次のようになります。

仕訳1　割引手形の計上

（借方）受取手形　×××円	（貸方）割引手形　×××円

資金運用表などを作成するときは、このような組み替えを行ってから作成することになります。

---

[1] しかも、振出人は個人が多く、手形の信用が極端に低いという特徴もあります。
[2] ファクタリングについては、40頁「1-4-2」を復習してください。

10-3-3　ファクタリングか裏書手形かに迷うとき

最近では、手形の収入印紙代をケチる目的もあってか、手形を振り出すよりも、**売掛金の期日指定入金**[1]が増えているようです。支払ってもらう側からすれば、どちらも現金預金としてすぐに受け取ることができない点では同じです。そこで、企業は、次の3つの方法によって、当面の資金繰りを講じます。

図表128　短期的な資金繰りの手段

---
① 受け取った手形を金融機関で割り引いて資金調達する。
　 ファクタリング会社に売掛金を買い取ってもらうのも同じです。
② 受け取った手形は期日まで保管し、仕入先の支払い期日を延ばす[2]。
③ 受け取った手形を裏書譲渡する。

以上3つのうち、いずれかの方法をとれば資金繰りはつくはずであって、割引手形は資金調達の一つの選択肢にしかすぎません。

読者に経理部の人がいれば、たぶんわかっていただけると思うのですが、日本では手形を**裏書譲渡**する[3]ことはあまりありません。もし、裏書譲渡しているものがあれば、やめた方がいい。裏書譲渡を利用すると手形管理が複雑になるとか、裏書譲渡された手形は信用力に問題があるのではないか、といった理由のほかに、もう一つ、資金面からの理由があります。

すなわち、「図表128」の①と②は同時に利用することができ、資金繰りがぐっと楽になります。手形を割り引くことと、仕入先への支払期日を延長することとは別々の話ですから、並行して対応することができますよね。ある意味で、二重の資金調達ができます。

ところが、手形を裏書譲渡してしまうと、支払期日を延長する交渉ができなくなってしまいます。手形を割り引くこともできません。資金調達の方法が限られてしまいます。だから、手形の裏書譲渡というのは、お勧めする方

---
[1]期日指定入金については、40頁「1－4－2」を復習してください。
[2]仕入先に対する交渉としては、支払期日の延長依頼のほか、値引き要請もあります。ただし、仕入値引きは、収益性を改善させることにはなりますが、資金繰りにはあまり影響がありません。
[3]裏書手形は別名、「まわし手形」ともいいます。

法ではないのです。

10-3-4　借入金回転期間から借金づけの度合を知る

借入金の回転期間を求めて、**借入金依存度**を検討する指標があります。

図表129　借入金回転期間

$$(借入金回転期間:月) = \frac{(長期借入金)+(短期借入金)+(割引手形)}{(月平均売上高)}$$

　分母は月平均売上高（年間売上高を12で割ったもの）ですから、**借入金回転期間**の単位は「月」となります。207頁「図表125」の**金融負債返済期間**とは別に求めるようにしてください。金融負債返済期間は、**償還能力**を見るものです。借入金回転期間は、**借金漬けの度合い**を見るものです。
　借入金回転期間は、金融機関に依存している資金（長期借入金＋短期借入金＋割引手形）が、月商の何か月分あるか、売上高によって何か月後に完済できるか、を表す比率です。回転期間が短ければ短いほど、自給自足の度合いが高い、と評価することができます。
　それ以外にもこの比率に託された意味があります。それは、金融機関の側が融資の焦げ付きを恐れ、**追い貸し**[①]に走っていないかどうか、の判断にもなることです。貸した側の弱みと、借金太りした側の強みが、妙なところで妥協すると、借入金回転期間はじわじわと伸びていく。

10-3-5　支払いは延ばせばいいってもんじゃない

　買入債務は、支払手形、買掛金および裏書譲渡手形の3種類から構成されます。これらは、数か月以内に現金で支払わなければならないものですが、少なくともその数か月間は、資金を企業の中にとどめ置くことができます。したがって、買入債務も**資金の調達源泉**となります。貸借対照表の前期と当期を比較してみて、買入債務が増加していれば、その増加した分だけ、買入

[①]元金どころか利息さえ返せない企業に追加融資して、履歴の古い借入金から返済を進めることにより、あたかも償還能力があるかのように見せかけることをいいます。

債務による資金調達が行われたことになります。

販売している商品・製品の競争が激しくなって、売上債権の回収期間が長くなってくれば、長くなった分の資金は、どこからか調達してこなければなりません。買入債務の立場からできることは、仕入先への支払期日を延ばすことです。ただし、支払期日を延ばすことは、信用問題に発展しかねないので、おいそれとはできないんですよね。

買入債務の残高が増加している場合、それがどのような理由によるものなのかを検証してください。通常、買入債務の絶対額が増加する理由としては、次のものがあげられます。

---
① 企業規模の拡大に見合ったもの
② 季節的な要因
③ 支払期間が長期化したため

このうち、「①企業規模の拡大に見合ったもの」と「②季節的な要因」は、営業上、当然の増加と考えることができます。問題は、「③支払期間が長期化したため」です。資金繰りが苦しいために仕入先へ頭を下げ、支払期間を延ばして、資金調達を図っている可能性があります。

ところが、この支払期間の長短の解釈が難しい。支払期間が短縮している場合だって、問題があります。たとえば、次の2つの解釈が成り立つとは思いませんか。

---
① 資金繰りが楽なので、支払期間を短くしても十分やっていける。
② 資金繰りは苦しいが、仕入先が企業の業績を警戒して支払いサイトの長い手形を受け取ってくれないため、支払いサイトを短くしている。

経営破綻寸前のスーパーマーケットや建設業などで、取引業者が警戒して、納品と同時に現金決済を要求する話は、よく聞くところでございます。

10-3-6　買入債務回転期間は分母に注意

買入債務の支払いについて、回転期間を求めてみます。

図表130 買入債務回転期間

$$(買入債務回転期間:月) = \frac{(支払手形)+(買掛金)+(裏書譲渡手形)}{(月平均売上高)}$$

　分母は月平均売上高ですから、計算結果は月単位となります。中小企業では買入債務残高が大きく変動することもあるため、分子の買入債務の残高は毎月末の平均を採用したほうがいいかもしれません。

　買入債務回転期間は、買入債務が月平均売上高の何か月分あるか、支払期間が何か月にわたるか、を示すものです。過去の実績や同業他社との比較によって、回転期間が長いかどうかを検証するとともに、売上債権回転期間との比較も行います。回転期間が短ければそれでよし、といえないことは、すでにご理解いただいていると思います。

　なお、133頁「図表77」で**棚卸資産回転期間 PartⅡ**を学んでしまった読者は、買入債務回転期間にも PartⅡがあることを知ってください。

図表131　買入債務回転期間PartⅡ

$$(買入債務回転期間PartⅡ:月) = \frac{(支払手形)+(買掛金)+(裏書譲渡手形)+(外注費未払金)}{(年間仕入高+外注費)\div12か月}$$

　製造業で**買入債務回転期間 PartⅡ**を求めるとき、分母と分子の値には注意してください。分母は、年間の**仕入高**だけでなく、**外注費**も含めます。分子には、外注費の未払金残高も含めます。

　原材料についてはどこの企業でも、材料仕入高と買入債務とを対応させて会計処理しているでしょうから、分母と分子とは対応することになります。問題は、外注費をどうしているかです。外注費の支払いを買掛金とせず、未払金として会計処理している企業が、かなり多いのではないでしょうか。

　そうであるならば、未払金のうち、外注費に関するものを抜き出して分子に加えます。ただし、外部の分析者にとって、外注費未払金の残高はわからないかもしれません。そのときは、原材料だけの買入債務回転期間を求める

ことで妥協しましょう。

10-3-7　買入債務を仲間はずれにしないで

　買入債務は資金調達手段の一つといっても、増資や借入金など他の資金調達手段とは異なる性質があることに注意しなければなりません。
　増資は株主からの資金調達であり、借入金は金融機関からの資金調達です。いずれも、**営業外の取引**から資金を調達してくるものです。まさか、お金を借りることを**営業の目的**としている企業などないですよね。
　これに対し、買入債務は、企業の営業活動から直接発生する負債です。いわば、**マイナスの営業運転資金**です。売上債権や棚卸資産など**プラスの営業運転資金**と一体となって理解することが必要となります。
　そこで、次からは、プラスとマイナスの関係について考えることにします。

第4節　正味の営業運転資金について

　　　　　　　　　　——ケチは往々にして逆の結果をもたらす。
　　　　　　　　　　　　　　　　　　　（ラ・ロシュフーコー『箴言』）

10-4-1　Show Me！　営業運転資金

　営業運転資金は、企業の営業活動の中でぐるぐると短期間に循環する資金のことをいいます。材料や商品を仕入れれば、棚卸資産や買入債務が増えます。商品や製品を売れば、売上債権が増えます。売上債権が現金として回収されることで、買入債務の支払いが行われます。企業活動は、日々この繰り返し。
　現金預金、売上債権、棚卸資産を**プラスの営業運転資金**とするならば、買入債務は**マイナスの営業運転資金**です。プラスとマイナスを合わせると、**正味の営業運転資金**を求めることができます。

図表132　正味営業運転資金

```
（正味営業運転資金）＝（プラスの営業運転資金）＋（マイナスの営業運転資金）
　　　　　　　　　　＝（現金預金）＋（売上債権）＋（棚卸資産）－（買入債務）
```

　正味とは、差し引きの純額のことです。前渡金と前受金の残高が多い企業については、上の式にそれぞれの残高を加減します。
　企業が必要とする営業運転資金は、直接的には、現金預金、売上債権、棚卸資産に対して発生します。とくに、売上債権や棚卸資産が増加したとき、資金需要が発生し、資金の手当てをしなければなりません。
　しかし、企業が資金繰りを考えるとき、その基礎とするのは、**プラスの営業運転資金**の合計だけではありません。買入債務という**マイナスの営業運転資金**も考慮しているはずです。つまり、**正味の営業運転資金**について過不足が生じたとき、借入金や割引手形などの資金調達を検討することになりま

す。

　ところで、日本の企業では、仕入れに伴う買入債務について、金利を計算する商慣習が十分に確立されていません。したがって、信用力のある企業では、仕入先からの信用を最大限に利用したほうが、金融機関からの借り入れに依存するよりも、余分な費用（例：支払利息など[①]）をかけずにすむ場合があります。端的にいえば、借入金よりも買入債務の残高を膨らますほうが得だということ。

　あなたが仕入先に対して強い立場にある財務担当者であるならば、買入債務と借入金とのバランスに配慮しながら、正味営業運転資金の増減を考えたいところですね。**下請けいじめ**といわれるかどうかは、さておいて。

10-4-2　ここまできたら回転期間も

　正味営業運転資金は、現金預金、売上債権、棚卸資産、買入債務を合計したものだと説明しました。現金預金以下について、それぞれの回転期間を説明してきました。そうなると、**複合ワザ**として次の式が成り立ちます。

図表133　正味営業運転資金の回転期間

（正味営業運転資金の回転期間：月）
＝（現金預金回転期間）＋（売上債権回転期間）＋（棚卸資産回転期間）－（買入債務回転期間）
＝ $\dfrac{（正味営業運転資金）}{（月平均売上高）}$

　正味営業運転資金の回転期間からは、次の情報を読み取ることができます。

　第一に、この回転期間は、213頁「図表129」の**借入金回転期間**と深い関係があります。正味営業運転資金の回転期間が増減すれば、借入金回転期間もそれに連動して増減するはずです。もし、正味営業運転資金の回転期間が一定または短縮しているにもかかわらず、借入金回転期間が延びている場合は、短期調達資金（短期借入金や割引手形）の一部が固定資産へ運用されている

[①]支払手形に貼る収入印紙を受取人に負担させる、ケチくさい企業もあります。そこまでやるか。情けない。

可能性があります。

　205頁「10−2−2」を思い出してください。その企業の**キャッシュフロー利益**が乏しい場合、このような資金の流れは、好ましいことではありません。

　第二に、正味営業運転資金の回転期間から、調達すべき資金の額を知ることができます。たとえば、この回転期間が0.8か月であるとすると、月平均売上高が100百万円ずつ増大するごとに、80百万円（＝100百万円×0.8か月）の資金調達[①]が必要となります。この場合の0.8か月を、正味営業運転資金に関する**立て替え月数**といいます。

10-4-3　経常資金と混同するな

　営業運転資金と間違えやすいものに、**経常資金**があります。177頁「図表109」の復習をかねて、もう一度確認しておきます。

　経常資金は、製造・販売などの**営業運転資金**のほか、投資・財務などの**営業外運転資金**を含めて、企業の経常的な活動において循環する資金のことです。経常資金は、損益計算書の経常利益までを稼ぐために、企業内部を循環する資金、と考えていただいてもかまいません[②]。

　経常資金は具体的に、流動資産と流動負債を対象とします。その差額を、**正味経常資金**といいます。それぞれの資金の関係を、貸借対照表と損益計算書を使って図解すると、次頁の「図表134」のようになります。

　ここまで、いろいろな資金の種類を説明してきました。次章からはいよいよ、これらの資金をフルに活用した「キャッシュフロー分析の世界」へ突入します。いままでが、本書の助走だといったら、読者にあきられるかな。

[①]この資金調達を借り入れに頼る場合は、長期運転資金でなければなりません。正味営業運転資金の増加分を短期借入金に頼った場合、確実に「**コロガシ単名**」の運命となります。
[②]**経常利益**は、**営業損益**と**営業外損益**とを合わせたものです。損益計算書の**営業損益**を稼ぐために、企業内部を循環する資金が、**営業運転資金**になります。

図表134　正味経常資金と正味営業運転資金

貸借対照表

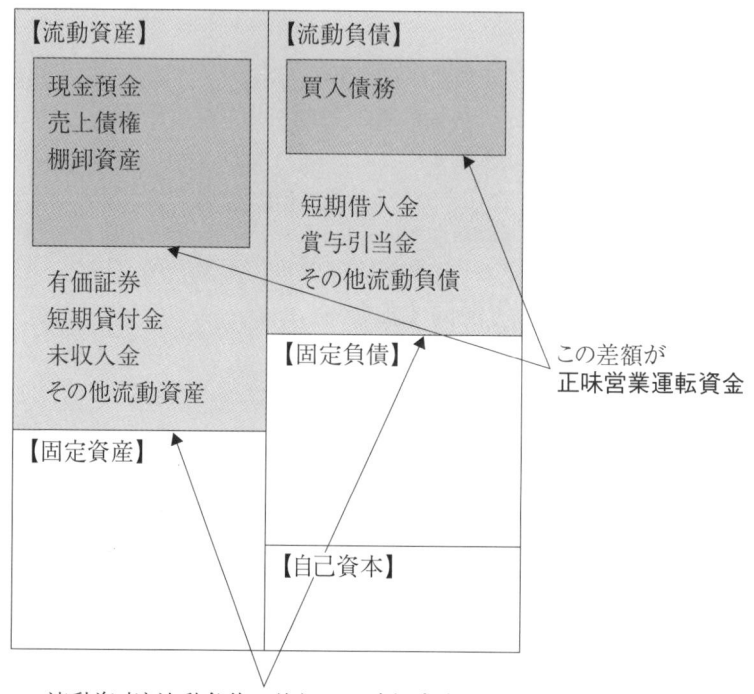

【流動資産】	【流動負債】
現金預金 売上債権 棚卸資産	買入債務
有価証券 短期貸付金 未収入金 その他流動資産	短期借入金 賞与引当金 その他流動負債
【固定資産】	【固定負債】
	【自己資本】

この差額が**正味営業運転資金**

流動資産と流動負債の差額が**正味経常資金**

損益計算書

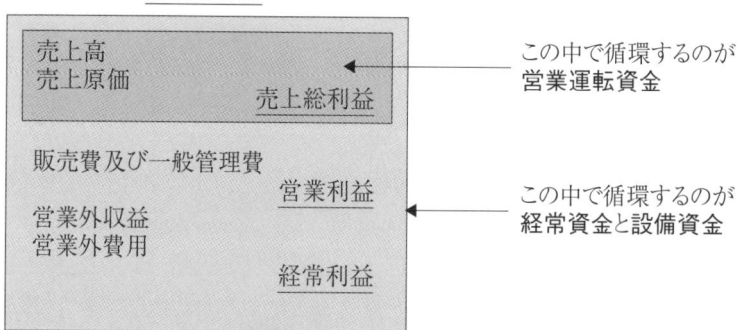

売上高 売上原価　　　売上総利益
販売費及び一般管理費　　営業利益 営業外収益 営業外費用　　　　　経常利益

この中で循環するのが**営業運転資金**

この中で循環するのが**経常資金と設備資金**

第11章

比率分析から
資金のバランスを追え

第1節　資金は今日も異常な～し

　　　　　　　　　　――だれだ、あくびをしたのは。まだすることは一杯あるんだ。
　　　　　　　　　　　（寺山修司『血は立ったまま眠っている』）

11-1-1　貸借対照表つながり

　資金がうまくバランスしているかどうかを判断する指標[1]として古くから用いられているものに、**流動比率**や**固定比率**があります。これらを**静態比率**といいます。静態比率は、ある一定時点の貸借対照表を基にして、貸借対照表の中に隠された**資金のバランス**を見るために考案されたものです。

　大勢の人々が働いたり、機械設備などが絶え間なく稼働したりしている企業を、一定の時点でストップさせた状態で**資金の動き**を探ろうとするものなので、実情にそぐわないという批判があります。しかし、それぞれの比率の意味を理解して用いれば、「古い」とか「実情に合わない」ことはありません。

　静態比率は、**資金の流れ**を解明するものではありませんが、**資金のバランス**を見るには都合のいい指標です。あとは、使う側の力量次第でしょう。

11-1-2　基本は3つ

　主な比率を取り上げる前に、貸借対照表の構造を簡単に復習します。

---

[1]「うまくバランスしているかどうか」なんて、さらりと書いていますが、何をもって「資金のバランスがいい」と判断できるかは、案外むずかしいものです。

図表135　貸借対照表の構造

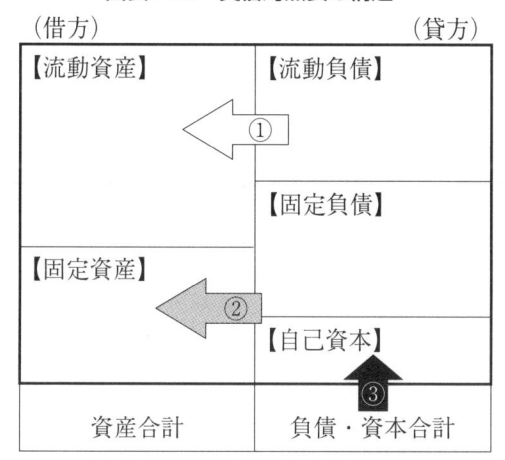

```
     (借方)              (貸方)
┌─────────────┬─────────────┐
│ 【流動資産】 │ 【流動負債】│
│      ←①    │             │
│             ├─────────────┤
│             │ 【固定負債】│
│             │             │
├─────────────┼─────────────┤
│ 【固定資産】 │             │
│      ←②    │ 【自己資本】│
│             │      ↑③    │
├─────────────┼─────────────┤
│   資産合計  │ 負債・資本合計│
└─────────────┴─────────────┘
```

「図表135」の中に示された3本の矢印に対応して、静態比率は、次の3つのグループに分けることができます。

図表136　静態比率の3グループ

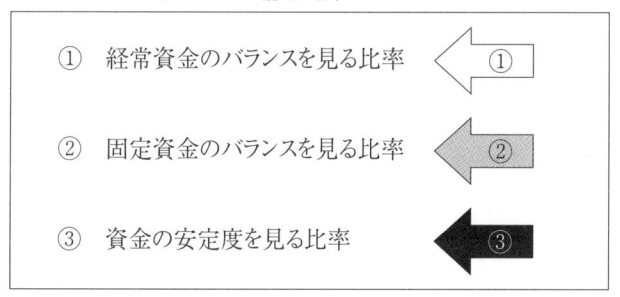

① 経常資金のバランスを見る比率　←①

② 固定資金のバランスを見る比率　←②

③ 資金の安定度を見る比率　←③

(1) 経常資金のバランスを見る比率

流動資産と流動負債を対比させたものとして、**流動比率**があります。流動比率を中心として、**当座比率**、**現金預金比率**、**現金預金対借入金比率**などが展開されます。

(2) 固定資金のバランスを見る比率

固定資産と自己資本とを対比させたものとして、**固定比率**があります。
固定比率に固定負債を加味して、**固定長期適合率**というものもあります。

(3) 資金の安定度を見る比率

　上記２つのグループはいずれも、貸借対照表の借方と貸方のバランスを見る比率でした。これに対して、**資金調達方法の安定度**を見る比率として、**自己資本比率**[1]があります。

　ほら、金融機関がバタバタと倒れていくとき、いつも話題になるものに「自己資本比率が低下した」というのがあります。あれが、これです。

　これら３グループの静態比率は、計算が簡単であること、良し悪しの判断が数値によって端的に表されること[2]、などのために広く採用されています。

　静態比率の式が覚えづらいという人は、前頁「図表135」をそのまま暗記するといいでしょう。コツは、矢印の始点が分母であり、終点が分子になっていることです。

---

[1]株主資本比率ともいいます。
[2]何が良くて何が悪いかは、これまた程度の問題でしょうけど。

第2節　経常資金のバランスを見る比率

> ——世間から高く評価されていても、妻や召使から見れば、何一つ優れたところのない人がいる。家中のものから絶賛された人など聞いたことがない。
>
> 　　　　　　　　（モンテーニュ『随想録』）

11-2-1　流動比率は相対的に見てほしい

図表137　流動比率

$$（流動比率：\%）＝\frac{（流動資産）}{（流動負債）}\times 100$$

　分母の**流動負債**は、1年以内に弁済する必要があるものから構成されています。流動負債の弁済に充当されるのは、手持ちの**現金預金**、または1年以内に現金化される**流動資産**から行うのが望ましいとされています。土地などの固定資産を売却して、買入債務を弁済しよう、なんてことをするのは、業績悪化でリストラに直面した企業のすることです。

　1年以内に支払義務が発生する流動負債と、1年以内に支払手段として使えるようになる流動資産とを対比して、企業の支払能力を見るのが流動比率です。アメリカの銀行などが融資先企業の支払能力を判定するために用いてきた比率ですので、別名、**銀行家比率**とも呼ばれています。

　アメリカでは、流動比率が200％以上であることが望ましいとされています。流動負債100に対して、流動資産が200以上ということですね。

　流動負債の金額はほとんど確定したものであるのに対して、流動資産については売上債権の貸倒れが発生したり、棚卸資産が売れ残ったりして、流動資産のすべてが1年以内に現金化するとは限りません。したがって、本家本元のアメリカでは、流動負債の2倍以上の流動資産を保有していれば安全だ、とされています[1]。

---

[1] 社債や新株の発行によって投資家から資金を直接調達する割合が高くなり、銀行からの借入れに依存する割合が低くなった昨今、銀行家比率の意義は小さくなっているといわれています。

ところが、日本の企業の流動比率は平均して、1.2倍程度とされています。流動負債100に対して、流動資産が120程度。流動比率が高ければ高いほどその企業の支払能力は高い、というのは一理あるのですが、2倍以上なんて水準は、この日本ではとても採用することができません。

流動比率は、業種・業態の違いによって、その値も異なります。日本の企業について流動比率を用いる場合には、次の意味で用いるべきでしょう。

> 同じ業種・業態に属する限り、流動比率が高いほど**相対的に**支払能力が高い

流動比率は流動資産と流動負債との関係から求めるものですから、**経常資金**ともダイレクトにつながります。したがって、分析対象企業の流動比率が高い場合、**正味経常資金**が他社よりも相対的に豊富だ、ともいえます。

11-2-2　流動比率を用いるときの留意点

流動比率を、キャッシュフロー分析の指標として用いる場合の留意点を挙げておきます。

(1) 流動比率は企業の新陳代謝を示さない

流動比率の分母である流動負債は、1年以内に支払わなければならない負債です。企業活動を続けていく限り、1年後には、現時点の流動負債のほとんどは消え去り[①]、新たな買入債務や未払金などに生まれ替わります。1年後の勘定科目が同じ支払手形や買掛金であっても、その中味はまったく異なります。

流動比率の分子である流動資産についても、同じことがいえます。1年経過すれば、売上債権や棚卸資産の中味は、総入れ替えになっているでしょう。

流動比率は、向こう1年間に行われる、こうした**新陳代謝**を考慮したものではありません。極端な表現をするならば、流動比率は、企業を解散したと仮定した場合の、その時点の**換金価値**を示す資料にしかすぎないということです。

---

①ただし、短期借入金の「コロガシ」分は、消え去りません。

(2) 流動資産の中味に注意

　流動比率の算定にあたっては、流動資産の**質**が無視されています。不良債権やデッドストックが増えても、流動比率は向上します。不良資産の増加 → 流動比率の上昇 → 支払能力が高まった、などと判断することはできません。

(3) 両建ては資金を殺す

　金融機関に気がねしているわけでもないでしょうが、ましてや、金融機関から強要されているわけでもないでしょうが、企業によっては、定期預金と短期借入金の残高がほぼ拮抗している場合があります。預金と借入金とが両方建っている状態ですから、これを**両建て**といいます。

　企業の側からすれば、「当座の用に備えるために、預金を確保しておきたい。金融機関に見捨てられないために、借り入れの実績も残しておきたい」ということで、預金と借入金とを両建しているのでしょう。これは、資金を「殺している」以外の何ものでもありません。

　業績がいいときは両建てするのもいい。しかし、景気が悪いときや、企業の業績が停滞・悪化しているときは、できる限り借入金の返済を進め、流動比率が上昇するように努めるべきです。根拠なく、申し上げているのではありません。その理由については、この先(235頁「11－4－3」)をご覧ください。

(4) 分母・分子の残高が大きい業種、小さい業種

　次のような業種では、流動比率が非常に低く、資金バランスの判断を誤らせることがあります。

---

① 業種の性格から、流動資産と流動負債とが両建て計上されるような企業
　　たとえば、建設業や造船業では、未成工事支出金（製造業の仕掛品に相当）と未成工事受入金（製造業の前受金に相当）とが両建て計上されて、流動比率を低めます。
② 企業間信用が利用される結果、流動資産と流動負債とが同時計上される企業
　　商社などでは、流動資産と流動負債とが同時に計上され、しかもその残高が非常に大きいため、流動比率が100％近くになることがあり

ます。
③ 電力、不動産、ホテルなど、固定資産が大きく、流動資産と流動負債が相対的に小さい企業
　これらの企業では、わずかな変動で流動比率が大きく変わることがあります。

11-2-3　当座比率の味わい方

図表138　当座比率

$$（当座比率：\%） = \frac{（当座資産）}{（流動負債）} \times 100$$

　当座比率は、流動比率の分子を、**流動資産**ではなく**当座資産**に置き換えたものです。当座資産とは、流動資産のうち、とくに短期間に現金化が可能なものをいいます。現金預金、受取手形、売掛金、有価証券などです。現金化するのにとくに苦労を要せず、比較的短期間で支払資金として利用できるものを当座資産とし、それに流動負債を対比させたのが当座比率です。

　棚卸資産は、当座資産に含めません。販売活動を通じていろいろな苦労を重ね、売上債権となった上で、ようやく現金として回収されるものだからです。倉庫に商品を積み上げているだけで現金が入ってくるほど、世の中うまくいくわけがない[1]。

　当座比率は別名、**リトマス試験比率**とも呼ばれ、アメリカの銀行では**流動比率**とともに重要視されています。アメリカでは、当座比率は100％以上が望ましいとされています。しかし、日本では全産業を平均すると、70％前後といわれています。流動比率同様、日本の企業は脆弱です。

　しかし、だからといって、日本の企業が、アメリカの企業に劣っているといっているのではありません。彼我の器（基準）が同じであっても、器の中まで、コカコーラとホットドッグである必要はありません。日本には、懐石

[1]営業運転資金では棚卸資産を考慮しますが、当座資産では棚卸資産を含めません。この違いには、気をつけてください。

料理がある。「おかーさんは、やすめ[1]」もある。日本では日本なりの、経営分析の味わい方があります。

それはさておき、当座比率を用いると、棚卸資産の**デッドストック**を考慮しなくてすみますが、流動比率の問題点（226頁「11-2-2」参照）の多くはそのまま当てはまることに注意してください。

11-2-4　現金預金対短期借入金比率は漢字13文字だ

図表139　現金預金対短期借入金比率

$$(現金預金対短期借入金比率：\%) = \frac{(現金預金)}{(短期借入金)+(割引手形)} \times 100$$

この比率は、金融機関との取引で関係の深い**現金預金**の残高と、金融機関からの**短期の借入金**を対比したものです。分母には、割引手形を含めます。

企業の立場からすると現金預金の大小を判断する指標ですが、銀行の立場からすると**歩留率**ですよね。歩留率が高ければ高いほど、銀行にとっては「いいお得意さん」です。

この比率は、181頁「図表112　現金預金回転期間」と対比するようにしてください。**現金預金回転期間**が伸びて、**現金預金対短期借入金比率**が低下している場合、両建ての割合が高くなりますから[2]、資金の使い方に無駄があることになります。場合によっては、金融機関が融資先である企業を警戒しているために、現金預金対短期借入金比率を高く維持させることもあるとか、ないとか。筆者の経営分析は、読みが深すぎるとか、ないとか。

それから、**現金預金対短期借入金比率**は漢字13文字ではなくて、12文字じゃないか、なんて即座に指摘できる人、あなたはとっても経営分析の素養がある。

---

[1]**オ**ムレツ、**カ**レーライス、**サ**ンドウィッチ、**ハ**ンバーグ、**や**きそば、**ス**パゲッティ、**め**だま焼き、だとか。
[2]よく考えてね。

第3節　固定資金のバランスを見る比率

　　　　　　　　　　　——口に銀のスプーンをくわえて生まれ
　　　　　　　　　　　てくる者がいる一方、木の杓子をくわえ
　　　　　　　　　　　て生まれてくる者もいる。
　　　　　　　　　　　　　　　　　（ゴールドスミス『世界の市民』）

11-3-1　固定比率は何故ないがしろにされる

図表140　固定比率

$$（固定比率：％）＝\frac{（固定資産）}{（自己資本）}×100$$

　固定比率[①]は、固定資産と自己資本（資本の部の合計）を対比させたものです。分子の固定資産には繰延資産も含めるべきなのでしょうが、繰延資産の残高は小さい場合が多いため、含めなくても大差ありません。
　固定資産は10年、20年といった長期にわたって運用されるものですから、そのために調達される資金も、早期に返済しなくてよいものであることが望まれます。自己資本はその点、うってつけの資金です。このため、固定比率は、100％以下であることが理想であって、この比率が低ければ低いほど、資金のバランスが安定していることになります。
　ところが、日本の中小企業の多くはオーナー色が強く、同族関係者以外の出資を拒むため、固定資産の増加に比べて、自己資本の充実がないがしろにされる傾向にあります[②]。ベンチャー企業のように成長のスピードが急速だと、自己資本の増強が追いつかない場合もあります。そのため、日本では、固定比率の平均は200％を超える、ともいわれています。これでは、固定比率を求める意義がありません。
　平成バブルのころ、大企業は軒並みエクイティ・ファイナンス（新株発行

[①]固定費率と混同しないようにしてください。固定費率は、売上高に占める固定費の割合です。
[②]総資産は数十億円もありながら、資本金は1千万円、といった企業をよくみかけます。

を伴う資金調達[1]）に走り、自己資本の充実に努めるといっていました[2]。しかし、固定比率を改善するぞ、という話は聞いたことがありませんでした。バブルがはじけて成長力が鈍ったいま、自己資本の充実が追いついて固定比率が改善されるのかと思っていたら、そうでもない。過剰債務にあえいでいる。結局、固定比率は、指標としてあまり役立てられていないようです。

11-3-2　固定長期適合率とは、いかめしい名だ

図表141　固定長期適合率

$$（固定長期適合率：\%）＝\frac{（固定資産）}{（自己資本）＋（固定負債）}×100$$

　設備投資資金のために調達される資金が、なるべく返済を急かされないものであればいい、とするならば、自己資本だけでなく、長期的に安定した負債であれば支障ない、という考え方が成り立ちます。この考えに基づくのが、**固定長期適合率**です。日本の企業の多くが**過小資本**[3]であることを考慮すると、固定比率よりも固定長期適合率のほうが、指標としては活用できそうです。

　固定比率が200％や300％以上であっても、固定長期適合率が100％以下であれば、まず問題ないものとされます。ここで「**固定長期適合率**が100％以下」とは、「**流動比率**が100％以上」あることの裏返しです。223頁「図表135」の貸借対照表の図を思い描いていただければわかると思うのですが、**営業運転資金**や**経常資金**の余り（たとえば、売上債権などを回収した資金の一部）で、長期借入金などの**固定負債**を少しずつ返済するのが、資金の流れとしては理想の姿です。

　日本の企業の固定長期適合率は、だいたい80％程度であろうといわれています。もし、固定長期適合率が100％を超えているようであれば、割引手

---

[1] 当初の発行形態は社債などの**負債**であっても、将来において**自己資本**に組み入れられるものをいいます。
[2] 当時の大企業の有価証券報告書を読むと、大抵が「自己資本の充実をはかるため、今般、ワラント債を発行するものであります。」などと書かれていました。
[3] 総資産全体に比べて自己資本が小さいことをいいます。

形で工場を建設し、土地を売り払って買掛金を決済しているようなものですから、**キャッシュフロー利益**がよほど潤沢でない限り、あまり好ましい状態とはいえません。

11-3-3 貸借対照表の生きざまを見る

　固定長期適合率については、次の点に注意してください。すなわち、この式は、固定資産、固定負債、自己資本の3つの要素から成り立っています。**固定長期適合率**を手っ取り早く改善するには、**固定資産**を少なくし、**固定負債**と**自己資本**を増加させることです。しかし、これらは一律に減少または増加させられるものではありません。

　企業が成長するためには、**設備投資**は不可欠です。したがって、固定資産は増加もするし、減少もします。設備投資資金を賄うために、固定負債も増加し、減少します。これに対し、自己資本は、一本調子で増加することが望ましい。

　以上の関係を図解すると、次のようになります。

図表142　固定長期適合率の関係

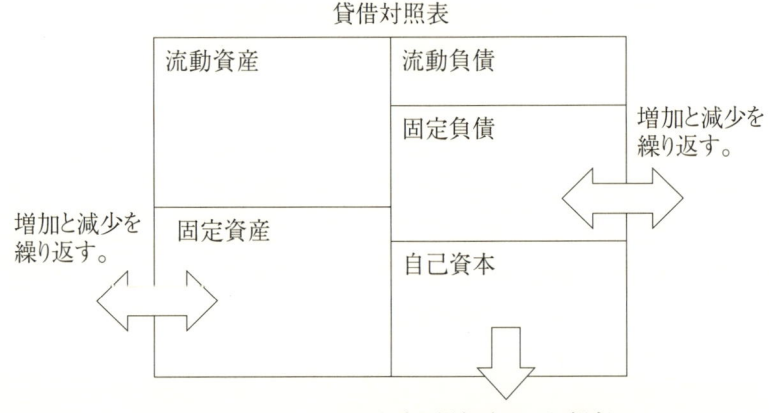

貸借対照表

流動資産	流動負債
	固定負債 ←増加と減少を繰り返す。
固定資産 ←増加と減少を繰り返す。	自己資本 ↓ひたすら増加するのが望ましい。

　「図表142」を描いたついでに、少し説明を追加しておきます。それは、**流動資産**は増加と減少を繰り返しますが、**流動負債**はできる限り少なくしたほうがいいということです。貸借対照表は、きわめて複雑な動きをみせる生きものなのだ。

第4節　資金の安定度を見る比率

　　　　　　　　　　——タブーを尻目にかけ、蹂躙するのは
　　　　　　　　　　とにかく壮快である。
　　　　　　　　　　　　　　　　　　　　（林達夫『笑』）

11-4-1　負債比率には顔がない

図表143　負債比率

$$（負債比率：\%）= \frac{（負債）}{（自己資本）} \times 100$$

　貸借対照表の貸方（右側）は、負債と自己資本とに区分されています。その負債を分子、自己資本を分母としたのが**負債比率**です。改めて確認するほどのこともないでしょうが、負債は、流動負債と固定負債との合計です。

　負債比率が低いほど、自己資本に依存する割合が高く、資金面では安定していると判断されることになります。アメリカでは、負債は自己資本の範囲内でなければならない、したがって、負債比率は100％以下でなければならない、とされています。

　ところが、日本の企業における負債比率は、平均で400％以上！　といわれています。金融機関からの借り入れが多いせいかもしれません。業種別のバラツキもかなりあります。これでは、負債比率を求める意味がありません。

　そこで、負債比率を求めるにあたっては、次の事項に留意してください。

(1)　商社など**企業間信用**を利用する企業は、負債比率が異常に高くなります。
　だからといって不健全だとはいい切れません。負債比率の低いことが、借入能力や信用力のない結果である場合もあります[1]。

---

[1]筆者は別に、商社をかばっているわけではありませんが。

(2) 同じ業種に属する企業であっても、製造と販売を一体に行っている企業と、販売会社を別会社にして製造だけを行っている企業とでは、負債比率に大きな差が生じます。

(3) 自己資本のコスト（配当金）は、金融機関からの借り入れコスト（支払利息）よりも総じて高いものがあります。
　自己資本が大きければ負債比率はよく見えますが、**資本コスト**を考慮すると、むしろ、自己資本の大きいほうが、経営を圧迫する可能性があります[①]。

(4) ベンチャー・ビジネスなどで急速に成長している企業では、増資よりも社債や借入金に頼るため、負債比率が急上昇して、一見、資金繰りに苦しんでいるようにみえます。
　しかし、負債比率が高くても、それが長期安定的な負債（社債など）であるならば、一概に悪いとはいえません。むしろ、負債比率の低い企業は、成長力のない企業であると読み取ることもできます。

　プロ棋士は、将棋盤の裏側まで読むといいます。経営分析をやるんだったら、財務諸表がプリントアウトされた「紙の裏」まで読み込みたいですね。

11-4-2　自己資本比率は金融機関だけの指標じゃない

図表144　自己資本比率

$$（自己資本比率：\%）= \frac{（自己資本）}{（負債・資本合計）} \times 100$$

自己資本比率は、総資産（負債・資本の合計）のうち、自己資本が何％占めているかを示す指標です。日本の企業の自己資本比率は、全体で20％程度とされ、残り80％が負債に依存しているといわれています。
　自己資本比率は、負債比率と同じ内容を別の形で表したものであり、負債

[①]71頁「3-3-3」の「資本コスト」の説明を思い出してください。

比率よりもわかりやすく、こちらの指標がよく用いられます。ただし、本質は負債比率と同じですから、自己資本比率も負債比率と同じ問題を抱えている点に注意してください。

11-4-3　自己資本比率と収益性とは深い因縁がある

　自己資本比率は、直接的には**キャッシュフロー分析**の分野において、**資金のバランス**をみる指標です。しかし、**収益性**との関連にも注意を向ける必要があります。自己資本比率の良し悪しが、収益力に大きな影響を与えるからです。
　次のケースで考えてみます。

図表145　好況時と不況時の、2つのケース

【ケース1】
　いまが好況であって、**借入金の利子率**よりも、**売上高事業利益率**のほうが高いとき

　　　　　　　　　↓

　自己資本比率が低い（借入金が多い）企業は、自己資本比率が高い（借入金が少ない）企業よりも、増収増益を達成することができます。
　つまり、景気がいいときは、借りまくったほうが得をする。

【ケース2】
　いまが不況であって、**借入金の利子率**よりも、**売上高事業利益率**のほうが低いとき

　　　　　　　　　↓

　自己資本比率が低い（借入金が多い）企業は、自己資本比率が高い（借入金が少ない）企業よりも、大幅な減収減益となります。
　つまり、不況のときは、借金があるというだけで、さらにクビを締めることになる。

　横軸に**好況・不況**をとり、縦軸に**収益力**をとると、次のように図解できます。

図表146　自己資本比率と収益性との関係

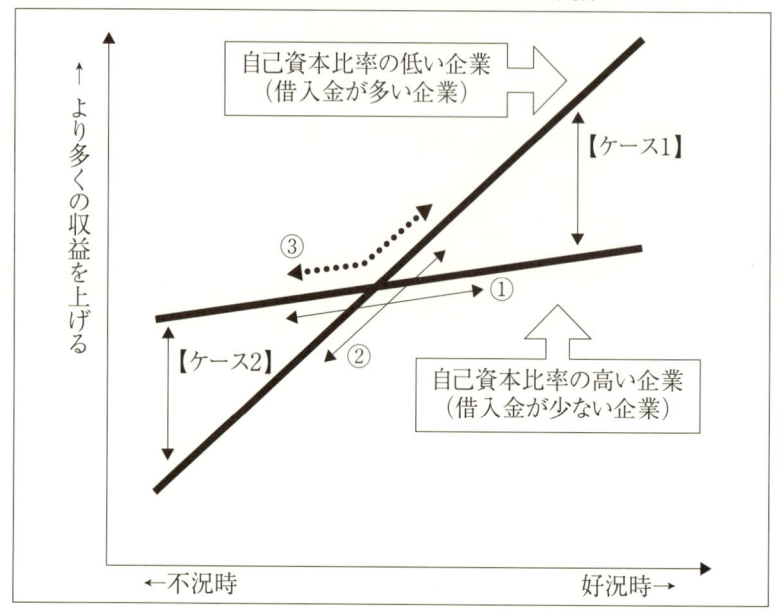

　専門的ないいかたをするならば、自己資本比率が高い（借入金が少ない）企業は、やや水平に近い図中①の両矢印のルートをとり、景気の変動に対して「**弾力性が低い**」と表現します。好況時に業績を飛躍的に伸ばすことはありませんが、不況時でも業績が急激に落ち込むことがありません。

　これに対し、自己資本比率が低い（借入金が多い）企業は、やや右肩上がりの、図中②の両矢印のルートをとり、景気の変動に対して「**弾力性が高い**」と表現します[1]。景気のいいときは借金をしてでも土地や株に狂奔し、バブルがはじけると一気にしぼむパターンです。日本の企業の多くは、金融機関からの借入金に頼り、自己資本比率が低いため（弾力性が高いため）、景気の変動に非常に敏感に反応することになります。

　ほら、平成バブルのころは異常に盛り上がり、バブルがはじけたら未曾有の不況を経験する。日本列島全体がジェットコースターのような展開。企業の多くが、自己資本比率が低い（負債比率が高い）ために起きる現象です。

　景気のいいときは借金を膨らまして、いけいけどんどんの事業展開をし、

---

[1]「レバレッジ効果がある」ともいいます。レバレッジとは「てこ」のことです。

いったん景気が後退すると判断したら借金を減らして自己資本の充実に努める、図中③の両矢印のルートが理想です。しかし、不況になっていざ借金を減らしたいといっても、資産に含み損が多すぎて処分できない、債務の圧縮もなかなか進まない、というジレンマがあるんですよね。結局、図中②の線上から抜け切れない。左下方へどんどん落ち込むことが、**デフレスパイラル**（不況のきりもみ状態）というやつです。

このように、**収益性**と、自己資本比率が示す**資金のバランス**とには密接な関係があります。

不況期だから**もうけ**が少ない、というのは正しい表現ではありません。不況期でも売上を伸ばしている企業は存在します。少なくとも、自己資本比率の高い企業は、好不況にかかわらず着実な業績を確保しています。会社の外の環境が悪いのではなく、肥満体（借金体質）が、自らの体力（収益チャンス）を消耗させていることに気づかなければ。

11-4-4　日銀のゼロ金利政策を経営分析する

そんなことが分析できるか、と問われれば、できるんですよね。先ほどの説明をご理解いただけるのなら。

日本の中央銀行である日銀は、一時期、**ゼロ金利政策**なるものを実施しました。日銀が、金融市場に資金を大量に供給して、市場金利をゼロに近づけるというものです。世界の金融史上、例のない金融緩和政策だといわれました。なぜ、そうまでして、日銀は金利をゼロにまで近づけなければならなかったのでしょうか。

日銀の金利政策は、金融機関の貸出金利に影響を及ぼし、企業の借入利息の負担を左右します。それは直接的な効果です。

金利がゼロであれば、企業の**売上高事業利益率**は、**借入金の利子率**を**絶対的に**上回ることになります。それは、どんなに自己資本比率が低い企業でも、企業の収益力を回復させます。日本では自己資本比率が低い企業が多すぎる、そのために「史上まれに見る」ゼロ金利政策が実行されたのです。

これが、経営分析の立場から見た、ゼロ金利政策の理由です。

第12章

資金繰表を
作ってみよう

第1節　資金繰表を作る前に

> ――貧乏人ってものはな、一番つらくってさみしいときはよ、金持ちに札束でホッペタをはたかれる時だぞ。
> 　　　　　（山田洋次監督『男はつらいよ』）

12-1-1　つじつま合わせに苦労する

　企業の資金繰りの状態をみるために、**資金繰表**といわれるものが作成されます。むかしは、金融機関に提出するための資金繰表の「つじつま合わせに苦労した」という話をよく聞きました。いまでは大抵の会計ソフトが資金繰表を自動的に作成してくれるため、そうした苦労もなくなったようです。

　その代わり、資金繰表の仕組みや、資金繰表をどう読んだらいいのかわからなくて苦労する、という声を聞くようになりました。技術の進歩は、ホモサピエンスの脳を退化させるのか。

　資金繰表とは、毎日、毎週、または毎月の現金預金の収入と支出とを対比させて、現金預金に過不足が生じないかどうかを判断する表です。資金繰表の**資金**とは、**現金預金**のことです。現金預金が出たり入ったりするときの「つじつま」は、合うのが当然ですから、そのつじつまの「合いかた」が妥当かどうかを、資金繰表で検証します。

　現在の企業会計は**発生主義**に基づき、貸借対照表や損益計算書を作成することになっています。資金繰表は、この発生主義を**現金主義**に組み替えるものです。

12-1-2　柴犬クメハチ登場

「ちょっと、きいてもいい？」
　わが家で飼っている柴犬クメハチと散歩をしているとき、クメハチが声をかけてきた。
　クメハチは、人間の言葉が理解できる、犬の中でも稀少種だ。

「さっき、**発生主義**とか**現金主義**とかいう用語を使っていたけど、専門用語の羅列だけでは、説明として不親切じゃないかい」
　犬のくせに、かなり厳しい指摘をしてくる。

　しょうがないな、クメハチの指摘にこたえて、ここで簡単な説明をしておこう。
「**売上取引**の例ではどうだろう」
「それはいいねぇ、読者に代わってオイラが聞いてあげるよ」
　生意気な犬だ。

　まず、1か月ごとに決算を行う企業を想定します。
　8月に、10,000円の商品を売り上げました。得意先からの現金支払いは、翌9月を予定しています。したがって、8月では、借方に売掛金、貸方に売上高の科目をそれぞれ置いて、次の仕訳を行います。

仕訳2　商品の売上げ

（借方）売掛金　10,000円	（貸方）売上高　10,000円

　この「仕訳2」が、**発生主義会計**に基づく仕訳です。商品を売り上げた、という事実が**発生**したことで会計処理を行うからです。現金が回収されたかどうかを問いません。
　翌9月に得意先から現金が支払われたとき、つまり売掛金の回収が行われると、売掛金を貸方に置いて、次の仕訳を行います。

仕訳3　売掛金の回収

（借方）現金　10,000円	（貸方）売掛金　10,000円

　これでようやく、一つの取引が完了したことになります。
　発生主義会計の基本は、**収益**または**費用**が発生したと認識できるとき、それをどの期間に帰属させるのが望ましいか、という点にあります。いまの例では、商品を売り上げたことによって収益が生まれ、その収益は8月に帰属

第12章　資金繰表を作ってみよう　241

させるのが望ましい、ということになります。そのために、〔仕訳2〕を8月に行うのです。

翌9月における売掛金の回収は、8月に行われた**売上取引**とは別のもの、難しくいえば**資金回収活動**にしか過ぎません。新たな収益が生まれたわけではありませんし、費用が発生したわけでもありません。売掛金を現金で回収した、という事実だけで仕訳を行います。

これに対し、**現金主義会計**でいまの例を考えると、8月の取引は収益として認識されません。現金の動きがないからです。したがって、8月には、いかなる仕訳も行われることがありません。

9月になってから、次の仕訳を行うだけとなります。

仕訳4　現金主義会計による会計処理

（借方）現金　10,000円	（貸方）売上高　10,000円

「〔仕訳4〕は、〔仕訳2〕と〔仕訳3〕を合わせたものだね。これって、発生主義会計も結局は、現金主義会計に一致するということ？」

クメハチが、ハナを鳴らしながらこたえた。この犬の嗅覚は、実にするどい。

発生主義会計では、8月末の貸借対照表には売掛金が10,000円計上され、9月末の貸借対照表では売掛金はゼロとなります。現金主義会計では、8月末も9月末も、貸借対照表の売掛金残高はゼロです。決算期間が1か月ごとに区切られる場合、発生主義会計と現金主義会計とは一致しません。

もし、2か月を1つの決算期として発生主義会計を採用したならば（8月の貸借対照表は作成されません）、9月末の貸借対照表の売掛金残高はゼロとなります。現金主義会計における、9月末の貸借対照表の売掛金残高もゼロです。会計期間を長期的にとらえれば、発生主義会計と現金主義会計とは一致することになります。

現在の会計制度は、1年を1つの決算期と定めています。もし、会社の設立から解散までの数十年間にわたって、「決算は解散するときの1回だけ行えばいい」としたならば、発生主義会計と現金主義会計とは完全に一致します。ところが、「決算は毎年1回行うべし」とすることから、両者はすれ違っ

てしまうのです。167頁「8-1-3」の説明を思い出してみてください。

「そこでだ」
ウンチ・スコップを振り回しながら、話を続けました。
いまの例からすると、売掛金は、発生主義会計に特有の勘定科目ということになります。もっと極端なことをいうと、貸借対照表の勘定科目はすべて、いまの会計原則が発生主義会計を採用した結果だといえるのです。

「固定資産や資本金などの科目も、発生主義会計だからこその科目だというのかい？」
「極端なことをいえば、そうだ」
「現金勘定もかい？」
「おおっ、さすがクメハチ、いいところに気がついたね」

現金勘定だけは違う。現金勘定は、発生主義会計であろうと、現金主義会計であろうと関係がない科目だ。この世に**貨幣経済**がある限り、現金は現金としてただ1つ存在する。

「ちょっと待って。現金勘定だけは生き残るとすると、現金勘定を中心において、それに貸借対照表や損益計算書をからめたら……」
「そうさ、それが**資金繰表**や**キャッシュフロー計算書**になるんだよ」
「なるほどね」
クメハチはようやく納得したようで、電柱をぐるりと回り、右足を上げてオシッコをひっかけた。犬にも、右利きと左利きの別があるらしい。

第12章　資金繰表を作ってみよう　243

第2節　こんなん、作りましたけど

　　　　　　　　　　――いざというときになると、人間は卑怯
　　　　　　　　　　か卑怯でないかの二色に分けられる。
　　　　　　　　　　　　　　　　　　（大佛次郎『赤穂浪士』）

12-2-1　現金預金からすべての取引を見る

　資金繰表を作る前に、企業における**現金預金の収支**[①]は、大きく次の2つに分けられることを知っておいてください。

図表147　現金預金の収支の分類

①　経常的な取引活動に基づくもの（**経常収支**）
②　金融取引に基づくもの（**財務収支**）

　現金預金に「色はない」はずなのですが、ものごとを理解するには、なにごとも場合分けが必要になります。

12-2-2　かなり細かいかもしれませんが

　246、247頁の「図表148」は、栃木クメハチ製作所で作成している資金繰表です。過去3か月（9月から11月まで）の実績と、向こう3か月（12月以降）の予想から構成されています。

12-2-3　内部の眼、外部の眼

　資金繰表は、企業内部の者が作成する場合と、企業外部の者が分析する場合とでは、扱いの異なる科目があります。収入の欄における**手形割引**の扱い

[①]収支とは、収入と支出を合わせたもので、「現金預金の出入り」のことです。収入と支出は現金主義、収益と費用は発生主義、というような使い分けがあります。

です。

　企業内部の立場からすれば、手形割引は、受取手形の期日前に現金化するだけの効果しかありません。会計制度でも、手形割引は**金融取引**ではなく、**金融機関への手形の売買取引**とされています。したがって、**営業収入**として把握します。

　ところが、外部の分析者にとって、手形割引は**運転資金の借り入れ**です。営業収入ではなく、**金融収入**として見ることになります。会計制度が手形割引を売買取引だと定義していても、経営分析がそれに従う必要はありません。

　ただし、「図表148」は企業内部で作成したものであるため、手形割引を**営業収入**に含めた扱いとしています。

12-2-4　パッと見てわかるものがいい

「図表148」は、最も一般的な資金繰表の様式を示しました。前月から繰り越された現金預金残高をトップにおいて、**営業収入**が続くように構成されています。営業外収入は、「その他収入」の欄に記載します。

　支出の項目も、**営業支出**から構成されています。営業外支出は、「その他支出」の欄に記載します。

　「当月の現金収入の合計」から「当月の現金支出の合計」を差し引いたものが、**経常収支**といわれるものです。なお、「図表148」では経常収支を求めず、経常収支に「前月より繰越」を加えて、「差引過不足」を求めることにしています。

　差引過不足の後始末をするのが、**財務収支**です。差引過不足に財務収支を加味したものが、翌月へ繰り越される現金預金となります。

　営業収入の欄で、**手形の落ち込み**をカッコ書きで記載しています。これは、当月の現金収入と直接関係ありませんが、売上高との関連、現金回収と手形回収の割合などを見る上で設けているものです。

図表148　栃木クメハチ製作所、資金繰表

			9月実績 手形	9月実績 現金	10月実績 手形	10月実績 現金	11月実績 手形	11月実績 現金
①前月より繰越				483		162		111
収入	営業収入	現金売上						
		売掛金回収	1,440	2,160	1,380	2,070	1,440	2,160
		手持手形取立						
		手形割引		870		1,380		720
		（割引落込）		(870)		(1,080)		(1,020)
		前受金						
		（小計）		3,030		3,450		2,880
	その他収入							
	受取利息			120				
	②合計		1,440	3,150	1,380	3,450	1,440	2,880
支出	営業支出	材料費 現金仕入						
		買掛金支払	2,370	570	2,400	600	2,640	660
		支手決済		2,340		2,280		1,080
		前渡金						
		人件費		180		180		180
		経費		366		417		492
		（小計）	2,370	3,456	2,400	3,477	2,640	2,412
	設備費							90
	その他支出							
	税金配当							
	支払利子			15		24		39
	③合計		2,370	3,471	2,400	3,501	2,640	2,541
差引過不足①+②-③				162		111		450
財務収支	借入金（運転）							1,500
	借入金（設備）							
	借入金返済（運転）							1,800
	借入金返済（設備）							
翌月へ繰越				162		111		150
月末主要勘定残高	月売上高			3,600		3,810		3,960
	月仕入高			3,000		3,300		3,450
	手持受取手形			1,350		1,350		2,070
	売掛金			7,050		7,410		7,770
	商品・製品			5,010		5,250		5,520
	前渡金							
	支払手形			9,210		9,330		10,890
	買掛金			3,000		3,300		3,450
	借入金			1,800		1,800		1,500
	手形割引			3,450		3,750		3,450

（注）8月在庫　4,890千円

(単位：千円)

12月予想		1月予想		2月予想		合　　計	
手形	現金	手形	現金	手形	現金	手形	現金
	150		882		582		483
1,530	2,280	1,590	2,370	1,860	2,820	9,240	13,860
	1,260		1,440		1,380		7,050
	(1,260)		(1,440)		(1,380)		(7,050)
	60						60
	3,600		3,810		4,200		20,970
	9				18		147
1,530	3,609	1,590	3,810	1,860	4,218	9,240	21,117
2,760	690	2,340	570	2,070	510	14,580	3,600
	1,080		2,400		2,370		11,550
	510		180		180		1,410
	579		354		321		2,529
2,760	2,859	2,340	3,504	2,070	3,381	14,580	19,089
							90
			585				585
	18		21		48		165
2,760	2,877	2,340	4,110	2,070	3,429	14,580	19,929
	882		582		1,371		1,671
					1,500		3,000
					2,100		3,900
	882		582		771		771
	4,680		3,300		3,120		22,470
	2,910		2,580		2,250		17,490
	2,340		2,490		2,970		
	8,640		7,980		6,420		
	4,680		4,620		4,380		
	12,570		12,510		12,210		
	2,910		2,580		2,250		
	1,500		1,500		900		
	3,450		3,450		3,450		

第12章　資金繰表を作ってみよう

12-2-5　脳ミソに汗をかけ

　資金繰表は、企業の取引のうち、現金預金の出入りに関係のある取引を抽出して作成するものです。

　企業が日常行う会計処理のほとんどは、科目どうしの振り替えであり、現金預金の動きだけを抽出するのは大変な作業です[①]。ましてや、企業外部の者が資金繰表を作成することは不可能であって、企業側が作成したものを見る以外に方法はありません。

　最近の会計システムは、資金繰表を自動的に作成する機能をもっており、資金繰表を作成する苦労を知る人が少なくなりました。資金繰表を作成するノウハウが、ブラックボックス化しています。企業外部の者どころか内部の者でさえ、プリントアウトされた資金繰表を前にしてカラダが固まっている光景を、経理部や財務部にお伺いすると、ときどき拝見することがあります。

　気骨のある人は是非、「図表148」を参考にして自社の資金繰表を作成してほしいものです。その苦労は、決して無駄にならないと、筆者が保証します。

　[①]売上高に対して売掛金を対応させたり、売掛金が受取手形に変わったりするのはすべて振替取引です。手形が決済されて銀行口座の残高が増減したとき初めて、現金預金の動きがあったことになります。

第3節　資金繰表の見方

　　　　　　　　　　　——人は、あまりに多くの現実には耐えられない。
　　　　　　　　　　　　　　　　　　　（エリオット『四重奏』）

12-3-1　資金繰表をなめまわす

資金繰表を見るにあたっては、2とおりのアプローチがあります。

図表149　資金繰表へのアプローチ

① 資金繰表自体を見て、企業の資金繰りの状況を把握する
② 資金繰表と財務諸表とを照合して、資金繰りの正確性を検証する

まず、**資金繰表自体を見る**ときには、次の2つの点に注意します。

① 現金預金の出入り（とくに営業収入と営業支出）が、均衡しているかどうか
② 月末の現金預金残高に、余裕があるかどうか

次に、「資金繰表と財務諸表とを照合する」とは、とくに企業外部の者が資金繰表を見る際に注意すべき事項です。その基本は、次のとおりです。

企業から提出された資金繰表の真偽を確かめること

　別に、ハナから粉飾を疑うつもりはありませんが、半年や1年の資金繰りを合計して、これを財務諸表（貸借対照表や損益計算書）と照合するのは、経営分析を行う者としては基本的な作業でしょう。
　資金繰表は現金預金の出入りを示す資料であって、売上債権や棚卸資産に運用されている資金の量、買入債務や借入金によって調達されている資金の

量までは教えてくれません。これらについては、財務諸表でフォローします。246、247頁「図表148」の資金繰表では、その下段に、財務諸表における主要な月末残高を記入する欄が設けられています。

資金繰表をなめまわすときの具体的なポイントを、次の順序に沿って説明します。

---

① 営業収入
② 営業支出
③ 営業収支尻
④ 固定資産の増減
⑤ 手形割引および借入金と、現金預金残高との関係

12-3-2　営業収入のトレンド（動向）を読む

営業収入は、量的にも質的にも、**資金流入**（cash-in-flow）の基盤となります。資金繰表においては、営業収入の動向に最も注意を払わなければなりません。

営業収入について、チェックすべき項目は次のとおりです。

---

① 営業収入が、損益計算書の売上高の増減に比例しているかどうか。

資金繰表の**営業収入**は、損益計算書の**売上高**と連動するものです。資金繰表で売上高に相当するのは、現金売上、売掛金回収、手持手形取立、手形割引、前受金の各項目です。これら営業収入の合計額が、売上高の増減に比例しているかどうかをチェックします。

チェックの方法としては、売上高と営業収入とをそれぞれ、折れ線グラフにして見ることです。オール現金商売でもしていない限り、営業収入の線は、売上高の線より若干ずれて描かれます。ずれる間隔は、**売上債権回転期間**に一致していなければなりません。それぞれの波形が、一定の間隔でずれているかどうかを確かめます。

もし、**売上高線**が右肩上がりにもかかわらず、これに**営業収入線**が連動していないときは、売上債権の回収条件が悪化していることになります。売上

債権の残高が累積しているはずであり、焦付き債権がないか、疑ってみてください。

会社側の説明で、売上債権の回収が一時的に遅れている、という場合、次の月またはその次の月までに解消されているかどうかを確かめます。**損益計算書の売上高**と**資金繰表の営業収入**とは、**発生主義会計**と**現金主義会計**との違いであり、長い期間（数か月）をとれば両者は一致しなければなりません。「一致する」ことと「解消する」こととは、同義のものですから、長期にわたって不一致となっている場合は、「一時的に回収が遅れている理由」を会社側に問いましょう。

② 営業収入の各項目の構成割合がどのように変化しているか。

売掛金回収や前受金入金が減少していれば、資金繰りは苦しくなります。手形割引への依存が高まらざるを得ないですよね。

③ 営業収入と、売上高・売上債権の各残高とのつじつまが合っているか。

次の等式は、常に成り立ちます。

図表150　営業収入の検証

(営業収入の小計) = (売上債権期首残高) + (売上高) − (売上債権期末残高)
　　　　　　　　　　受取手形　売掛金　　　売上高　　　受取手形　　売掛金
　　　　　　　　=1,350千円+7,410千円+3,960千円−(2,070千円+7,770千円)
　　　　　　　　=2,880千円

数値は、栃木クメハチ製作所の資金繰表の11月実績1か月間だけを対象としたものですが、できれば期首からの累積で計算するようにしてください。

④ 手形繰りは妥当かどうか。

手形を受け取ってから、取立や割引を行い、現金預金となるまでの一連の過程を、**手形繰り**といいます。手形繰りについては、次の式が成り立ちま

す。数値は、栃木クメハチ製作所の資金繰表の11月実績からです。

図表151　手形繰りの検証

```
（手持手形取立）＋（手形割引）
　　＝（受取手形期首残高）＋（受手収受高）－（受取手形期末残高）
          受取手形        受手収受高       受取手形
　＝1,350千円＋1,440千円－2,070千円
        取立      割引
　＝0千円＋720千円
　＝720千円
```

このほか、資金繰表から、受取手形の手持ちにゆとりがあるかどうか、などを確かめます。

12-3-3　営業支出、六変化

営業支出は、**資金流出**（cash-out-flow）の代表です。営業支出は、現金仕入、買掛金支払、支手決済、前渡金など仕入れに関連する支出と、人件費や営業経費などの支出に分けられます。

営業支出について、チェックすべき項目は次のとおりです。

> ①　買掛金支払など仕入れに関連する支出が、損益計算書の仕入高の増減と比例しているか。

支払いが滞りがちな場合は、資金繰りが苦しいのかもしれません。資金繰りが苦しいにもかかわらず、支払いが早まっている場合は、取引先が警戒しているのかもしれません。多少のひねくれた見方は、経営分析の基本です。

> ②　営業支出の各項目の構成割合がどのように変化しているか。

買掛金支払いと支手決済の構成割合が変化した場合、支払条件に変更があったのかどうか。

③ 営業支出と、仕入高・買入債務の各残高とのつじつまが合っているか。

次の等式は、常に成り立ちます。数値は、栃木クメハチ製作所の資金繰表の11月実績からです。

図表152 営業支出の検証

$$
\begin{aligned}
(\text{営業支出の小計}) &= (\text{買入債務期首残高}) + (\text{仕入高}) - (\text{買入債務期末残高}) \\
&\ \underset{\text{支払手形}}{\ } \quad \underset{\text{買掛金}}{\ } \quad \underset{\text{仕入高}}{\ } \quad \underset{\text{支払手形}}{\ } \quad \underset{\text{買掛金}}{\ } \\
&= 9{,}330\text{千円} + 3{,}300\text{千円} + 3{,}450\text{千円} - (10{,}890\text{千円} + 3{,}450\text{千円}) \\
&= 1{,}740\text{千円}
\end{aligned}
$$

④ 手形決済は順調か。

手形決済については、次の式が成り立ちます。数値は、栃木クメハチ製作所の資金繰表の11月実績からです。

図表153 手形決済の検証

$$
\begin{aligned}
(\text{支手決済}) &= (\text{支手期首残高}) + (\text{支手発行高}) - (\text{支手期末残高}) \\
&\ \underset{\text{支払手形}}{\ } \quad \underset{\text{支手発行高}}{\ } \quad \underset{\text{支払手形}}{\ } \\
&= 9{,}330\text{千円} + 2{,}640\text{千円} - 10{,}890\text{千円} \\
&= 1{,}080\text{千円}
\end{aligned}
$$

⑤ 人件費など諸費用の支出の推移はどうなっているか。

⑥ 決算関係の支出はどうなっているか。

納税資金や配当金の支払いなど決算関係の支出は、決算日後2か月目に集

中します。3月決算会社であれば、5月末。その支出の時期が合っているかどうかを確かめます。

12-3-4　営業収支のオシリのにおい

当月の現金収入から**当月の現金支出**を控除したものを、**経常収支尻**といいます。その前段階で、**当月の営業収入**から**当月の営業支出**を控除したものを、**営業収支尻**といいます[①]。

資金繰表で注目すべきは、営業収支尻です。営業収支尻が増加傾向にあれば、企業の資金繰りは順調であるといえます。当然のことながら、**収益性**も長期的には向上するはずです。

損益計算書では増収増益基調であるにもかかわらず、**営業収支尻**が思わしくない場合は、売上債権や棚卸資産に資金が固定しているか、または買入債務の支払いが早まっているかのいずれかです。

売上債権、棚卸資産、買入債務に大きな変化がないにもかかわらず、**営業収支尻**が減少傾向にあれば、収益性は確実に悪化します。それにもかかわらず、損益計算書では増益とされている場合、その増益はウソです。

12-3-5　設備投資は予算でフォローしろ

設備投資は、思いつきで行われるものではありません。事業年度の初めに、投資額や支払予定額が計画され、そのための予算が組まれているはずです。資金繰表の「設備費」や「その他支出」の欄で、巨額の支出が認められた場合、次の事項を確認します。

---
① 支出は設備投資なのか。
② **予算**どおりの支出となっているか。
③ 固定負債や自己資本など**長期安定的な資金**に依存しているか。
④ **キャッシュフロー利益**を上回る設備投資となっていないか。

このほか、関係会社へ多額の出費が行われていないか、政治団体などへの

[①]246、247頁「図表148」の資金繰表では、経常収支尻や営業収支尻を表示していません。これらのオシリのにおいは、各自が求めるようにしてください。

寄付となっていないか、なども重要なチェックポイントです。オーナー企業は、社長の「鶴の一声」で万事決まりますので、どさくさに紛れて、巨額・不明朗な出費がやたらと多い。

貸借対照表や損益計算書からは読み取れなくても、資金繰表では「ん？」といった取引が結構浮かび上がります。現金預金の動きはごまかせない、ということですね。

12-3-6　財務収支はガス抜き調整弁

営業収支尻に営業外の収支を加減したものが**経常収支尻**であり、経常収支の過不足が**財務収支**で調整されます。とくに、営業収入の中にある**手形割引**と、**財務収支**との関係は、注意深く見る必要があります。

手形割引は営業収支の不足を補うものであって、経常収支の不足を補うものではありません。手形割引で設備費などの**経常支出**に充てられたら、たまったものじゃない。これが1つめのポイント。

2つめは、営業収支や経常収支の不足に対して、**財務収支**が調整弁としてうまく使われているかどうか。

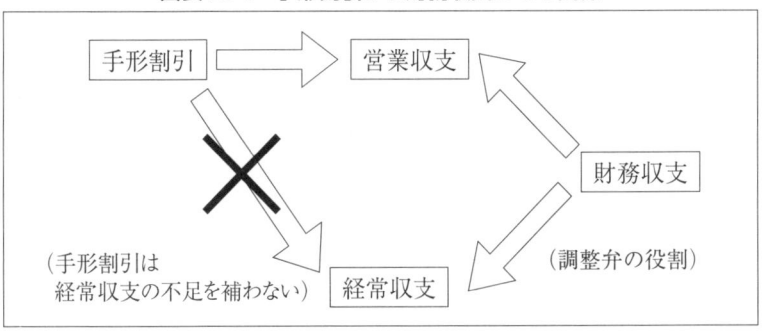

図表154　手形割引から財務収支までの関係

```
手形割引  ──→  営業収支  ↑
   │                      │
   ✕                   財務収支
   ↓                      │
(手形割引は           経常収支  ←
 経常収支の不足を補わない)   (調整弁の役割)
```

これら調整のタイミングやバランスを、読み取れるかどうか。分析対象の企業側は気づかなくてもいい。しかし、経営分析するあなたは、資金繰表から読み取らなければなりません。

12-3-7　資金繰表は資料ファイルの肥やし

　資金繰表は、実際の現金預金の出入りだけを抽出したものですから、企業内部の者にとって直接的な**資金管理**に役立ちます。ところが、資金繰表を、企業外部の者が分析資料としてながめるとなると、かなり難しい。毎月の、現金預金の動きを追いかけるのは、対象範囲がミクロすぎるからです。3か月ごと、半年ごとにまとめてみる、グラフ化してみる、といった工夫が必要です。
　また、資金繰表には、次の限界があることも知っておいてください。

図表155　資金繰表の限界

①　資金繰表では、資産・負債・資本の増減が明らかになりません。
②　企業の収益力が向上しているのかどうかもわかりません。
③　企業全体の視点に立って、長期的な資金の流れを把握したい場合は、資金繰表だけでは不十分です。

　「資金繰表を拝見できますか」と質問して、「はい、どうぞ」とすぐに提出されるようなら、「おおっ、しっかり管理しているな」ぐらいに思えばいいのかもしれません。あとは資料ファイルに綴じこんで、書庫の肥やしにでもしておけばいい……。
　はっはっはっ、その程度の価値しかないのなら、資金繰表をここまで細かく説明するわけがありません。次に紹介する**資金運用表**や**キャッシュフロー計算書**とからめることで、資金繰表は、経営分析において絶大な効果を発揮するのです。

第13章

資金運用表に挑戦だ

第1節　経営分析の醍醐味と奥義

> ——人生というのは、本当は金ではないと思うんですよ。しかし、金という目標を設けておくと、恐らく生き易いですね。
> （井上靖『わだつみ』）

13-1-1　名前は知られています

資金運用表——そう、名前はそこそこ知られているんです。しかし、何のために作るのか、どうやって作るのか、どこをどう読み取ったらいいのか、といったことが、ほとんど知られていません。物理学における相対性理論みたいなものでしょうか。

筆者には相対性理論など到底理解できませんが、資金運用表ぐらいなら何とか説明できそうです。この際だから、ここで一気にマスターしてしまいましょう。

資金運用表を理解するキーワードは、**ベクトル**です。ベクトルは、**向きと大きさ**を表すものです。

ある一定時点の貸借対照表をもとに、資金のバランスを読み取る方法については、**流動比率**などの**比率分析**を用いることを紹介しました。ところが、この比率分析では、企業の資金が**バランス**しているかどうかはわかっても、資産・負債・資本の間に流れる**資金の量や方向性**まではわかりません。

比率分析の次に紹介した資金繰表では、**現金預金の大きさ**はわかりますが、**収益力が向上**しているのかどうかまでは教えてくれません。これら**資金のベクトル**（方向性と流れる量）を解明するのが、資金運用表です。

13-1-2　G社の協力を得ました

まず、G社の財務諸表を掲げます。

図表156　G社、比較貸借対照表

(単位：百万円)

	科　目	前　期	当　期	増　減
流動資産	現金預金	3,918	4,653	735
	受取手形	2,121	2,283	162
	売掛金	9,366	9,774	408
	有価証券	6,018	6,057	39
	棚卸資産	10,893	12,045	1,152
	（商品・製品）	(2,373)	(2,151)	(▲222)
	（半製品・仕掛品）	(7,236)	(8,679)	(1,443)
	（原材料・貯蔵品）	(1,284)	(1,215)	(▲69)
	前渡金	1,701	1,761	60
	その他流動資産	741	717	▲24
	貸倒引当金	▲267	▲267	0
	計	34,491	37,023	2,532
固定資産	建　物	1,524	1,656	132
	機械装置	2,469	2,811	342
	土　地	627	618	▲9
	建設仮勘定	90	324	234
	その他有形固定資産	1,677	1,890	213
	無形固定資産	21	42	21
	投資等	8,070	8,598	528
	（投資有価証券）	(2,118)	(2,205)	(87)
	計	14,478	15,939	1,461
繰延資産		18	0	▲18
	合　計	48,987	52,962	3,975

	科　目	前　期	当　期	増　減
流動負債	支払手形	2,064	2,415	351
	買掛金	5,205	5,256	51
	短期借入金	6,111	6,012	▲99
	前受金	7,419	9,054	1,635
	未払法人税等	1,059	1,128	69
	その他流動負債	6,342	6,720	378
	計	28,200	30,585	2,385
固定負債	社　債	1,212	888	▲324
	長期借入金	3,789	3,960	171
	退職給付引当金	2,778	3,015	237
	その他固定負債	1,125	1,152	27
	計	8,904	9,015	111
資本	資本金	3,957	4,008	51
	剰余金①	7,926	9,354	1,428
	（当期利益）	(1,593)	(1,854)	(261)
	計	11,883	13,362	1,479
	合　計	48,987	52,962	3,975

①剰余金は、資本剰余金と利益剰余金、評価差額金および自己株式などを合計しています。

図表157　貸借対照表の注記事項　　（単位：百万円）

科　目	前　期	当　期	増　減
受取手形割引高	1,497	1,497	0
受取手形裏書譲渡高	444	495	51
当期減価償却費	1,782	2,031	249

図表158　G社、比較損益計算書　　（単位：百万円）

科　目	前　期	当　期	増　減
売上高	50,943	58,410	7,467
売上原価	38,787	45,045	6,258
売上総利益	12,156	13,365	1,209
一般管理費	8,010	8,811	801
営業利益	4,146	4,554	408
営業外収益	1,500	1,749	249
（うち受取利息配当金）	(1,275)	(1,524)	(249)
営業外費用	2,445	2,772	327
（うち支払利息手形売却損）	(1,014)	(1,299)	(285)
経常利益	3,201	3,531	330
特別利益	9	12	3
特別損失	18	24	6
税引前当期利益	3,192	3,519	327
法人税等	1,599	1,665	66
当期利益	1,593	1,854	261
前期繰越利益	468	543	75
中間配当額	237	Ⓐ318	81
準備金積立額	24	30	6
当期未処分利益	1,800	2,049	249
利益処分　配当金	Ⓐ237	240	3
利益処分　役員賞与	Ⓐ6	6	0
利益処分　利益準備金	24	24	0
利益処分　任意積立金	990	1,140	150
次期繰越利益	543	639	96

13-1-3　経営分析は岡目八目の面白さよ

「図表156」で、G社の貸借対照表の増減の欄をご覧ください。当期中のG社の、資産・負債・資本の動きがわかりますか。細かすぎて、わかりづらいですね。大科目を中心にして、まとめてみましょう。

まず、当期中の資金の調達を表す貸方（右側）の増加額をまとめると、次のとおりとなります。

図表159　資金の調達源泉

流動負債	[*1]2,385百万円
固定負債	[*2]111百万円
自己資本	[*3]1,479百万円
合　　計	3,975百万円

次に、貸借対照表の借方（左側）をまとめます。

図表160　資金の運用

当座資産	[*4]1,344百万円
棚卸資産	[*5]1,152百万円
流動資産その他	36百万円
固定資産	[*6]1,461百万円
繰延資産	[*7]▲18百万円
合　　計	3,975百万円

おっと、「図表160」では、繰延資産がマイナス表示（[*7]▲18百万円）となっています。このように資産科目がマイナスになっている場合は、資金の運用がその分だけ節約され、反対に資金の調達源泉になっていると解釈します。「図表159」と「図表160」を見比べるだけでも、かなり有益な結論を得ることができます。

まず、「図表160」の**固定資産**に注目します。固定資産が[*6]1,461百万円増加しています。これは、当期中にそれだけの資金が固定資産に投入されたことを表します。これに対し、「図表159」では、**固定負債**から[*2]111百万円、**自己資本**から[*3]1,479百万円、合計で1,590百万円が調達されています。これらの資金調達によって、固定資産への投資が行われたようです。

次に、当座資産などの**経常資金**についてみてみます。「図表160」では、当座資産へ[*4]1,344百万円、棚卸資産へ[*5]1,152百万円、合計で2,496百万円の資金が投入されたことがわかります。この運用について、**流動負債**[*1]2,385百万円が対応しています。

しかし、流動負債からの調達だけでは当座資産などへの運用資金が111百万円（＝2,496百万円－2,385百万円）不足していますから、残りは**固定負債**または**自己資本**から補われたと見ることができます。流動的な資金需要を長

期安定的な資金の調達で賄っているので、まさに**健全なる資金の流れ**といえそうです。

　固定負債と自己資本からの資金調達を固定資産に対応させ、流動負債からの資金調達を当座資産や棚卸資産に対応させるのは、こじつけといえば、こじつけです。実際には、長期借入金で在庫を増やしたり、短期借入金で機械を購入したりしているのかもしれません。

　それはそれ、これはこれ。企業が意図することとは別に、**長期的な方向性**を読み取るのが、資金運用表の目的です。企業自身が気づいていないことを、外部の者が先に読み取る、その岡目八目の楽しさが経営分析の醍醐味です。

13-1-4　資金運用表を作ってみようかね

　貸借対照表における資産・負債・資本の区分で考えると、**資金の調達源泉**となるのは、次の3つです。

図表161　資金の調達源泉

---

① 　資産の減少……(例) 売上債権の回収、棚卸資産の販売、固定資産の売却など
② 　負債の増加……(例) 買入債務の増加、借入金の増加など
③ 　資本の増加……増資、キャッシュフロー利益の増加

　資産の減少が資金の調達源泉となることに、留意してください。たとえば、売上債権を回収すれば、それが即、資金の調達源泉となります。
　次に、**資金の運用**となるのは、次の3つです。

図表162　資金の運用

---

① 　資産の増加……(例) 売上債権の増加、棚卸資産の購入、固定資産の購入
② 　負債の減少……(例) 買入債務の支払い、借入金の返済
③ 　資本の減少……(例) 配当金の支払い、損失の発生

資産の増加だけでなく、**負債や資本の減少**も資金の運用となります。

以上の3種類の資金調達と、3種類の資金運用とを組み合わせ、**固定資金**と**経常資金**を区別して、当期の資金の流れを表したものが**資金運用表**です。G社の例で、資金運用表を作ると、次のようになります。なお、ここでは繰延資産の減少を、調達の欄に記載しています。

図表163　G社、資金運用表

固定資金　　　　　　　　　　　　（単位:百万円）

運　　用		調　　達	
固定資産	1,461	繰延資産	18
		固定負債	111
		自己資本	1,479
合　　計	1,461	合　　計	1,608
		固定資金の過不足	+147

経常資金　　　　　　　　　　　　（単位:百万円）

運　　用		調　　達	
当座資産	1,344	流動負債	2,385
棚卸資産	1,152		
流動資産その他	36		
貸倒引当金	0		
合　　計	2,532	合　　計	2,385
		経常資金の過不足	▲147

資金運用表を作成するときは、**固定資金**の箱を上に置き、その下に**経常資金**の箱を置きます。固定資金と経常資金それぞれに、プラスとマイナスの過不足額が生じますから、それを矢印でつなぎます。

資金運用表を実際に作成するとき、必要のない科目は1つにまとめたり、反対に細分化したりしたほうがいい場合もあります。資本剰余金と利益剰余金とを「剰余金」としてひとまとめにする一方、当座資産の現金預金、投資有価証券、流動負債の借入金などを細かく区分するのもいいでしょう。

13-1-5　3種類の資金ベクトルを読む

　資金運用表を見れば、当期中に、企業がどういう方法でどれだけの量の資金を調達し、どれだけの量をどこへ運用したかがわかります。さらに、資金の流れを固定資金と経常資金とに分けることによって、資金がどの方向へ流れたのか（上向きか下向きか）を知ることもできます。つまり、**資金のベクトル**を、3種類も把握することができるのです。

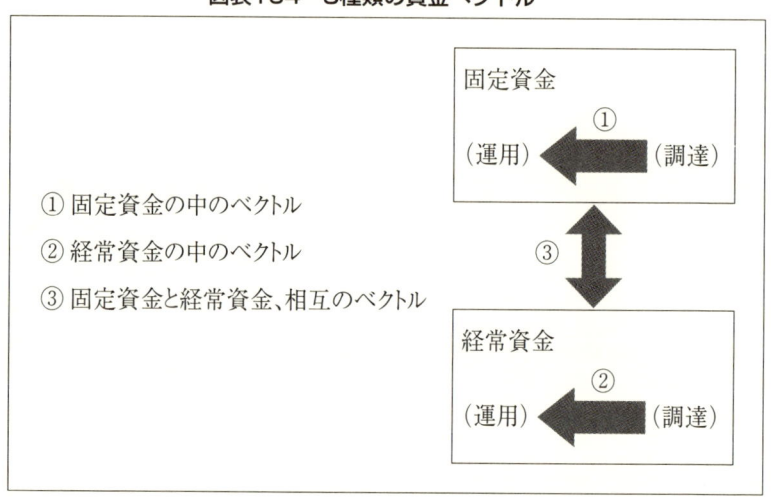

図表164　3種類の資金ベクトル

① 固定資金の中のベクトル
② 経常資金の中のベクトル
③ 固定資金と経常資金、相互のベクトル

固定資金
（運用）←①（調達）

③

経常資金
（運用）←②（調達）

　「図表163」では最終的に、固定資金に147百万円の余剰が生じ、それが経常資金へ移動しています。
　資金繰表は、短期の現金預金の出入りをベースにしたものでした。**資金運用表**は、もう少し長期的な視点から、**比較貸借対照表**の増減欄を利用して、**資金の調達**と**資金の運用**とに整理し直したものです。前期と当期の増減比較であれば企業外部の者でも簡単に作ることができるので、是非ともマスターしてほしい経営分析の奥義です。

第2節　迷宮の扉を開く

　　　　　　　　　　　——自分でパンツを脱げない男は、男でない。
　　　　　　　　　　　　　　　　（ゼフィレッリ監督『チャンプ』）

13-2-1　話はスーパー資金運用表へと進む

　資金運用表は、貸借対照表の科目の増減を整理して作成するものです。ところが、ここにちょっとした問題があります。

> ①　貸借対照表の科目の中には、現金預金の出入りにまったく関係のない取引によって増減しているものがある。
> ②　現金預金の出入りに関係のある重要な取引であっても、貸借対照表の科目の増減に現れてこない取引がある。

　資金運用表は基本的に、**現金預金の流れ**を示すものです。したがって、資金運用表をさらに正確なものにするためには、**現金預金の出入りのない取引**によって増減した科目を排除する必要があります。また、貸借対照表の外で**現金預金の出入りのあった取引**を取り込む必要があります。これらを考慮したのが、**スーパー資金運用表**です。
　G社の比較貸借対照表を利用して、スーパー資金運用表を作成することにします。修正過程を明らかにするために、**資金運用精算表**を次に掲げます。
　ここから先は、話がかなりややこしい。週末などにまとまった時間を確保して、この迷宮を一気に駆け抜けることをお勧めします。

図表165　G社、資金運用精算表　　　　　　　　（単位：百万円）

科目		(第1列) 貸借対照表 前期	(第1列) 貸借対照表 当期	(第2列) 増減 借方	(第2列) 増減 貸方	(第3列) 修正 借方	(第3列) 修正 貸方	(第4列) 経常資金 運用	(第4列) 経常資金 調達	(第5列) 固定資金 運用	(第5列) 固定資金 調達
資産（借方項目）	現金預金	3,918	4,653	735				735			
	受取手形	4,062	4,275	213				213			
	売掛金	9,366	9,774	408				408			
	有価証券	6,018	6,057	39				39			
	棚卸資産	10,893	12,045	1,152				1,152			
	前渡金	1,701	1,761	60				60			
	その他流動資産	741	717	▲24				▲24			
	有形固定資産	6,387	7,299	912		*³2,025				2,937	
	無形固定資産	21	42	21		*³6				27	
	投資等	8,070	8,598	528						528	
	繰延資産	18	0	▲18						▲18	
	合計	51,195	55,221								
負債・資本（貸方項目）	支払手形	2,064	2,415		351				351		
	裏書譲渡手形	444	495		51				51		
	買掛金	5,205	5,256		51				51		
	割引手形	1,497	1,497		0				0		
	短期借入金	6,111	6,012		▲99				▲99		
	前受金	7,419	9,054		1,635				1,635		
	未払法人税等	1,059	1,128		69		*⁵▲69				
	その他流動負債	6,342	6,720		378				378		
	貸倒引当金	267	267		0						0
	社債	1,212	888		▲324		*⁶186				▲138
	長期借入金	3,789	3,960		171						171
	退職給付引当金	2,778	3,015		237	*⁴237					
	その他固定負債	1,125	1,152		27						27
	資本金	3,957	4,008		51		*⁶51				0
	剰余金	7,926	9,354		1,428	*⁶135	*²561				0
	〃					*¹1,854					
	合計	51,195	55,221	4,026	4,026						
修正	税引前当期利益						*¹1,854				3,519
	〃						*⁵1,665				
	配当金					*²555				555	
	役員賞与					*²6				6	
	減価償却費						*³2,031				2,031
	退職給付引当金						*⁴237				237
	税金等納付					*⁵1,596				1,596	
	固定資金の過不足						*⁷▲216				*⁷▲216
	合計					6,465	6,465	2,367	2,367	5,631	5,631

13-2-2　あらかじめ組み替えておくこと

貸借対照表の増減比較からスーパー資金運用表を作るにあたって、作業をスムーズに進めるために、次の３点について組み替えを行います。

> ①　借方科目である貸倒引当金を、貸方科目に移す。

貸倒引当金は、売上債権などの控除項目として資産の部（借方項目）に表示されています。これを、貸方科目に移します。「図表165」では、その他流動負債の下に貸倒引当金を置いています。

> ②　割引手形と裏書譲渡手形が、貸借対照表の欄外で注記事項になっているので、これを貸借対照表の中に取り込む。

貸方科目に、割引手形と裏書手形をそれぞれ追加し、その追加した金額だけ受取手形を増加させます。

> ③　資本の部に自己株式がある場合は、流動資産の有価証券に振り替える。

現在の会計制度では、自己株式は資本の部の控除項目とされています。しかし、キャッシュフロー分析では、自己株式の取得や売却は、有価証券の取得や売却と同様に考えます。

自己株式は長期保有されることもありますが、ここでは短期保有目的の流動資産として扱います。

なお、G社では自己株式の取得がないので、有価証券へ振り替える作業を行いません。

13-2-3　ポイントは７つで十分だ

「図表165」の上部に、「第１列」から「第５列」まであります。第１列は、貸倒引当金や割引手形などの組み替えを行った後の貸借対照表を、前期と当期

について並べたものです。

　第2列は、前期と当期の差額（増減額）を記入します。資産の項目については、当期の残高から前期の残高を差し引いたものをすべて、第2列の借方の欄に記入します。負債・資本の項目については、当期と前期の差額をすべて、第2列の貸方の欄に記入します。

　第3列は、スーパー資金運用表を作るための修正になります。企業外部の者が行う修正事項としては、次の7つで十分です。

図表166　スーパー資金運用表作成のための修正事項

```
①　当期利益の修正
②　利益処分等の修正
③　現金預金の支出を伴わない取引の修正
④　法人税等に関する修正
⑤　資産評価換え取引の修正
⑥　税効果会計に関する修正
⑦　資本取引に関する修正
```

「7つでいいのかよ」と、高を括ったら泣きをみる。ここが地獄の1丁目。

第3節　7つの関所は帰りがこわい

> ——どうして、美人はいつもつまらない男と結婚するのか？　それは、頭のいい男は美人とは結婚しないからさ。
> （モーム『呪われた男』）

13-3-1　税引後の当期利益を税引前に戻してやる

当期利益★¹1,854百万円①は、これ自体が資金の源泉です。したがって、次の仕訳を行い、第3列に当てはめます。

仕訳5　当期の当期利益の修正

（借方）当期利益　★¹1,854百万円　（貸方）税引前当期利益　★¹1,854百万円

　この仕訳は、**税引後の当期利益**を、**税引前の当期利益**に振り替えるものです。
　税引後から**税引前**へ振り替えるとは、どういうことだ、と思われるかもれません。ここで作成しようとしている**スーパー資金運用表**の、その奥にある**キャッシュフロー計算書**では**税引前当期利益**が中心となっている、その会計制度上の扱いに合わせているだけです。
　貸方の税引前当期利益1,854百万円は、資金運用精算表の第3列の最下段にある「修正」の欄に当てはめます。なお、最初にタネ明かしをしておきますと、第3列の修正欄に当てはめる数値は、**キャッシュフロー利益**を求めるためのものです。

13-3-2　利益処分等の修正

　前期の利益処分は、当期の初めに株主総会を開いて行われます。3月決算

---

①本節の説明で、金額頭部に★印をつけているものは、266頁「図表165　G社、資金運用精算表」と対応しています。

会社であれば、2か月後の5月末か6月末に株主総会を開いて利益処分案を決議します①。これは、当期の出来事です。そこで、当期中に行われた、**前期の利益処分**の修正を行います。修正の対象となるのは、前期の配当金237百万円と役員賞与6百万円です。

もう一つ、当期中に支払われた**中間配当**も修正の対象となります。3月決算会社であれば9月が中間期末となり、11月末に中間配当が支払われます。修正の対象となるのは、中間配当金318百万円です。

配当金555百万円（＝237百万円＋318百万円）と役員賞与6百万円は、貸借対照表からは読み取ることのできない**資金の流出**[2]です。260頁の「図表158」を見ていただくと、Ⓐと表示されているものが3か所あります。これらが修正の対象となり、**剰余金**と対応させます。

仕訳6　前期利益処分の修正

（借方）配当金	*²555百万円	（貸方）剰余金	*²561百万円
（借方）役員賞与	*²6百万円		

いままでの修正で、資金運用精算表の修正欄に、**資金の調達源泉（税引前当期利益）**と**資金の流出（利益処分）**とがあぶり出されます。

13-3-3　現金支出を伴わない費用って何？

損益計算書では費用として会計処理されていても、現金預金の出入りのない取引があります。主なものは、次の3つです。

① 固定資産の減価償却費（特別償却費を含む）
② 固定資産の売却損または除却損
③ 引当金の繰入額

---

①通常は5月末までに株主総会を開くものなのですが、大会社では会計監査を受けなければならないため、1か月だけ延長して6月末に株主総会を開きます。
②配当金と役員賞与は、**資金の運用**ではなく、**資金の流出**です。ですから、貸借対照表からは読み取ることができないのです。

(1) 減価償却費は無色透明の取引だ

固定資産の減価償却費と**資金の調達源泉**との関係、これについては、いろいろな箇所で説明してきました。ここでもう一度、整理しておきます。

毎月末または年度末で決算を組むとき、固定資産については減価償却を行います。この減価償却は、一種の仮定取引です。

だって、そうでしょう。機械などの固定資産を利用したことによって生ずる**資産価値の減少分**を、**減価償却費**という費用として仮定するものだからです。減価償却費を計上すれば、それだけ当期利益は減少します。

ところが、ちょっと考えてもみてくださいよ。**固定資産の価値の減少**と**当期利益の減少**とは、減価償却という会計技術によって間接的に結びつけられたものです。固定資産を活用しその価値が減少したからといって、**企業の収益力**を落とすものではありません。ましてや、減価償却は、新たに現金預金を流出させるものでもありません。これはすなわち、**キャッシュフロー分析**において、減価償却費は無色透明だということです。

無色透明な取引は、スーパー資金運用表で排除する必要があります。そこで、当期に行った減価償却費を固定資産に振り替え、当期期首の残高に戻します。

仕訳7　減価償却費の修正

```
（借方）有形固定資産　*³2,025百万円　　（貸方）減価償却費　*³2,031百万円
（借方）無形固定資産　　*³6百万円
```

貸方の減価償却費は、第3列の修正欄に当てはめ、税引前当期利益とともに**キャッシュフロー利益**を構成することになります。

(2) 売却損と除却損も無色透明だ

固定資産を帳簿価額よりも安く売却した場合、**売却損**が発生します。固定資産をスクラップ業者へ引き取らせた場合は、帳簿価額の全額が**除却損**になります。

これら売却損や除却損については、**現金預金の出入り**がありません。減価償却費同様、キャッシュフロー分析においては無色透明のものですから、スーパー資金運用表から排除する必要があります。さらに対象を拡大するなら

ば、有価証券や投資有価証券の**売却損**や**評価損**も、スーパー資金運用表から排除します。

　G社の例では売却損または除却損がありませんが、もしこれらがある場合は、次の仕訳を行います。

仕訳8　売却損・除却損の修正

（借方）有形固定資産　×××百万円　（貸方）固定資産売却損　×××百万円
（借方）有形固定資産　×××百万円　（貸方）固定資産除却損　×××百万円

　売却損や除却損は第3列の修正欄に当てはめ、税引前当期利益とともに**キャッシュフロー利益**を構成することになります。

(3) 引当金の繰入額はもっと無色透明だ

　貸倒引当金を始めとする各種の引当金も、決算時の会計手続における仮定の取引です。引当金の会計処理も、減価償却と同じく、キャッシュフロー分析においては無色透明の取引ですから、スーパー資金運用表から排除します。

　引当金の残高が前期よりも増加している場合は、当期中に繰り入れが行われた証拠です。G社では、貸倒引当金の残高に変わりはありませんが、退職給付引当金が237百万円増加しています。これについて、次の仕訳を行います。

仕訳9　引当金の修正

（借方）退職給付引当金　*⁴237百万円　（貸方）退職給付引当金　*⁴237百万円

　貸方の退職給付引当金は、第3列の修正欄に当てはめるものであって、減価償却費などとともに**キャッシュフロー利益**を構成することなります。

　引当金の残高が前期よりも減少している場合は、どうしたらいいでしょう。この場合は、貸方で貸借対照表の引当金の残高を増加させ、借方でキャッシュフロー利益を減少させる仕訳を行います。

　以上の仕訳がわからなければ、地獄の2丁目のカドは曲がれない。

13-3-4　法人税はちょっと頭をひねる

税効果会計が導入されるようになって、税金の支払いも**費用**の一種だということが、広く理解されるようになりました。「広告宣伝費などの費用」と「税金の支払い」とは、支払う相手の主体が、会社か国かの違いであって、支払う企業の側からすればどちらも費用です。

法人税等[①]は、当期中にすべて支払いが行われるのではありません。法人税等という費用は、損益計算書の**税引前当期利益**のすぐ下に計上されますが、支払いの一部は、**未払法人税等**として流動負債に計上されます。

当期だけをとってみた場合、当期に計上された未払法人税等は、他の流動負債、たとえば買入債務などと同じく**資金の調達源泉**となります。未払法人税等が買入債務と同じであるならば、資金運用精算表であえて、法人税等や未払法人税等の修正を行う必要はないかもしれません。

ところが、法人税等の納付は、**利益処分**における配当金の支払いとともに、**資金の運用**ではなく、**資金の流出**となります。そこで、当期中における、法人税等の**資金流出額**を把握することにします。計算方法は、次のとおりです。

前期末の未払法人税等の額	1,059百万円
当期において負担する法人税等の額	1,665百万円
当期末の未払法人税等の額	▲1,128百万円
当期中の税金納付による資金流出額	1,596百万円

次の仕訳を行います。

仕訳10　法人税等の修正

（借方）税金等納付　*⁵1,596百万円　（貸方）税引前当期利益　*⁵1,665百万円
（借方）未払法人税等　*⁵69百万円

[①]法人税のほか、住民税や事業税も含みます。

貸方の税引前当期利益は、**キャッシュフロー利益**を構成します。借方の**税金等納付**は第3列の修正欄に記入し、配当金などとともに**決算資金の流出**として扱います。

13-3-5　安易な資産評価換えに要注意

G社の例では関係がないのですが、基本的な考え方を説明しておきます。
多くの企業で**時価会計**[①]や**減損会計**[②]が採用されるようになり、資産に隠された**含み益**や**含み損**を、**評価益**または**評価損**として「表に出す」ようになりました。土地の含み損を表に出したり、有価証券では含み損だけでなく含み益も表に出したりするようになっています。
これらを評価損益として貸借対照表や損益計算書に計上することを、**資産評価換え取引**といいます。資産評価換え取引は、現金預金の出入りのない取引ですから、スーパー資金運用表では排除します。
たとえば、有価証券で**評価益**を計上したときは、その評価益の分だけ現金預金が流入したわけではありません。この取引はなかったものとして、評価益に相当する額を有価証券の**帳簿価額**に戻します[③]。
有価証券や固定資産の**評価損**が計上されている場合は、この取引もなかったものとして、評価損に相当する額を固定資産の**帳簿価額**に戻します。
評価損益に相当する額を資金運用清算表の第3列の修正欄に当てはめることにより、評価損益は**キャッシュフロー利益**を構成することになります。

13-3-6　税効果会計は全員抹殺

G社の例では、**税効果会計**がありません。もし、税効果会計を適用している企業で、**繰延税金資産**が前期よりも増加している場合は、次の仕訳を行うことで、繰延税金資産の貸方に増加分を記載し、同額を税引前当期利益の借

[①]現在の会計制度では、企業の保有する有価証券などについて、簿価（購入時の株価）ではなく、時価（期末時の株価）による評価が義務づけられています。これを**時価会計**といいます。
[②]平成バブル当時に高い価額で購入し、多額の含み損を抱える土地などについて、その含み損を評価損として表に出そうというのが、**減損会計**です。減損会計は主に、固定資産に生じた減損部分を適用対象とします。減価償却とは区別される期末評価の方法です。
[③]有価証券や固定資産の**売却益**は、実際に現金預金として流入しているので、帳簿価額に戻すことはありません。

方に記入します。

仕訳11 繰延税金資産が増加しているときの修正

(借方) 税引前当期利益 ×××円　(貸方) 繰延税金資産 ×××円

借方の税引前当期利益は、第3列の修正欄に当てはめます。この仕訳によれば、キャッシュフロー利益を減少させることになります。

土地の再評価などで税効果会計を適用している場合は、次の仕訳を行うことにより、すべてを再評価前の状態に戻します。

仕訳12 土地の再評価に伴う繰延税金負債の修正

(借方) 繰延税金負債 ×××円　(貸方) 土地 ×××円
(借方) 再評価差額金 ×××円

土地の再評価に伴って計上された**繰延税金負債**の増減は、繰延税金資産と異なり、キャッシュフロー利益に影響させないのがポイントです。

13-3-7　資本を増減させる取引はどれだ

資本取引とは、資本の部に関連する取引です。**有償増資**だけでなく、**新株予約権**の行使も資本取引です。**株式分割**や、**剰余金の資本組入れ**も資本取引です。**自己株式の取得**も資本取引です[①]。資本取引は現金預金の出入りが錯綜するので、気をつけて扱わなければなりません。

G社の例では、資本金が51百万円増加し、剰余金も1,428百万円増加しています。この内容をG社に確かめたところ、剰余金増加額のうち135百万円は、新株予約権付社債から資本剰余金へ組み込まれたものでした。G社では、社債が324百万円減少しており、このうち186百万円が資本金と剰余金へ組み込まれていたのでした。

---

①ただし、スーパー資金運用表では、自己株式は流動資産の有価証券として扱います。

新株予約権付社債から資本金等へ組み込まれた取引は、現金預金の出入りと関係がないので、次の仕訳を行います。

仕訳13　資本取引の修正

（借方）資本金　　$*^6$51百万円　　　（貸方）社債　　$*^6$186百万円
（借方）剰余金　　$*^6$135百万円

ふぅ、これで、迷宮を駆け抜けたかな。

第4節　一長と一短のある資金運用表

　　　　　　　　　――全体で決まったことなので……など
　　　　　　　　　というのは、責任者としてとるべき責任の
　　　　　　　　　自覚が欠けている。
　　　　　　　　　　　　　　　（松下幸之助『社員心得帖』）

13-4-1　いよいよスーパー資金運用表を作成する

　以上の修正事項を行った後、266頁「図表165」の第4列と第5列で次の作業を行います。

> ①　**経常資金の増減**に関する項目は、第4列に転記します。
> ②　**固定資金の増減**に関する項目は、第5列に転記します。

　第4列の**経常資金の貸借差額**と、第5列の**固定資金の貸借差額**は、必ず一致します。これが**正味の経常資金の増減額**[①]となります。G社の例では、**経常資金の運用**が、**経常資金の調達**を上回っていますので、正味の経常資金が*7 216百万円増加しています。

　修正を行わない資金運用表（263頁「図表163」）では、正味経常資金が147百万円でした。スーパー資金運用表では、正味経常資金は216百万円となっています。やはりスーパー資金運用表のほうが、迷宮やら地獄やらをくぐり抜けてきたぶん、精度の高い**正味経常資金**を求めることができるようです。
　では、いよいよ、スーパー資金運用表を完成させます。

---

①別の表現をするならば、**正味の固定資金の増減額**となります。

図表167　G社、スーパー資金運用表

固定資金　　　　　　　　　　　　　（単位:百万円）

運　　用		調　　達	
決算資金		キャッシュフロー利益	
配当金	555	税引前当期利益	3,519
役員賞与	6	減価償却費	2,031
税金等納付	1,596	退職給付引当金	237
小　　計	2,157	小　　計	5,787
固定資産等		その他	
有形固定資産	2,937	社債	▲138
無形固定資産	27	長期借入金	171
投資等	528	固定負債その他	27
繰延資産	▲18		
小　　計	3,474	小　　計	60
合　　計	5,631	合　　計	5,847
		固定資金の余剰	+216

経常資金　　　　　　　　　　　　　（単位:百万円）

運　　用		調　　達	
流動資産		流動負債	
受取手形	213	買入債務	453
売掛金	408	流動負債その他	2,013
棚卸資産	1,152	小　　計	2,466
流動資産その他	36	金融機関	
小　　計	1,809	割引手形	0
その他		短期借入金	▲99
現金預金	735		
有価証券	39		
小　　計	774	小　　計	▲99
合　　計	2,583	合　　計	2,367
		経常資金の不足	▲216

13-4-2　長期の資金運用表はすべてを同時解決する

　いままでの説明は、**単年度**のスーパー資金運用表の作りかたでした。スーパー資金運用表が威力を発揮するのは、実は、5期分ぐらいのデータを合算した、**長期**の資金運用表においてです。

　5年ぐらいの期間であれば、**設備投資**もほぼ一巡するはずです。その5年を1期間とみなして長期の資金運用表を作ると、**収益力**と**資金繰り**との関係を同時に見ることができます。

　ほら、収益性と資金繰りとは**短期的には反比例の関係**にあるが、**長期的には比例関係にある**と申し上げたことがあるでしょう。その長期的な比例関係を解明するのが、**長期資金運用表**です。

　長期資金運用表の作成方法は、いたって簡単です。単年度のスーパー資金運用表を単純に合算すればいいだけです。

　単年度のスーパー資金運用表を並べただけでは、経常資金と固定資金の間の、資金のやり取りの激しさばかりが目につき、「この会社の資金繰りは、ホントに大丈夫かいな」と不安になることがあります。ところが、長期資金運用表を作ると、意外と安定した資金繰りであることを発見して、「へぇ～、そうなんだぁ」と驚くことがあります。

　筆者も、単年度のスーパー資金運用表を作った企業ではなるべく、5期間を合算した長期資金運用表も作るようにしています。企業自身も知らない姿を発見する面白さがありますよ。

第5節　資金運用表の読みかた百選

　　　　　　　　　　　　　　　――遣っても溜ても金は面白い。
　　　　　　　　　　　　　　　　　　　　　（慶紀逸『武玉川』）

13-5-1　ポイントを3つ押さえよ

　278頁「図表167　G社、スーパー資金運用表」から読み取る事項としては、大きく3つのポイントがあります。これらのポイントは、264頁「図表164」に対応しています。

---

(1) 固定資金の中のベクトル
　① 決算資金は過大でないか。
　② 固定資金の箱の内部の資金の流れは、企業の**設備投資計画**などと整合しているか。
　③ **設備投資資金**は、**キャッシュフロー利益**によって賄われているか。
　　（固定負債から調達されているかどうかは、二の次三の次です。）

---

(2) 経常資金の中のベクトル
　① 経常資金の箱の内部で、特定の科目に集中しているものはないか。
　　（とくに、売上債権や棚卸資産など）
　② 現金預金の手持水準は妥当か。
　③ 割引手形や短期借入金への依存度は妥当か。

---

(3) 固定資金と経常資金、相互のベクトル
　① **固定資金の余剰**、**経常資金の不足**といった流れ（下向きの矢印）になっているか。
　② その金額の大小。

13-5-2　決算資金は戻らない

スーパー資金運用表は、企業の体内を流れる**資金のベクトル**を捕捉するものなのですが、唯一、**資金の垂れ流し**となって捕捉できないものがあります。配当金や法人税等の**決算資金**です。

売上債権、棚卸資産、固定資産などは、これらに運用された資金が再び回収されて、さらに運用されていくというサイクルの中にあります。資金のベクトルをつかむことが可能です。

ところが、配当金や法人税等は、いったん**資金が流出**すると、再び企業へ戻ることがありません。したがって、決算資金は、企業の体力をひたすら消耗させることになります。企業自身のことを考えるならば、配当はしないほうがいい、納税額は少ないほどいいのです。

会社は誰のものかと問われれば株主のものだし、別に脱税しろとはいいませんが、「銭あるときは銭なき日を思え」という、ことわざもあることだし。

13-5-3　配当性向を押さえる

「図表167」をみると、当期において、配当金および役員賞与として社外に流出した金額が、合計で561百万円あります。G社の税引前当期利益は3,519百万円ですから、差し引き2,958百万円のゆとりがありました。

配当金による社外分配の妥当性を検討する指標に、**配当性向**があります。配当性向は、当期の配当金（翌期に支払うもの）と、**税引後の当期利益**とを対比させるものです。

スーパー資金運用表では税引前当期利益を採用しているので、このまま配当性向を求めることができません。G社の損益計算書に計上されている税引後の当期利益を使って、配当性向を求めてみます。

図表168 配当性向

$$（配当性向）=\frac{（配当金）}{（当期利益）}\times 100$$

$$=\frac{555百万円}{1,854百万円}\times 100$$

$$=29.9\%$$

配当性向は、その比率が低ければ低いほど、**資金の流出**を抑えることができます。理想的には50％以下といわれています。G社の配当性向は、約30％ですから、問題ないといえるでしょう。ちなみに、日本の企業の配当性向は、60％程度とされています。これでは、体力を消耗するばかりだ。

13-5-4 手堅い設備投資

当期中において、固定資産へ運用された資金は合計で3,474百万円でした。この設備投資に対して、キャッシュフロー利益や長期借入金[①]などが充当されました。設備投資に見合った資金調達が行われたようです。

G社では、当期において巨額の設備投資を行ったにもかかわらず、そのすべてを固定資金で賄っていることから、手堅い経営を行っているといえます。

以上の結果、固定資金で216百万円の、資金的なゆとりが生まれたのでした。

13-5-5 経常資金の中のベクトル

278頁「図表167　G社、スーパー資金運用表」をみると、G社では、当期において売上債権が621百万円（＝受取手形213百万円＋売掛金408百万円）も増加しました。ただし、月平均売上高が622百万円増加しているので[②]、売上債権の増加は、売上高の伸びにほぼ見合っているといえます。棚卸資産も1,152百万円増加していますが、これも売り上げ増に見合うものです。

流動資産での資金需要1,809百万円は、流動負債からの調達額2,466百万

[①]社債の償還138百万円を長期借入金の調達で賄った、と読み解くこともできます。
[②]当期の月平均売上高（58,410百万円÷12か月）－前期の月平均売上高（50,943百万円÷12か月）＝622百万円

円で十分賄われており、これだけでも差し引き657百万円のゆとりが生じています。

　これら企業活動の中で生まれたゆとりと、固定資金から持ち込まれた資金216百万円とを使って、短期借入金の返済99百万円が行われ、残りは、現金預金や有価証券へと運用されています。

　固定資金内部の資金の流れ、経常資金内部における資金の流れ、いずれも均衡しており、問題ないといえるでしょう。G社では、高い収益力に支えられて設備投資の更新を行っているようであり、さらに成長する姿を思い描くことができます。

13-5-6　固定資金と経常資金、相互のベクトル

　278頁「図表167　G社、スーパー資金運用表」をみると、当期において、G社の正味経常資金が216百万円増加しています。これは、経常資金に不足が生じているということ。

　したがって、固定資金から経常資金へ（上から下へ）、216百万円もの資金が還流しています。「図表167」の右側にある、下向きの矢印がそれを表しています。矢印が上から下に向かうのは、資金の流れが健全であると読み取ります。これが、最も重要。

　もし、単年度のスーパー資金運用表で矢印が上向きになっていても、すぐに大騒ぎすることはありません。この場合は、**長期の資金運用表**を作るようにしてください。きっと、矢印は下向きになるはず。

　長期の資金運用表でも矢印が上向きになっているときは、資金の流れにどこか欠陥があります。しょうがない、そのときこそは大騒ぎしてください。

13-5-7　資金運用表チェックリスト

　スーパー資金運用表で説明したことをベースにして、再び貸借対照表に戻り、貸借対照表からダイレクトに資金の流れを読み取る際のチェックリストを次に紹介します。なお、自己資本と固定負債とを合わせて、以下では**長期調達資金**と呼ぶことにします。

図表169　資金の流れチェックリスト

チェック項目	問題ありなし
① 流動負債から流動資産へ資金が流れる。 　　反対に、流動資産から流動負債へ資金が流れる。	ともに問題なし
② 長期調達資金から固定資産へ資金が流れる。 　　反対に、固定資産から長期調達資金へ資金が流れる。	ともに問題なし
③ 長期調達資金から流動資産へ資金が流れる。	問題なし
④ 流動資産を減少させて、長期調達資金に充当する。 　　（例：売掛金回収で長期借入金を毎月返済する）	問題なし
⑤ 流動負債から固定資産へ資金が流れる。 　　（例：短期借入金で設備投資する）	**問題あり**
⑥ 固定資産から流動負債へ資金が流れる。 　　（例：遊休土地を売却して短期借入金を返済する）	問題なし
⑦ 長期調達資金から流動負債へ資金が流れる。 　　（例：長期借入金で短期借入金を返済する）	問題なし
⑧ 流動負債から長期調達資金へ資金が流れる。 　　（例：短期借入金で社債を償還する）	**問題あり**
⑨ 固定資産から流動資産へ資金が流れる。 　　（例：土地の売却により現金預金とする）	問題なし
⑩ 流動資産の減少によって、固定資産へ資金が流れる。	**問題あり**

13-5-8　「問題あり」って何が問題？

以上のうち、「問題あり」について図解すると、次のようになります。

図表170　「問題あり」の資金の流れ

貸借対照表

流動資産	流動負債
⑩	⑤　　⑧
固定資産	長期調達資金 （自己資本・固定負債）

「図表170」で示される3本の矢印はいずれも、**経常資金の余り**で**固定資金の不足**を補うものばかりです。スーパー資金運用表では、下の箱（経常資金）から上の箱（固定資金）へ矢印が向かいます。**資金の流れ**としては好ましくありません。

ただし、資金運用表によって導かれる分析結果は、ケース・バイ・ケースです。前頁「図表169」のチェックリストも、一般的な基準として理解してください。たとえば、翌期以降において資金的なゆとりが予想される場合は、現金預金から投資有価証券への投資も考えられます[1]。

13-5-9　資金運用表と資金繰表との相違点

いままで、キャッシュフロー分析の兄弟といわれる、**資金運用表**と**資金繰表**とを説明してきました[2]。資金繰表と比較して、資金運用表の長所と短所とを簡単にまとめておきます。

---

[1]筆者なら、借入金の返済を進めたり、株式消却を行ったりしますが。
[2]彼らの親が、次章の**キャッシュフロー計算書**です。

図表171　資金運用表の長所と短所

① 資金運用表は、貸借対照表と損益計算書から作ることができます。
　（資金繰表は、貸借対照表と損益計算書から作ることはできません）

② 資金運用表は、企業外部の者にとっても、容易に作成することができます。
　（資金繰表は、企業外部の者には作成できません）

③ 資金運用表は、資金の流れを明らかにするため、企業全体の視点に立って資金管理を行うときにきわめて有効な資料となります。
　ただし、特定の源泉から調達された資金が、特定の目的のために運用されたかどうかまでを検証することはできません。
　あくまで、大局的な資金の流れを把握するにとどまります。

④ 資金運用表は、資金の流れを把握するものです。
　資金繰表のように、現金預金の出入りのタイミングを把握することはできません。

⑤ 資金運用表は、1年間の資金の流れを把握するものです。
　資金繰表のように、1か月単位の資金の動きや、季節的な資金の流れを把握することはできません。

第14章

キャッシュフロー計算書の極意を伝授

第1節　だれも知らない裏の世界

　　　　　　　　　　　――人間、曲がったとなると、やっぱ意
　　　　　　　　　　　気地のないものだ。
　　　　　　　　　　　　　　　　（久保田万太郎『末枯』）

14-1-1　フローとストックの複合ワザ

　企業の体内を流れるのは、**資金**です。その流れを、**フローとストック**の両面からとらえることができれば申し分ありません。
　その突破口として紹介したのが、**資金運用表**でした。ところが、資金運用表は、財務諸表におけるストックの代表例である貸借対照表の、その**増減**を基にするので、**ストック**に重心があるのはやむを得ません。資金運用表をもう少し正確に表現するならば、資金のストックの**変化**を把握する表です。
　できれば、財務諸表における**フロー**の代表例である損益計算書も取り込んで、もっとくわしく資金のベクトルを明らかにしたい。そこから考え出されたのが、**キャッシュフロー計算書**です。

14-1-2　最初にタネ明かし

　キャッシュフロー計算書の作成方法には、次の2種類があります。

図表172　キャッシュフロー計算書の作成方法

①　間接法……当期利益から逆算して作成する方法 　　　　　　直接法よりも作成が容易なため、多くの企業で採用されています。 ②　直接法……損益計算書の様式どおり、売上高から順序だてて作成する方法

　これから読み進めていくうちに気づくよりも、最初にネタをばらしておき

ます。キャッシュフロー計算書を**間接法**で作成する場合、実質的な内容は**スーパー資金運用表**とまったく同じになります。

スーパー資金運用表は、**経常資金**と**固定資金**の2つに分けました。キャッシュフロー計算書は、企業の活動を、**営業活動**、**投資活動**および**財務活動**の3つに分けます。最終の表示形式（2つか、3つか）が異なるだけであって、途中の作成方法はソックリです。

間接法によるキャッシュフロー計算書が、資金運用表と実質的に同じであるならば、本当の意味でのキャッシュフロー計算書は、**直接法**で作った場合だといえます。

この直接法も実は、（貸借対照表を基にした）**スーパー資金運用表**に、**損益計算書**をドッキングさせたものだ、とタネ明かしすれば、その形式もすんなりとご理解いただけるでしょう。スーパー資金運用表の仕組みをご理解いただいていれば、という前提ですが。

本書では、キャッシュフロー計算書に関する技術的な作成方法を、こと細かに説明は致しません。スーパー資金運用表の作成方法をマスターしていれば、苦もなくできることだからです。キャッシュフロー計算書のウラには何が隠されているのか、キャッシュフロー計算書のオモテから何を読み取るのかを解説します。

14-1-3　営業活動キャッシュフローが一番重要

キャッシュフロー計算書という名称が示すとおり、「キャッシュフローとは何か」を簡単に説明しておきます。キャッシュフローには、次の3種類があります。

図表173　キャッシュフローの分類

① 営業活動によるキャッシュフロー
② 投資活動によるキャッシュフロー
③ 財務活動によるキャッシュフロー

このうち、最も重要なのが、**営業活動キャッシュフロー**です[①]。

企業が製造や販売などの活動を行うにあたって、基本的な収入となるのは、商品などを売り上げたことによって得られる**営業収入**です。営業収入は、商品などの売り上げによって売上債権が発生し、その売上債権が現金預金として回収されたときの収入のことです。掛けで売り上げただけでは、営業収入はゼロです。

営業収入があってこそ、材料費の支払い、人件費の支払い、その他営業経費の支払いなど、**営業上の支出**に当てることができます。営業活動キャッシュフローは、この**営業収入**と**営業支出**の関係をいいます。

一般的に、資金繰りが楽である場合とは、営業収入が営業支出を上回り、営業活動キャッシュフローが**収入超過**となって、設備投資や借入金の返済など営業支出以外の支払いに当てる余裕があることをいいます。資金繰りが苦しい場合とは、営業収入が営業支出を下回り、営業活動キャッシュフローの段階で**資金不足**が生じるときです。

14-1-4　資金繰表とは求めかたが異なる

資金繰表にも、営業収入と営業支出がありました[②]。ところが、キャッシュフロー計算書で扱う**営業収入**と**営業支出**は、確かに営業上の活動から生ずる**現金収入と現金支出**なのですが、資金繰表のように現金預金の出入りを直接把握するものではなく、損益計算書と貸借対照表とから間接的に求めます。

しかも、キャッシュフロー計算書を間接法の様式で作成した場合、営業収入と営業支出の差額である当期利益がトップにくるので、間接の間挟みたいなものになります。それが、経営分析の世界で、キャッシュフロー計算書を取っ付きにくいものとしているようです。

14-1-5　営業収入の求めかた

間接法であろうと直接法であろうと、キャッシュフロー計算書の基本は、営業収入と営業支出にあります。そこでまず、**当期の営業収入**の計算構造を見てみます。

[①]本文中、「営業活動による」の「による」は省略します。
[②]246、247頁「図表148　栃木クメハチ製作所、資金繰表」を参照してください。

図表174　営業収入の求め方

> （当期の営業収入）＝（当期の売上高）－（期末売上債権－期首売上債権）
> 　　　　　　　　　＋（期末前受金－期首前受金）

　当期の営業収入は主に、当期の売上高によってもたらされます。ところが、当期の売上高がすべて、当期中に現金預金として回収されることは、まずあり得ません。現金預金として回収されていないものは、売上債権として貸借対照表に計上されます。現金預金としてすでに回収されていても、いまだ当期の売上高とならないものは、前受金として貸借対照表に計上されます。そこで、当期の売上高に、売上債権と前受金を加減算します。

　売上債権は売上代金の未収分であり、前受金は売上代金の前受分です。これらの金額が当期中に増えたり減ったりした分だけ、営業収入は売上高よりも多くなったり少なくなったりします。当期中における売上債権と前受金に増減がなければ、当期の営業収入は、当期の売上高と一致します。

　当期の**営業収入**の求めかたを、当期の**売上高**と**売掛金**の関係に絞って図解すると、次のようになります。

図表175　売上高、売掛金、営業収入の関係

| 当期売上高 $\star^1$ 1,000円 | 期首の売掛金残高 $\star^2$ 200円 | 当期に回収した売掛金 $\star^3$ 950円 | 営業収入 $\star^5$ 950円 |
| | 当期に発生した売掛金＝当期売上高 1,000円 | 期末の売掛金残高 $\star^4$ 250円 | |

　この図では、当期中に $\star^1$1,000円の売り上げがありました。この売上高に、期首の売掛金残高 $\star^2$200円を加え、期末の売掛金残高 $\star^4$250円を控除することで、当期中に回収された売掛金 $\star^3$950円を求めることができます。これが、営業収入 $\star^5$950円となります。さらに受取手形と前受金を、どのようにドッキングさせるかは、読者の応用力に委ねます。

　このように、キャッシュフロー計算書では、貸借対照表や損益計算書を使

第14章　キャッシュフロー計算書の極意を伝授

って、営業収入を**間接的に**求めます。

14-1-6　営業支出の求めかた

同じような考え方を**営業支出**にも当てはめれば、次の算式が成り立ちます。

図表176　営業支出の求め方

```
(当期の営業支出)＝(当期の費用総額)－(当期の費用で現金支出のない費用)
             ＋(期末棚卸資産－期首棚卸資産)＋(期末前渡金－
             期首前渡金)－(期末買入債務－期首買入債務)－
             (期末未払金－期首未払金)
```

上記の式で、**当期の費用で現金支出のない費用**とは、減価償却費、貸倒引当金繰入額、有形固定資産の売却損や除却損などをいいます[①]。これらの費用は、損益計算書では費用として計上されていても、現金としては支出されていません。したがって、「当期の費用総額」から控除します。

棚卸資産や前渡金は、増加すればするほど営業支出の増加をもたらします。買入債務や未払金は、増加すればするほど営業支出の節約となります。

当期の**営業支出**の求めかたを、当期の**仕入高**と**買掛金**の関係に絞って図解すると、次のようになります。

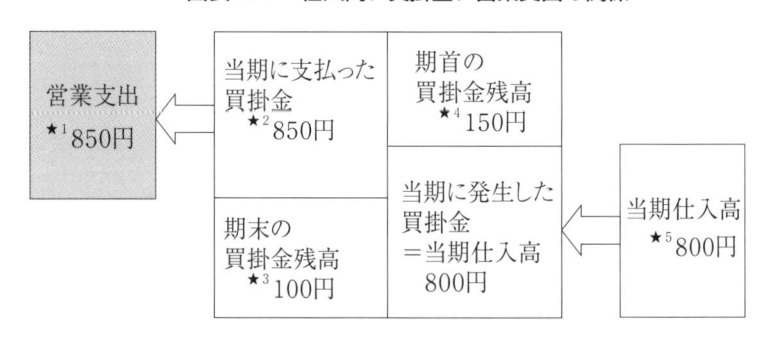

図表177　仕入高、買掛金、営業支出の関係

営業支出 [*1]850円	当期に支払った買掛金 [*2]850円	期首の買掛金残高 [*4]150円	
	期末の買掛金残高 [*3]100円	当期に発生した買掛金＝当期仕入高 800円	当期仕入高 [*5]800円

---

①なんだか、270頁「13-3-3」と似たような議論が始まりそうです。

この図では、当期中に*⁵800円の仕入れがありました（図の右端）。この仕入高に、期首の買掛金残高*⁴150円を加え、期末の買掛金残高*³100円を控除することで、当期中に支払った買掛金*²850円を求めることができます。これが、営業支出*¹850円となります。

さきほどの営業収入とは異なり、流れが右から左へと変わります。この流れに慣れるのが、キャッシュフロー計算書を理解するコツです。

14-1-7　営業活動キャッシュフローの求めかた

営業活動キャッシュフローは、**当期の営業収入**と**当期の営業支出**の差です。したがって、**営業活動キャッシュフロー**は、次のように表されます。

図表178　営業活動キャッシュフローの求めかた

```
（営業活動キャッシュフロー）
　　＝（当期の営業収入）－（当期の営業支出）
　　＝｛(*¹当期の売上高)－(期末売上債権－期首売上債権)＋
　　　（期末前受金－期首前受金)｝－｛(*²当期の費用総額)－
　　　（当期の費用で現金支出のない費用)＋(期末棚卸資産－
　　　期首棚卸資産)＋(期末前渡金－期首前渡金)－(期末買入債務－
　　　期首買入債務)－(期末未払金－期首未払金)｝
```

上記の式は項目が多すぎて、何がなんだか、わからなくなってしまいました。右辺において、*¹**当期の売上高**から*²**当期の費用総額**を控除すると、**当期利益**になりますから、これを考慮して営業活動キャッシュフローを表形式にまとめると、次のようになります。

図表179　営業活動キャッシュフローの表形式

当期利益
当期の費用で現金支出のない費用
（例：減価償却費、貸倒引当金繰入額、有形固定資産除却損）
売上債権の増減
前受金の増減
棚卸資産の増減
前渡金の増減
買入債務の増減
未払金の増減
合計：営業活動によるキャッシュフロー

　上図の形式、どこかで見たことありませんか。当期利益から始まって、ずらずらっと連なる形式。

　そうです。キャッシュフロー計算書を**間接法**で作成した場合の、**営業活動によるキャッシュフロー**の様式と同じなのです[1]。なぁんだ、とわかってしまえば、日日是好日なり。

---

[1] 間接法によるキャッシュフロー計算書を一度も見たことのない人は、300頁「図表181」をご覧ください。

294

第2節　あそこが山のてっぺんだ

　　　　　　　　　——人生なんてやさしい
　　　　　　　　目を閉じて見るものすべて誤解すれば
　　　　　　　　　　　（ビートルズ『イチゴ畑よ永遠に』）

14-2-1　基本に帰れ

　キャッシュフロー計算書の作成方法は、**スーパー資金運用表**の作成方法とほとんど同じです。キャッシュフロー計算書をいきなり作成するのは、とても難しい。しかし、スーパー資金運用表の仕組みを理解していれば、キャッシュフロー計算書を作るのはとてもやさしい。わからなければ、一つ前の基本に立ち返ることです。世の中の仕組みって、だいたいそうだ。

　スーパー資金運用表を作るとき、**資金運用精算表**を作成しました。**キャッシュフロー計算書**を作るときも、**キャッシュフロー精算表**を作成します。次の「図表180」を見ながら説明します。例は、G社です。

図表180　G社、キャッシュフロー精算表

	科　目	(第1列) 貸借対照表		(第2列) 増減	
		前　期	当　期	借　方	貸　方
資産（借方項目）	現金預金	3,918	4,653	735	
	受取手形	4,062	4,275	213	
	売掛金	9,366	9,774	408	
	有価証券	6,018	6,057	39	
	棚卸資産	10,893	12,045	1,152	
	前渡金	1,701	1,761	60	
	その他流動資産	741	717	▲24	
	有形固定資産	6,387	7,299	912	
	無形固定資産	21	42	21	
	投資等	8,070	8,598	528	
	繰延資産	18	0	▲18	
	合　計	51,195	55,221		
負債・資本（貸方項目）	支払手形	2,064	2,415		351
	裏書譲渡手形	444	495		51
	買掛金	5,205	5,256		51
	割引手形	1,497	1,497		0
	短期借入金	6,111	6,012		▲99
	前受金	7,419	9,054		1,635
	未払法人税等	1,059	1,128		69
	その他流動負債	6,342	6,720		378
	貸倒引当金	267	267		0
	社　債	1,212	888		▲324
	長期借入金	3,789	3,960		171
	退職給付引当金	2,778	3,015		237
	その他固定負債	1,125	1,152		27
	資本金	3,957	4,008		51
	剰余金	7,926	9,354		1,428
	〃				
	合　計	51,195	55,221	4,026	4,026
損益計算書	売上高				(58,410)
	売上原価			(45,045)	
	販管費			(8,811)	
	営業外収益				(1,749)
	営業外費用			(2,772)	
	特別利益				(12)
	特別損失			(24)	
	法人税等			(1,665)	
	当期利益			(1,854)	
修正	税引前当期利益				
	〃				
	配当金				
	役員賞与				
	減価償却費				
	退職給付引当金				
	税金等納付				
	差し引きキャッシュフロー				
	合　計				

(単位：百万円)

(第3列) 修正		(第4列) 営業活動CF		(第5列) 投資活動CF		(第6列) 財務活動CF	
借方	貸方	支出	収入	支出	収入	支出	収入
		213				735	
		408					
						39	
		1,152					
		60					
			24				
2,025				2,937			
6				27			
				528			
					18		
			351				
			51				
			51				
						99	
							0
			1,635				
	▲69		378				
	186					138	
							171
237							
			27				
51							
135	561						
1,854							
		(45,045)	(58,410)				
		(8,811)					
			(1,749)				
		(2,772)					
			(12)				
		(24)					
	1,854		3,519				
	1,665						
555						555	
6			6				
	2,031		2,031				
	237		237				
1,596			1,596				
		4,869			3,474		1,395
6,465	6,465	8,304	8,304	3,492	3,492	1,566	1,566

第14章　キャッシュフロー計算書の極意を伝授

14-2-2　精算表で苦労するものはない

266頁「図表165　G社、資金運用精算表」と、296、297頁「図表180　G社、キャッシュフロー精算表」とを比べて異なるのは、「図表180」には**損益計算書**の欄が新たに設けられている点だけです。第3列までに記入されている数値は、まったく同じです。1円の違いもなし。したがって、第3列の仕訳の説明を、ここで改めて書くこともありません。

第4列より右は、キャッシュフロー計算書を作成するための、数値の振り分け作業です。スーパー資金運用表では、**経常資金**と**固定資金**の2か所に振り分けました。キャッシュフロー計算書では、**営業活動**、**投資活動**および**財務活動**の3か所に振り分けます。振り分けるだけの作業ですから、なにも難しいことはありません。

3か所に振り分ける基準は、次のとおりです。

---

① 営業活動キャッシュフロー（第4列）
　……売上高、売上原価、販管費など企業の営業活動に関係した項目を集めます。
② 投資活動キャッシュフロー（第5列）
　……固定資産の取得や売却、資金の貸付や回収など、投資活動に関係した項目を集めます。
③ 財務活動キャッシュフロー（第6列）
　……営業活動や投資活動を維持するために行われる資金の調達活動です。

「図表180」の最下段の「合計」の1つ上に「**差し引きキャッシュフロー**」という欄があります。

これは、**資金の過不足**を表しています。

14-2-3　あっさりできるキャッシュフロー計算書

では、以上の成果をもとに、キャッシュフロー計算書を作成してみます。様式は、間接法により、次の調整を行っています。

① 売上債権＝受取手形＋売掛金－前受金
② 買入債務＝支払手形＋買掛金－前渡金
③ 現金預金等＝現金預金＋有価証券

資金の支出は、▲印で表示しています。

　改めて申し上げるほどのこともないでしょうが、次頁「図表181」は間接法という形式でキャッシュフロー計算書を作成したものです。間接法の形式は、スーパー資金運用表をほんの少し化粧直ししたものだということを、ご理解いただけるでしょうか。

図表181　G社、キャッシュフロー計算書（間接法）　（単位：百万円）

Ⅰ	営業活動によるキャッシュフロー		
	税引前当期利益	3,519	
	減価償却費	2,031	
	退職給付引当金の増加	237	
	売上債権（前受金を含む）の増減	1,014	
	棚卸資産の増減	▲1,152	
	その他流動資産の増減	24	
	買入債務（前渡金を含む）の増減	393	
	その他流動負債の増減	378	
	その他固定負債の増減	27	
	役員賞与の支払額	▲6	
	小　計	6,465	
	法人税等の支払額	▲1,596	
	営業活動によるキャッシュフロー		4,869
Ⅱ	投資活動によるキャッシュフロー		
	有形固定資産の増減	▲2,937	
	無形固定資産の増減	▲27	
	投資等の増減	▲528	
	繰延資産の増減	18	
	投資活動によるキャッシュフロー		▲3,474
Ⅲ	財務活動によるキャッシュフロー		
	割引手形の増減	0	
	短期借入金の増減	▲99	
	社債の増減	▲138	
	長期借入金の増減	171	
	配当金の支払い額	▲555	
	財務活動によるキャッシュフロー		▲621
Ⅳ	現金預金等の増加額		774
Ⅴ	現金預金等の期首残高		9,936
Ⅵ	現金預金等の期末残高		10,710

第3節　キャッシュに満たされた宝島を探せ

　　　　　　　　　　――女が何時までも美しさを保つと云う
　　　　　　　　　　事は、金がなくてはどうにもならない事な
　　　　　　　　　　のだ。

　　　　　　　　　　　　　　　　　　　　（林芙美子『晩菊』）

14-3-1　隠された重大な欠陥

「図表181　G社、キャッシュフロー計算書（間接法）」を検討してみます。全体的な資金の流れは、次のようになっています。

①	営業活動によるキャッシュフロー	4,869百万円	（収入超過）
②	投資活動によるキャッシュフロー	▲3,474百万円	（支出超過）
③	財務活動によるキャッシュフロー	▲621百万円	（支出超過）

　当期のG社では、**営業活動キャッシュフロー**が4,869百万円の**収入超過**となったため、**投資活動キャッシュフロー**の**支出超過**3,474百万円を十分にカバーし、さらに**財務活動キャッシュフロー**を621百万円縮減させることもできました。

　キャッシュフロー計算書では、**キャッシュフロー利益**（税引前当期利益に減価償却費などを加えたもの）の全額が**営業活動キャッシュフロー**の欄に計上されますから、よほど業績の悪い企業でない限り、営業活動キャッシュフローは**収入超過**になるはずです。その収入超過が主に、投資活動や財務活動の**支出超過**をカバーすることになります。

　本当？　そういう読みかたでいいの？

　営業活動キャッシュフローが、投資活動キャッシュフローへと流れていくというのは、**流動資産**や**流動負債**の資金が、**固定資産**へ流れていくということでしょう。284頁「図表170」をもう一度、よく見てください。「図表170」において、流動資産から固定資産へ資金が流れること（⑩の矢印）と、流動負債から固定資産へ流れること（⑤の矢印）は、**問題あり**だったはず。

　つまり、いまの会計制度が定めているキャッシュフロー計算書の様式を、

第14章　キャッシュフロー計算書の極意を伝授　　301

バカ正直に信じてしまうと、**資金の流れ**を読み誤る可能性があります。
　会計制度が定め、企業が手間ひまかけて作る資料に、いちゃもんをつけるつもりは毛頭ないですが、現在のキャッシュフロー計算書の様式は**資金の量**を表すだけであって、**資金の方向性**まで正しく示してはいません。つまり、**資金のベクトル**を表すには不完全だということ。間接法でキャッシュフロー計算書を作るぐらいなら、278頁「図表167」の形式に準じたスーパー資金運用表を作ってくれるほうが、よほど**資金のベクトル**をつかむことができるというものです。
　それとも、その企業を本当に愛する者だけが勝手に分析しろ、ということか。だったら、自分の力で宝島を探すしかない。

14-3-2　営業活動キャッシュフローを細工する

　企業から与えられるデータを工夫することで、最大限の情報を得ることにします。まずは、**営業活動キャッシュフロー**です。
　間接法によって作成されたキャッシュフロー計算書では、不十分なデータがあります。それは、**営業収入**と**営業支出**の内容がわからないことです。これらは、キャッシュフロー分析において重要な情報であるにもかかわらず。
　直接法によるキャッシュフロー計算書では、営業収入と営業支出を表示しています。そこで、営業活動キャッシュフローを、間接法から直接法へ直してみることで、G社の営業収入と営業支出をあぶり出してみます。なぁに、やり方は簡単です。次のような様式に変更して、それぞれに金額を当てはめてみてください。

図表182　営業活動キャッシュフローのみ作成（直接法）

(単位：百万円)

支　　出			収　　入		
【営業支出】			【営業収入】		
売上原価	45,045		売上高	58,410	
販管費	8,811		受取手形の増減	▲162	
営業外費用	2,772		売掛金の増減	▲408	
特別損失	24	56,652	前受金の増減	1,635	59,475
【貸借対照表項目】			【その他収入】		
棚卸資産の増減	1,152		営業外収益	1,749	
前渡金の増減	60		特別利益	12	1,761
その他流動資産の増減	▲24		【キャッシュフロー利益に		
支払手形の増減	▲351		加算する費用】		
買掛金の増減	▲51		減価償却費	2,031	
その他流動負債の増減	▲378		退職給付引当金	237	2,268
その他固定負債の増減	▲27	381			
【役員賞与】		6			
【法人税等の支払額】		1,596			
支出合計		58,635	収入合計		63,504
営業活動キャッシュフロー		[*1]4,869			

　間接法によっても、直接法によっても、営業活動キャッシュフローは[*1]4,869百万円で一致しています。元になるデータが一緒だから、当たり前か。

　営業活動キャッシュフローを見るにあたって、留意すべき事項は次のとおりです。

---

① 　営業活動キャッシュフローは、プラスかマイナスか。
② 　営業活動キャッシュフローがプラス（収入超過）の場合は、その収入超過の金額が、売上高の何パーセントぐらいに当たるか（キャッシュフロー・マージン）。
③ 　営業活動キャッシュフローのプラスの原因は、主としてどこにあるか。

14-3-3 キャッシュフローはプラスか、マイナスか

営業活動キャッシュフロー(別名、**営業収支尻**)について、G社は大幅なプラスであって問題ありません。

企業によっては、営業活動キャッシュフローがマイナスになる場合もあります。そのような企業の資金繰りは、極めて悪い状態にあると考えられます。収益性が低いため、通常の営業活動から回収される資金が少なかったり、売上債権や棚卸資産が増えすぎて、資金繰りが圧迫されたりしている可能性があります。

企業が成長期にあって、売上高が急速に伸びているときは、売上債権や棚卸資産の増加が著しく、営業活動キャッシュフローがマイナスになることもあります。このような場合は、財務活動キャッシュフローからの資金調達が順調である限り、心配することはありません。やがて、売上債権や棚卸資産が現金預金として回収されることにより、流れは変わって、財務活動キャッシュフローへ資金が流入することになります。

14-3-4 キャッシュフロー・マージンを求めよう

売上高に対する営業活動キャッシュフローの比率を求めてみます。これを、**キャッシュフロー・マージン**といいます。

図表183　キャッシュフロー・マージン

$$
(キャッシュフロー・マージン) = \frac{(営業活動キャッシュフロー)}{(売上高)} \times 100
$$

$$
= \frac{4,869 百万円}{58,410 百万円} \times 100
$$

$$
= 8.3\%
$$

キャッシュフロー・マージンは、**売上高事業利益率**のキャッシュフロー版ともいえるものです。製造業の加重平均値はおよそ4%とされています。G社の8.3%は相当高い水準です。

G社の収益性は非常に高く、売上高税引前当期利益率が６％[1]に達しています。キャッシュフロー利益に加算する費用（減価償却費と退職給付引当金）の、売上高に占める比率も４％近くあります。キャッシュフロー・マージンは、これらを合計したものですから、G社のキャッシュフロー・マージンの高さが納得できます。

14-3-5　キャッシュフローがプラスの原因を探る

G社の営業活動キャッシュフローが大幅なプラスとなっている原因は、収益性の高さにあります。

① 売上高は、前期比7,467百万円増加（14.7％増）を達成。
② 売上債権の増加を、前期比570百万円（5.0％増）に抑えたこと。
③ 棚卸資産の増加を、前期比1,152百万円（10.6％増）に抑えたこと。
④ 買入債務の増加を、前期比402百万円（5.5％増）としたこと。
⑤ 前受金の増加を、前期比1,635百万円（22.0％増）としたこと。

これらにより、かなり資金的なゆとりが生まれました。
売上高の伸びに比べて売上債権の増加が抑制されたのは、付加価値が高く、市場競争力のある製品を扱ったことによるようです。G社の企業秘密もあるので、これ以上のことは申し上げられないのですが、経営分析にあたっては、担当者へのヒアリングなどで、さらに検証する必要があるでしょう。

14-3-6　キャッシュフロー分析の高みに登れ

キャッシュフロー計算書は、企業内部における実際の資金の流れを、その流れのままに表しています。その内容は、**資金運用表**よりも**資金繰表**に似ています。
資金繰表とキャッシュフロー計算書はいずれも、企業の**営業活動**から生じる資金の動きを中心にして表現しようとするものです。**投資活動**や**財務活動**

---

[1] 売上高税引前当期利益率 $= \dfrac{(税引前当期利益)}{(売上高)} = \dfrac{3,519百万円}{58,410百万円} \times 100 = 6.0\%$

に対する分析には、あまり適していません。資金運用表のように、**経常資金**と**固定資金**とのバランスを見る、という視点もありません。

　これは、キャッシュフロー計算書の様式に原因があります。キャッシュフロー計算書では、設備投資などによって発生する**減価償却費**が、投資活動キャッシュフローに関連づけられておらず、営業活動キャッシュフローに含まれてしまっています。つまり、キャッシュフロー計算書は、減価償却費を含めた**キャッシュフロー利益**をもとに、**営業収支尻**を明らかにする資料に過ぎない、ということです。

　そこから先、どこへ、どのように資金が運用されるかを明らかにする資料ではありません。いわば、片肺飛行。キャッシュフロー利益を始めとする**資金の運用状況**も調べたい、というのであれば、**スーパー資金運用表**や**長期資金運用表**を自力で作る、といった努力が必要です。

第15章

あの会社の粉飾決算を見破ろう

第1節　売上高に対する粉飾

　　　　　　　　　　——他人を傷つけなければならないとき
　　　　　　　　　　は、復讐におびえる必要のないほど、た
　　　　　　　　　　たきのめさなければならない。
　　　　　　　　　　　　　　　　　（マキャベリ『君主論』）

15-1-1　それは7年前から始まった

　いままでの学習成果をもとに、その総仕上げとして、古今東西の企業で編み出された粉飾決算事例を学ぶことにしましょう。

　まずは、上場会社でありながら、粉飾決算に手を染めて、見事に散っていったH社の事例から見てみます[1]。

　筆者の手許にある資料が確かであれば、H社では7年前に、**架空売上高113百万円**を計上することから粉飾決算が始まったとされています。このとき過大表示された利益は113百万円とされていますから、架空売上高と同額の売掛金を計上するという、なんとも単純な粉飾決算から始まったのでした。

　その後、製造コストの圧縮、貯蔵品の過大表示、買掛金の過小表示へとエスカレートしてゆきました。これらの手法はすべて、最終の利益である当期利益を過大表示させるものです。

　倒産直前期の損益計算書を、次の「図表184」に掲げます。表中「②実際数値」とあるのは、倒産後にH社のウラ帳簿から判明した数値です。

---

[1] やっぱ、架空の話なんだな、これが。

図表184　H社、倒産直前期における損益計算書

(単位：百万円)

科　目	①公表数値	②実際数値	粉飾額(①−②)
売上高	★¹18,729	16,470	★²2,259
売上原価	14,935	15,637	★³▲702
製品期首棚卸高	1,046	1,046	0
当期製品製造原価	14,994	15,652	▲658
製品期末棚卸高	1,105	1,061	44
売上総利益	3,794	833	2,961
販売費及び一般管理費	1,582	1,821	★⁴▲239
荷造発送費★⁹	662	805	▲143
販売手数料★⁹	216	251	▲35
広告宣伝費	27	37	▲10
接待交際費	99	122	▲23
事務用消耗品費	34	42	▲8
その他	544	564	▲20
営業外収益	1,011	1,011	0
営業外費用	2,393	2,575	▲182
支払利息	1,260	1,434	★⁵▲174
その他	1,133	1,141	▲8
経常利益	★⁶830	★⁷▲2,552	★⁸3,382

　一度粉飾に手を染めると、その穴を埋めるために、さらに大きな粉飾決算が必要となります。7年前に113百万円の粉飾から始まって、倒産直前期では★⁸3,382百万円の利益を過大に計上するに至っています。

　倒産直前期の損益計算書を見ると、粉飾決算に関するあらゆるパターンが織り込まれているのですが、やはりその中心は架空売上高の計上だったようです。倒産直前期の公表売上高は★¹18,729百万円であるのに対し、このうち★²2,259百万円が架空の売上高となっています。

　これに加えて、売上原価を★³702百万円圧縮、販売費及び一般管理費を★⁴239百万円圧縮、支払利息などを★⁵174百万円圧縮して、総額で★⁸3,382百万円の利益を捻出しています。公表された経常利益は★⁶830百万円であったにもかかわらず、実際の経常利益は★⁷▲2,552百万円の赤字だったのでした。

　これだけの粉飾決算を行っていながら、**公認会計士による会計監査**はどう

なっていたのか、という問いには、まあ、架空の企業の話ということでご容赦願いましょう。これだけひどい粉飾決算の場合、会計監査でも容易にバレるものです。

たとえば、*9荷造発送費と販売手数料に注目してください。これらの費用項目は、売上高に連動するものです。売上高が伸びているのに、荷造発送費や販売手数料が横ばいもしくは減少しているときは、「あれれっ、おかしいな？」と思わなければなりません。

また、支払利息を借入金残高で割った利子率が、異常に低いか異常に高い場合も「おやっ？」と思わなければなりません。H社の借入金の利子率は、支払利息が少ない分だけ、一般のプライムレートよりはるかに低く算定されるはずです。

倒産してからの事例分析は容易であるのに対し、事前の分析では数少ない資料から企業の業績を判断しなければなりません。それに、最初から粉飾決算だと疑ってかかるわけにもいきません。困難といえば困難ですが、それが経営分析の面白さです。

15-1-2　在庫売上の誘惑

I社の場合、売上高6,807百万円のうち、2,134百万円が**売上戻り高**とされていました。売上戻り高とは、返品または値引きのことです。

I社では、電話やインターネットで注文を受けると直ちに売上高に計上し、現物は後で引き渡す方法を採用していました。これを**在庫売上**といいます。

通常、売上高を計上する時点は、**現物を出荷するとき**が原則[①]とされています。電話で注文を受けて即座に売上高に計上するのは、いくらなんでも早すぎます。

I社では、在庫売上の手法を採用することで売上げを水増しし、しかも売上戻り高2,134百万円はすべて翌期の会計処理としていました。売上戻り高に対応する商品の売上原価は745百万円しか計上されておらず、差し引き

[①]これを**出荷基準**といいます。ただし、これは理論的な原則であって、実際に「どの時点で出荷したか」を判断するのは、難しいものです。出荷伝票を作成したときなのか、トラックが工場から出て行ったときなのか、配送計画の手違いでトラックの出発が翌日になったらどうするか、連結子会社である運送会社のトラックで搬出するのは連結企業グループとしてみると出荷とならないのではないか、とか。原則は原則であって、実際には取引の数だけ例外がある、ということです。

1,389百万円もの利益を過大に表示していました。

筆者が密かに入手した資料によると、I社の財務諸表には次の修正が必要である、との結論がありました。

図表185　I社、修正事項

売上高を減少させること		
（売上高に対応させて減少させる科目）		
売掛金	2,008百万円	
関係会社売掛金	44	
関係会社受取手形	58	
関係会社短期貸付金	24	2,134百万円
売上原価を減少させること		
（売上原価に対応させて棚卸資産を減少させること）		745百万円
売上総利益の過大計上額		1,389百万円

　修正事項の中にある**関係会社**とは、資金の面、人材の面、取引の面で圧倒的に支配している会社のことをいいます。支配される側の会社を、**子会社**または**関連会社**といいます。支配する側の会社を、**親会社**といいます。

　子会社が親会社にいい顔を見せようとして子会社単独で粉飾決算を行うことはありますが、親会社が単独で粉飾決算を行うことは稀です。まず間違いなく、子会社が利用されるといっていいでしょう。子会社は、資金・人材・取引の面で支配されているのですから、親のいうことなら、何でもきいちゃうのが道理というものです。

15-1-3　動機の不純な子会社

　J工業は、子会社であるJ販売を利用して、売上高の粉飾を行っていました。メーカーが販売子会社を持つのはよくあることです。しかし、動機が不純でした。J工業では、売れない在庫をすべてこの子会社に抱えさせ、J工業自体は順調に売上高が伸びているように見せかけていたのでした。

　さらに、親会社と子会社の決算期をずらすことで、粉飾決算が容易に見つからないようにしており、心憎いばかりの配慮です。親会社と子会社とで**決算期が異なる**場合は、気をつけましょうね。

J工業とJ販売の業績の推移を並べたのが、次の「図表186」です。

図表186　J工業・J販売、業績推移　　（単位：百万円）

	決算期		×1年3月		×2年3月	
J工業	決算期		×1年3月		×2年3月	
	売上高		6,835		*³6,012	
	（うちJ販売）		5,103		2,254	
	売上債権		3,716		*⁴8,089	
	（うちJ販売）		3,346		3,712	
J販売	決算期	×0年9月		×1年9月		×2年9月
	売上高	3,256		4,681		6,064
	買入債務	443		3,838		3,576
	棚卸資産	*¹834		*²2,836		2,056

　この表を見ると、子会社J販売の棚卸資産は、×0年9月期*¹834百万円であったものが、×1年9月期には*²2,836百万円へと激増しています。

　本来、J工業の棚卸資産として計上されておくべきものが、子会社に対するものとはいえ、売上債権という形に変わるとどうなるか。当然、売上債権に対応した売上高がJ工業で計上されることになり、当期利益が水増しされることになります。

　J工業の、×2年3月期の売上債権*⁴8,089百万円は、同じ期の売上高*³6,012百万円を上回っています。売上債権が売上高を上回るというのは、売上債権の回収に1年以上を要するということです。J工業の**売上債権回転期間**は、約1年4か月①にもなります。いかに異常な事態であったかがわかります。

　J工業は非上場会社であり、**連結財務諸表**を作成する必要がないため、このようにデタラメな決算を組むことができました。連結財務諸表を作成していたら、親会社と子会社との取引などすべて相殺消去されてしまいますから、子会社への押込販売について自制が働いたことでしょう。J工業では、金融機関の貸し渋りを回避するため、3年前から利益を水増しする必要に迫られたといいます。

　喫煙者が禁煙した場合、きれいな肺に戻るまでには喫煙期間の3倍を要するといわれています。タバコを3年間吸い続けていれば、9年の禁煙期間が

---

①売上債権回転期間＝$\frac{（売上債権）}{（売上高）}$＝$\frac{8,089百万円}{6,012百万円}$＝1.34年＝約1年4か月

必要だとか。

　粉飾決算の場合、正常な姿に戻るためにどれだけの期間を要するか、それに関する統計資料は、筆者の手許にもありません。正常な決算数値に戻すのは簡単かもしれませんが、一度失われた信用は、どんなに時間をかけても取り戻せないことだけは確かなようです。

15-1-4　目クソが笑う

　K社はベンチャー・ビジネスの旗手ともてはやされ、株式上場後は数度にわたり増資を行い、株価も青天井で伸びたことがありました。K社の公表数値を見る限りでは、上場時期をはさみ、売上高・当期利益ともに、目覚しく伸張しています。

図表187　K社、損益計算書推移　　（単位：百万円）

決算期	科目	売上高	経常利益	当期利益	売上高当期利益率
第×1期	公表数値①	15,266	516	192	1.3%
	実際数値②	11,438	338	▲8	▲0.1%
	粉飾額（①−②）	3,828	178	200	—
第×2期	公表数値①	19,355	765	[*1]414	2.1%
	実際数値②	11,059	221	[*2]48	0.4%
	粉飾額（①−②）	8,296	544	366	—
第×3期	公表数値①	36,171	1,736	932	2.6%
	実際数値②	13,507	▲1,753	▲2,763	▲20.5%
	粉飾額（①−②）	22,664	3,489	[*3]3,695	—

　公表された数値だけを見ると、K社は3期連続して増収増益を達成し、抜群の業績を誇っていることになっています。しかし、その実態は多額の粉飾決算によるものであって、実際の収益力は極度に低下していました。

　第×2期では、公表された当期利益は[*1]414百万円でしたが、実際には[*2]48百万円を計上しただけでした。しかも、赤字を隠すための粉飾決算は、期を追うごとにひどくなり、第×3期には[*3]3,695百万円もの巨額の粉飾が行われています。

K社の粉飾は、売上高の架空計上、デリバティブ商品の操作など複雑多岐にわたります。なかでも、各地区の販売代理店に対し、商品すべてが未出荷でありながら売上として計上するという、在庫売上の操作が最大の粉飾となっていました。
　K社の経営者は倒産後、雑誌のインタビューに応え、「あと1、2年あれば事業が軌道に乗ったのに」と述べていました。それは、たぶん、きっと、正しくないと思う。
　「銀行は、業績がいいときは『借りてくれ、借りてくれ』とうるさかったが、ちょっとでも業績が足踏みすると、手のひらを返したように冷たくされた。だから、粉飾に走らざるをえなかった」とも述べていました。目クソが鼻クソの悪口をいうたぐいに似ている。

15-1-5　値札飛ばし

　未確認の情報なのですが、L工業ではこういう粉飾決算が行われているらしい、というものを紹介しておきます。L工業で行われている粉飾技術は、やはり子会社を利用したものです。
　まず、親会社であるL工業から、子会社のL販売に製品を販売する際、実勢価格よりも高い値段で販売します。子会社も下流の販売代理店に製品を流すときに同様の手口を使って、さらに利益の水増しを行います。
　現物は、工場から出荷したときに売上げを計上する基準（出荷基準）を採用しているので、売上高の計上方法に問題はありません。数量もバッチリと管理しているので、実地棚卸で利益の水増しがバレる可能性もありません。
　ここでの操作は、**製品単価**に対して行われます。「いくらで売れるか」というのは、業界事情に通じていないとわからないものです。L工業は、そこに目をつけました。販売する製品の単価を高くするだけでなく、すでに陳腐化して売れる見込みのない在庫も過大評価する手法がとられているようです。
　海外の関係会社まで総動員して、グループ企業内で製品をぐるぐる回したところで、いずれは破綻するというのにね。金融業界にならって、社内では**値札飛ばし**というそうです。
　このほか、L工業では固定資産の中に評価基準の甘いものがあったり、不動産の架空取引もあったりするとか。あくまで、未確認の話ですけれどもね。

15-1-6　借入金が売上高に化ける超魔術

　大規模な粉飾には、必ず、売上高の粉飾決算が伴います。常套手段だといってもいいでしょう。いままでに紹介してきたもの以外で、売上高の粉飾決算としてポピュラーなものには、次のような例があります。

図表188　粉飾決算の例

① 架空の取引先をつくり、架空の売上げを計上する。★
② 従来から取引のある相手へ、売上げを水増しする。★
③ 資産の売却益を売上げとして計上する。
④ 借入金の入金を売上げとして計上する。
⑤ 前受金の入金を売上げとして計上する。
⑥ 企業内部の振替取引を売上げとして計上する。★
⑦ 期末日近くにおいて買戻条件付で販売する。★
⑧ 翌期の売上げを当期の売上げとして計上する。★

　「図表188」のうち、「④　借入金の入金を売上げとして計上する」というのは、粉飾技術として強烈です。金融機関から借り入れを行ったときは、通常、次の仕訳を行います。

仕訳14　借入金に関する仕訳

（借方）現金預金　1,000,000円　　（貸方）短期借入金　1,000,000円

　ところが、貸方の短期借入金を売上高に置き換えたら、次のような仕訳になります。

仕訳15　借入金を売上高とする仕訳

（借方）現金預金　1,000,000円　　（貸方）売上高　1,000,000円

「仕訳15」の直接的な効果は、利益が水増しされることです。売上高に対応する売上原価がまったくないので、売上高がまるまる当期利益となります。

副次的な効果として、貸借対照表からみた財務体質が急速に改善される、という点があげられます。なぜなら、本来、貸借対照表の負債に計上されるべき借入金が存在しなくなるからです。

この場合の借入金を**簿外負債**といいます。簿外とは、「帳簿の外に隠されたもの」のことです。

この借入金に対する利息を支払うとき、さらに高度な粉飾テクニックが開発されます。支払利息に関する仕訳は、通常、「仕訳16」のとおりとするはずです。

仕訳16　支払利息に関する仕訳

（借方）支払利息　10,000円　　　（貸方）現金預金　10,000円

ところが、「仕訳16」を正直に行ってしまうと、損益計算書に計上された支払利息に対する、借入金の比率（利子率）が飛躍的に上昇し、粉飾決算が容易にバレてしまいます。したがって、「仕訳17」のように、借方の支払利息を売上値引に変えちゃいます。

仕訳17　支払利息を売上値引とする仕訳

（借方）売上値引　10,000円　　　（貸方）現金預金　10,000円

ここまでする勇気があれば、アッパレですね。

なお、「図表188」のうち、★印をつけたものはキャッシュ（現金預金）の動きがないので、損益計算書とキャッシュフロー計算書とをぶつけることで、粉飾決算の存在をある程度推測することができます。でも、そういうことを最初から想定される企業って、たぶん、経営分析の対象としては悲しいと思う。

第2節　売上債権に対する粉飾

> ——日本人は絶望を知らない。絶望する前に、諦めてしまう。
> 　　　　　　　　　　　（山本周五郎『断片』）

15-2-1　墓穴の掘りかた

　売上取引における仕訳の基本は、貸方（右）に売上高を、借方（左）に売掛金をそれぞれ記入します。

仕訳18　売上取引における会計処理

（借方）売掛金　100,000円	（貸方）売上高　100,000円

　したがって、売上高の粉飾は当然に、売掛金や受取手形など売上債権の粉飾を伴い、架空の売上債権や不良の売上債権を発生させます。
　また、売上債権の発生当初は健全なものであったとしても、得意先の業績が悪化して回収が遅延することもあります。このような場合、回収遅延となった売上債権に対し、貸倒引当金の積み増しを行って「いざ」という時に備えるべきなのですが[1]、それを行わないとき、売上債権に対する粉飾となります。
　ただし、貸倒引当金をどの程度まで積み増すかは、経理部門などの主観が入る余地があるので、一概に粉飾と決めつけることはできません。**経理操作**の範囲内として、容認されることもあります。
　売上債権に対する粉飾は、売上高が粉飾されるたびに累積してゆくという特徴があります。前に紹介したH社のケースでは、累積した架空の売上債権を負債と相殺することで、売上債権を減らす努力をしていたようです。それでも倒産直前期には1,560百万円あまりの架空の売掛金が残ってしまったと

---

[1]「いざ」の時とは、得意先が倒産し、売上債権が回収不能となることです。

いいます。

売上債権は売掛金と受取手形を合わせたものですが、売上債権に対する粉飾は、売掛金に対するものがほとんどです。受取手形は、手形用紙という現物があるため、粉飾が難しいようです。

15-2-2　ワンマン企業は一代限り

M社では、ある決算期に3,955百万円もの巨額の赤字を計上しました。このうち、894百万円は得意先の倒産に伴う貸倒損失の計上で、1,612百万円は税法限度を超えて積み増した貸倒引当金の繰入超過額です。つまり、合計で2,506百万円（＝894百万円＋1,612百万円）の不良債権を抱えていたことになります。筆者の手許にある極秘資料によると、それでもまだ約10億円の引当不足があるとのことですから、実際の不良債権はもっと多かったことになります。

M社では、製品の販売に当たって系列の小売店を主に利用していました。この中には力関係の弱い小売店も相当あったようです。

M社ではワンマン社長の急死により百八十度の方針転換が行われ、いままでの膿をだす覚悟で巨額の赤字決算を組むことになったといわれています。しかし、小売店をいじめてきたツケはあまりに大きく、販売ルートの立て直しが間に合わないまま、それから2年もたたずにM社は市場から消えてゆきましたとさ。

第3節　棚卸資産に対する粉飾

　　　　　　　　　——既成事実さえできれば、理屈や弁
　　　　　　　　　解はあとからどうにでもつくもんだ。
　　　　　　　　　　　　　　　　（梅崎春生『砂時計』）

15-3-1　経理操作のボーダーライン

　棚卸資産については、ある程度の**経理操作**が許容されています。「ある程度の経理操作」が認められるのは、棚卸資産の**評価基準**や**評価方法**において、複数の方法のうちの1つを、**企業の裁量で選択**することが認められているからです。たとえば、**棚卸資産の評価基準**をみてみます。評価基準には、次の2種類があります。

図表189　棚卸資産の評価基準の種類

① 　原価評価（当初取得した原価のまま計上する）
② 　時価評価（決算期ごとに時価で評価し直す）

　棚卸資産の評価基準は、「①原価評価」が原則とされています。これは、買ったときの値段で貸借対照表に計上し、売るときには当初買った値段をそのまま売上原価とするものです。たとえば、100千円の商品を仕入れ、これを120千円で売った場合、一連の仕訳は次のようになります。

仕訳19　商品の仕入れ・販売

商品を仕入れたとき
　（借方）商　　品　　100,000円　　（貸方）現金預金　　100,000円
商品を販売したとき
　（借方）現金預金　　120,000円　　（貸方）売　上　高　[*1]120,000円
　（借方）売上原価　[*2]100,000円　　（貸方）商　　品　　100,000円

第15章　あの会社の粉飾決算を見破ろう

この取引で、売上総利益(売上高と売上原価の差)が20,000円（＝*¹120,000円－*²100,000円）発生します。評価損や評価益を考慮しないので、仕入れてから販売するまで、棚卸資産の価額は不変です。ひょっとしたら、販売するときまでに100円ぐらいは値上がりしていたかもしれません。しかし、ここではその含み益を考慮しないのです。

15-3-2　時価評価が混乱のもと

売る売らないにかかわらず、決算期を迎えるたびに時価を調べ、当初の帳簿価額を時価に評価換えする場合もあります。時価で評価し直す場合、商品を販売する前に評価損や評価益が計上されます。

先ほどの例を用います。商品を販売する前に500円の含み損がある場合で、時価で評価し直したときは、次の仕訳を行うことになります。

仕訳20　時価に基づく仕訳

商品を仕入れたとき
（借方）商　　品　　100,000円　　（貸方）現金預金　　100,000円
評価損の計上
（借方）商品評価損　*¹500円　　（貸方）商　　品　　500円
商品を販売したとき
（借方）現金預金　　120,000円　　（貸方）売　上　高　*²120,000円
（借方）売上原価　　*³99,500円　　（貸方）商　　品　　99,500円

これにより、売上総利益は20,500円（＝*²120,000円－*³99,500円）となります。「仕訳19」のときよりも、売上総利益が500円増えています。これは商品を販売する前に**評価損**を*¹500円計上していたことによるものです。

当初取得した原価のままとするか、時価で評価し直すか、どちらを採用するかは、企業が自らの判断で決めることです。時価が下落しているときに時価で評価し直せば、評価損を計上することで当期利益を圧縮することができます。次の期に、当初取得した原価に戻せば、棚卸資産は過大評価となります①。

---

①粉飾を意図しない限り、現実的にこのような方法は不可能です。ここでは、理解していただくために記述しています。

実際に、そのようなことで悩んでいる企業はないでしょう。一度選んだものは、そう簡単に変えちゃいかんのです。それは、法令が禁止[①]しているかどうかではなく、**企業モラル**の問題です。

15-3-3　評価方法の多様性が拍車をかける

ある企業が、**評価基準**として、**原価評価**（当初取得した原価のまま計上する方法）を採用したとします。ところが、**評価基準**のほかに、**評価方法**も選択しなければなりません。評価方法には、次のものがあります。

図表190　棚卸資産の評価方法の種類

個別法、先入先出法、後入先出法、単純平均法、総平均法、移動平均法最終仕入原価法、売価還元法

評価方法も**企業の裁量**で自由に選択できるため、さらに複雑な経理操作が可能となります。たとえば、不況で物価が下落しているときに、棚卸資産の評価方法を先入先出法から後入先出法へ変更すると、棚卸資産価額が変更前よりも過大に評価されることになり、売上原価が過小になって、当期利益を膨らませることができます。

ん？　本当かな？　頭の体操として考えてみてください。

こうした複雑な組み合わせの選択が、企業の裁量によって自由に認められているため、棚卸資産に対する粉飾決算を見抜く作業が困難を極めます。架空の棚卸資産を計上したり、市場ではもはや売れなくなって陳腐化した製品に対して評価減を行わずにそのまま計上したり、さらに、借入金の利息や接待交際費などを棚卸資産の取得価額に混入させたり。

よくもまあ、これだけのことを思いつくものだと感心してしまいます。人智のおもむくところ、はかり知れないものがあります。

15-3-4　水増しで自ら溺れる

H社では、架空売上高2,259百万円の計上とともに、702百万円もの売上原

[①]企業会計原則／第一／一般原則／五。法人税基本通達5-2-20など。

価の圧縮を行っていたことは、前に紹介しました。売上原価を圧縮する方法として一番簡単なのは、期末の棚卸資産を水増しして過大評価することです。

H社では、製品について44百万円の水増し計上を行っています。仕掛品についても658百万円の過大計上を行うことで、トータルで702百万円の売上原価の圧縮をはかっていました。

同社では、架空の棚卸資産が累積するたびに負債勘定との相殺を行っていました。それでも702百万円を相殺し切れぬまま"タイムオーバー"になってしまったと、関係者の証言が残されています。

15-3-5　研究開発費はどこへ消えた

N社の、ある決算期における損益計算書は、次のようになっていました。

図表191　N社、損益計算書　　　　（単位：百万円）

科　目	金　額			
売上高	16,954			
売上原価	15,033			
販売費一般管理費	1,369			
営業利益	552			
営業外収益	332			
営業外費用	1,342			
経常利益	▲458			
特別利益	2,246	→（特別利益の内訳）		
		固定資産売却益	★[2]2,136	
		貸倒引当金戻入益	60	
		その他	50	
特別損失	3,861	→（特別損失の内訳）		
		固定資産売却損	23	
		棚卸資産評価損及び処分損	★[3]2,571	
		繰延資産償却	★[4]880	
		貸付金貸倒償却	237	
		投資有価証券評価損	90	
		貸倒引当金繰入額	60	
法人税等	400			
当期利益	★[1]▲2,473			

当期利益は*¹▲2,473百万円の赤字となっています。これは固定資産売却益*²2,136百万円を含んでいますから、実質的には4,609百万円（＝2,473百万円＋2,136百万円）もの巨額損失が発生しています。この損失の最大の原因が、棚卸資産評価損及び処分損の*³2,571百万円です。

　N社はいままでに積極的な新製品の開発を行ってきましたが、これがことごとく失敗に終わりました。この研究開発に要した費用を試作品として棚卸資産に含め、損失とすることなく、この決算期まで貸借対照表に計上してきたのです。

　棚卸資産以外にも、失敗した研究開発費の一部を繰延資産として貸借対照表に計上してきましたが、当期にいたってようやく*⁴880百万円を特別損失として計上することになりました。いままで、市場価値のない資産を、棚卸資産や繰延資産の形で30億円以上も、貸借対照表に計上し続けてきたのです。

　研究開発費は、発生したその期に費用として処理する①のが原則です。ようやく、その原則②が理解されたといったところでしょうか。

　実体のない棚卸資産や繰延資産を、特別損失として表に出すにいたった勇気は、まあ、よしとして、いままで第三者を欺いてきた責任はどう明らかにされたのでしょう。いつまで居座り続けるのでしょうか、ここの経営者は。オーナー社長だから、別にいいのか、取り巻き役員は**イエスマン**ばかりだし。

　オーナー会社の社長は絶対君主ですから、責任の取りようがありません。たとえ取締役会でオーナー社長が解任されたとしても、明日には再びオーナー社長が返り咲きます。

　取締役会のメンバーを決めるのは株主であり、その株主の最大派閥はオーナー自身です。オーナー社長の解任決議に賛成した役員を、オーナーが株主の立場から逆に解任して、取締役をイエスマンに総入れ替えしてしまえば、オーナー社長の座は安泰です。

　商法という法律が、取締役と株主との兼任を認めているのですから、これは如何ともしがたい。社外取締役③がいたとしても、オーナー社長の暴走をどこまで止められるかは疑問です。

---

　①「費用として処理する」とは、損益計算書の売上原価、販売費及び一般管理費、営業外費用などに計上するということです。
　②いまだに「試験研究費は5年で均等償却」と思い込んでいる人がいます。試験研究費などという用語はもう使わないよ。5年で償却というルールもありません。
　③社外取締役とは、その就任前、会社の従業員などでなかった人のことをいいます。

第15章　あの会社の粉飾決算を見破ろう　　323

反対に、オーナー社長が有能で、傑物である場合も問題です。社長が引退したとき、その会社は一気に崩壊してしまうことがあるからです。

経営分析の立場からすれば、オーナー企業というのは、良くも悪くも一代限りのものとして判断しなければならないようです。

15-3-6　弱者はつらいよ

Ｏ社の棚卸資産は、かなり複雑です。筆者が解読しただけでも、貸借対照表に計上しておくべきではないものが、次のとおりありました。

(1) 製品について 　返品や値引きの未処理分の金額を製品の原価に含めているもの	472百万円
(2) 材料について 　材料価格を改定したことに伴い修正を要するもの	314百万円
(3) 仕掛品について 　試作品を費用処理すべきもの	139百万円
合　　　計	925百万円

Ｏ社の製品は、ユーザーの指定する材質や寸法に応じて受注生産を行いますので、注文が取り消された製品を他のユーザーに転売することは容易でないという事情があります。また、輸出向けの製品が相手先の政情不安によって注文取消となったり、長期にわたる在庫保管によって陳腐化したりしたものも相当数あったようです。

すべて商品価値のないものなのに、とりあえず棚卸資産に計上しておいて、景気がよくなるのを待とう、という経営戦略だったのでしょうか。あなたまかせの経営戦略でもうけている例は、公社公団ビジネス以外、あまり見たことがありません。

15-3-7　建設業は粉飾のデパートって本当ですか

筆者も会計事務所を経営する者として、いくつかの企業に関与しています。しかしながら、建設業関係だけは関与する気になれません。

こういっては物議をかもすかもしれませんが、中小の建設会社で、かつ、

公共工事を受注しているところは、99％ぐらいの確率で粉飾決算が常態化していると、筆者は確信しています。なにしろ、公共工事の入札にかかわるためには黒字であることが絶対条件ですから、まず当期利益というオシリをいくらにするかを決め、そこからさかのぼって、売上高や工事原価を決めてゆきます。これを粉飾といわずして、なんというか。

いえ、あなたの会社が粉飾をしていると申し上げているのではありません。きっと、あなたの会社は、1％の中に入るほどの健全経営をしていることでしょう。筆者は、残り99％の話をしているだけです。

15-3-8　マネするなよ

建設業関係にまつわる数ある粉飾事例の中で、簡単なものを紹介いたします。建設業では、いまだ完成していない工事について支出した費用を、**未成工事支出金**という科目に計上します。製造業でいう**仕掛品**と同じ性格をもった棚卸資産です。

建設業会計は別名**工事原価計算**と呼ばれていますが、一般の製造業が行う**原価計算**とは似て非なるものであり、とくに未成工事支出金は粉飾決算に利用されやすい科目とされています[1]。未成工事支出金は棚卸資産ですから、棚卸資産にいろんな費用をもぐりこませれば、当期利益を膨らますことなど簡単です。製造業で行われている原価計算の大半も**どんぶり原価計算**と呼ばれていて、仕掛品の計算根拠などないに等しいのですが、それでも未成工事支出金ほどひどくはありません。

本来、その期の費用として会計処理すべき、建設工事に直接関係のない人件費や支払利息などを、未成工事支出金に含めていることがあります。また、工事が完成しているにもかかわらず、未成工事支出金の全額を**完成工事原価**[2]に振り替えず、一部を未成工事支出金にそのまま残していることもあります。

「え？　ダメなの？」なんて、いわないでください。これらは、立派な粉飾決算です。

---

[1]製造業の仕掛品だって、粉飾によく利用されるけれどもね。
[2]完成工事原価は、一般には売上原価に相当します。

15-3-9　公共工事が特にあぶない

　P建設では、未成工事支出金として当期の貸借対照表に計上されているもののうち、2,234百万円は、前期までに完成工事原価（売上原価）として処理しておかなければならないものです。実体のない棚卸資産が、未成工事支出金として貸借対照表に計上され続けているようです。

　P建設の未成工事支出金は、次のように推移しています。

図表192　P建設、未成工事支出金推移　　　（単位：百万円）

決算期	未成工事支出金	未成工事受入金	完成工事高
第×1期	3,947	3,209	4,189
第×2期	5,087	2,432	4,040
第×3期	4,964	2,335	4,110
第×4期	4,717	1,815	4,043
第×5期(当期)	3,936	1,557	4,051

　この推移を見ると、**未成工事受入金**[1]が徐々に減少しているのに対して、**未成工事支出金**が高い水準で張りついています。とくに、第×2期では、未成工事受入金が前期比777百万円も減少しているのに、未成工事支出金が1,140百万円も増加しています。P建設は官公庁向けがメインですから、よほど大規模な公共工事に携わっていない限り、おかしいと思わなければなりません。

　また、未成工事受入金が減少傾向にあるのに対し、**完成工事高**[2]はほぼ横ばいとなっています。ひょっとしたら、本来、未成工事受入金とすべきものを、ダイレクトに完成工事高に計上しているのかも。一般の会計でいえば、前受金を、工事の完成を待ってから売上高とするのではなく、入金のあった時点ですぐに売上高に計上してしまうことと同じです。

　こうしてみると、P建設の会計処理はますます怪しい、ということになります。公共工事は政治的なコネを必要とするため、**領収書のない接待交際費**も相当あるんだろうな。

---

[1]未成工事受入金は、一般には前受金に相当します。
[2]完成工事高は、一般には売上高に相当します。

第4節　有形固定資産に対する粉飾

——おのが分を知りて、及ばざる時は、
速やかに止むるを智というべし。
（吉田兼好『徒然草』）

15-4-1　粉飾のゴミ箱といわれる由縁

　建物など有形固定資産を取得する際に要した費用のうち、取得するまでの借入金利子、登録免許税、不動産取得税などは、**固定資産の取得価額**に含めることができます。これらの費用を**付随費用**といいます。付随費用を固定資産の価額に含めず、その期の**費用**とすることもできます。

　固定資産の価額に含めれば、当期利益は増えます。固定資産の価額に含めず、その期の費用とすれば、当期利益は減ります。どちらの会計処理を選択するかは**企業の裁量**に委ねられているので、ここに**経理操作**を行う余地が生まれます。

　再三申し上げているとおり、経理操作を悪いといっているのではありません。経理操作に名を借りた、**粉飾決算**に気をつけなければならない、ということです。

　固定資産を取得した「後」の借入金利子や、当該固定資産に関係のない借入金利子、さらには固定資産管理のための人件費や各種の経費などを、固定資産の価額に含めれば粉飾です。ひどくなると、接待交際費や役員賞与、政治家へのワイロなどを、費用とせずに固定資産の価額に含めている企業もあります。

　有形固定資産の修繕や改良に要した費用のうち、その修繕などによって**固定資産の価値を増す**か、または**耐用年数を延長させる**効果をもつものは、**資本的支出**といって固定資産の価額に含めます。しかし、**通常の修繕費**まで資本的支出と称して固定資産の価額に含めれば、粉飾決算の一丁上がりです。さらに、陳腐化した固定資産は評価減を行わなければなりませんが、これを行わなければ不作為の粉飾です。

　「とりあえず放り込んでおけ」という意図が、建物の壁の裏側にたくさん隠

されています。固定資産が、粉飾決算のダスト・ボックス(ゴミ箱)といわれる理由がおわかりいただけるでしょうか。

15-4-2　よくここまでやるものだ

まず、Q社の損益計算書をご覧ください。

図表193　Q社、損益計算書　　　(単位:百万円)

科　目	金額			
売上高	17,876			
売上原価	15,307			
販売費一般管理費	2,268			
営業利益	301			
営業外収益	386			
営業外費用	1,379			
経常利益	▲692			
特別利益	3,889	→(特別利益の内訳)		
		固定資産売却益	1,841	
		有価証券売却益	457	
		子会社株式売却益	1,591	
特別損失	5,143	→(特別損失の内訳)		
		固定資産売却損	44	
		固定資産除却損	[★1]372	
		棚卸資産処分損	284	
		貸付金貸倒償却	99	
		投資有価証券評価損	14	
		固定資産過年度除却損	[★2]4,330	
法人税等	375			
当期利益	▲2,321			

Q社では、この決算期において、固定資産過年度除却損を*²4,330百万円、特別損失に計上しています。その内訳は、次のとおりとされています。

（固定資産過年度除却損の内訳）	
建物	914百万円
機械装置	3,137百万円
工具器具備品	279百万円
合　　計	4,330百万円

　Q社は業種柄、つねに新製品を開発し続けなければならない状況にあり、そのための費用も巨額です。そこで、新製品の研究開発費用のほとんどを、固定資産に含めていました。その額なんと、4,330百万円。巨額の粉飾が固定資産を舞台にして行われる、という典型です。

15-4-3　税法が粉飾を助長するとまではいいませんが

　研究開発費用は原則として、その期の費用としなければなりません。百歩下がって（99歩までしか下がる余地はありませんが）、Q社では、繰延資産に計上することも検討したそうです。
　しかし、繰延資産として貸借対照表に計上してしまうと、赤字を実質的に繰り延べていることがバレてしまい、イヤなのだそうです（社長室長談）。また、繰延資産ではその償却年数が短いことから、固定資産のほうに計上することで償却年数を引き伸ばし、償却負担を軽くする狙いもあったそうです（経理部長談）。
　Q社の特別損失にもう一つ、固定資産除却損*¹372百万円があります。これは、固定資産の一部について、減価償却を止めていたことによるものです。それが、除却することで一気に噴き出したのでした。
　税法では、企業の裁量で減価償却を行わなくてもいい（ゼロでもかまわない）んですよねぇ。罰則などありません。税務調査で、減価償却不足を指摘されることも絶対ありません。だから、減価償却を行わずに当期利益をかさ上げしようとする企業が後をたたない。
　税法の限度額内であれば、好きな時期に好きなだけ減価償却を行えばいい、という税制が、日本にはあります。減価償却をまったく行わない決算期

があっても、税法上は構わないのです。
　税法が粉飾決算を助長しているとまではいいませんがね。

第5節　投資勘定に対する粉飾

　　　　　　　　　——逃げしなに「覚えていろ」は負けた
　　　　　　　やつのいうセリフ
　　　　　　　　　　　　　　　　　　（呉陵軒『柳多留』）

15-5-1　時価会計の外にあるもの

　有価証券については**時価会計**（または**金融商品会計**）の導入により、粉飾決算どころか経理操作さえ思うにまかせないようになりました。よかった、よかった。

　ところが、**子会社株式**は、いまだ時価会計の蚊帳（かや）の外です。したがって、子会社株式の評価について、**利益操作**が行われる余地があります。利益操作とは、含み損の実現が見送られることです。

　また、決算期末において時価が著しく下落し、回復の見込みがない場合には時価で評価することとされていますが、その判断には**企業の裁量**が大いに入り込みます。「回復の見込みがある！」と主張すれば道理が引っ込むのは、日本の会計監査における慣習です。情けないかな、ここにも経理操作が顔を出します。

　利益操作や経理操作がひどくなれば、粉飾決算となります。子会社の、さらにその先にある得意先の倒産や業績悪化などによって回収不能となった債権などを正しく評価せず、子会社株式を取得価額のまま貸借対照表に計上し続けるのは、粉飾といわなければなりません[1]。

15-5-2　カミカゼが吹いたケース

　非上場会社であるR社では2期間にわたり、次のような内容の特別損失を計上しました。

---

[1] 連結財務諸表を作成している企業の場合は、子会社の業績が親会社の財務諸表に合算（連結）されますから、子会社株式の評価という問題は雲散霧消します。これからは、連結経営の時代。非上場会社には連結財務諸表を作成する義務はありませんが、連結グループの観点から、業績評価や経営分析に取り組んでほしいものです。

図表194　R社、特別損失の内訳　　（単位：百万円）

	第×1期	第×2期	合　計
固定資産除却損	303	212	515
固定資産評価減	253	—	253
子会社株式評価損	2,968	—	★2,968
子会社債権貸倒償却	1,045	604	★1,649
貸倒引当金繰入額	990	—	★990
甲社損失分担金	86	—	★86
乙社買取価格更改差替	233	—	★233
丙社等損失補償	—	226	★226
退職給付引当金繰入額	189	—	189
リストラ退職金	886	—	886
合　　計	6,953	1,042	7,995

　2期にわたる特別損失の合計7,995百万円のうち、図中★印で示したものの合計6,152百万円は、子会社等に対するものを評価減した結果です。R社は数期前から、操業休止状態にある子会社株式の評価減を行っていないことを、会計監査人から指摘されていましたが、のらりくらりとかわしてきました。

　ところが、3期前に思いがけず大ヒット商品が生まれ、これ幸いとばかりに、過去の含み損を一掃するに至ったのでした。しかし、付け焼刃の企業体質はいまでも治っていない、とR社の会計監査を担当している人は嘆いていましたよ。

15-5-3　こんな会社の製品は買わない

　S社は、製造子会社であるSa社が生産したパソコン周辺機器を、Sa社から購入し、S社のブランドで販売しています。Sa社から購入するときの製品価格は、S社の利益の程度をみてから事後的に決定されています。したがって、S社は、自社の利益を出すために、Sa社から製造原価以下で購入するケースもあるようです。しかも、この機器は不良品が続出し、ユーザーからの返品が相次いでいますが、返品はすべてSa社に押しつけています。

S社は、自社の赤字をすべて子会社Ｓａ社に負担させることにより、本来は赤字決算となるべきところ、黒字決算としているのです。S社のもつ、Ｓａ社に対する株式や貸付金は、相当の評価減をしなければならないはずなのですが、どうなのでしょう、いつごろ行われるのでしょうか。少なくとも、筆者は絶対に、S社のパソコン機器を買いません。

15-5-4　回収されることのない債権

　311頁「15-1-3」のところで登場しましたＪ工業では、子会社であるＪ販売に、製品の広告宣伝費を負担させていました。子会社のＪ販売には、このような費用を負担する余裕はありません。そこで、Ｊ販売では、**長期未収入金**という科目に計上しました。
　親会社から入金されることのない長期未収入金。実質的に、**損失の繰り延べ**です。
　次の、Ｊ工業とＪ販売の販売費の推移を、決算期のズレにだまされないようにご覧ください。

図表195　Ｊ工業・Ｊ販売、販売費の推移　　（単位：百万円）

	決算期	×1年3月		×2年3月	
Ｊ工業	販売費及び一般管理費	268		213	
	別途積立金	424		[*1]904	
	決算期	×0年9月		×1年9月		×2年9月

	決算期	×0年9月	×1年9月	×2年9月
Ｊ販売	販売費及び一般管理費	99	303	1,054
	長期未収入金	215	651	[*2]726
	当期利益	7	2	▲349

　Ｊ販売では、実質的な損失の繰り延べといえる長期未収入金が、×2年9月期には[*2]726百万円も累積しています。
　Ｊ工業の販売費及び一般管理費は、減少傾向にあります。当期利益から蓄積される別途積立金は、424百万円から[*1]904百万円へと順調に増加しています。
　ところが、子会社Ｊ販売の販売費及び一般管理費は急増。実質的な赤字を隠すために、費用が繰り延べられている姿が、よくわかります。

第6節　簿外負債による粉飾

　　　　　　　　　　——人間は互いに騙しあうことがなけれ
　　　　　　　　　　ば、社会生活を継続することはできな
　　　　　　　　　　い。
　　　　　　　　　　　　　　　　（ラ・ロシュフーコー『箴言』）

15-6-1　粉飾決算のスパイラル現象

　粉飾決算の程度が進行すると、いよいよ**簿外負債**にまで手を出すようになります。簿外負債とは、貸借対照表の負債の部に計上されない**隠れ借金**のことです。毒を食らわば皿までも、スプーンまでもテーブルクロスまでも食らうのか。

　簿外負債の例は、仕入れた商品の買掛金を貸借対照表に計上しなかったり、得意先へ支払う約束になっている未払いのリベートを計上しなかったりすることです。315頁「15-1-6」では、借入金が売上高に化ける話をしました。預り金や借入金を簿外処理する段階になると、粉飾決算も末期症状を迎えます。

　末期には、回収不能の売掛金も累積しているはずです。売掛金の残高が異常にふくらみ、**売上債権回転期間**が伸びることになります。
「回収不能の売掛金の増加」と「売上債権回転期間の伸び」の間には、原因と結果の関係があります。したがって、回転期間が急速に伸びているという「結果」から、回収不能の売掛金が累積しているという「原因」が疑われやすくなります。その疑いを断ち切るために、回収不能の売掛金と、買掛金や借入金とを相殺し、簿外負債を作るという、まさに**粉飾スパイラル**（きりもみ）へと突入します。

15-6-2　二重帳簿はどこへ消えた

　H社の過去の推移を再度調べてみたところ、売上高の粉飾によって累積してきた売掛金を落とすため、4年前に約400百万円の前受金と相殺することで、簿外負債を発生させていました。2年前には、売掛金1,100百万円と、同

額の前受金とを相殺し、さらに簿外負債を増やしています。

　H社の、倒産直前までの二重帳簿の一部を、筆者の管理ミスによって紛失してしまい、ここに掲載できないのが残念なのですが、手許に残されたメモによると、簿外負債として次のものをあげることができます。

買掛金	543百万円
短期借入金	1,381百万円
未払金	270百万円

　メモの裏には、いったん簿外とした前受金を復活させるために、短期借入金や買掛金を簿外負債に乗り換えたようだ、という記録が残されています。この筆跡は、だれのだ？

15-6-3　雪ダルマ式システム

　一度でも簿外負債が計上されると、それに関連した支払利息も簿外処理されるようになり、簿外負債は雪ダルマ式に増加してゆきます。

　T社のある期の決算では、販売手数料の未払い分52百万円や従業員預り金124百万円が簿外となっていました。このほか、借入金153百万円が簿外とされるとともに、借入金利息（未払費用）10百万円が簿外となっていました。

　未払費用[1]を流動負債に計上しない方法は、粉飾決算の手法としては最もやりやすく、しばしば用いられるところです。

---

[1]未払費用は、未払金のように債務として確定したものではなく、すでに経過した契約期間に応じた債務が発生していることを、企業自らが見積もって計上するものです。未払金の相手方には支払請求権が発生しますが、未払費用の相手方には支払請求権は発生しません。だから、未払費用はとても都合のいい科目なのです。

第7節 損益計算書からのアプローチ

> ——負けるが怖さの中立は、卑怯の骨頂。
>
> （徳冨蘆花『思ひ出の記』）

15-7-1 道具はそろったか

　本節では、いままでに説明してきた経営分析の手法を駆使して、企業の財務諸表に隠された真実を見極められるかどうかを**腕試し**してみることにします。

　そもそも**財務諸表**というのは、企業活動を数値で表したものあって、財務諸表（貸借対照表や損益計算書など）の各数値はそれぞれ強固に結びついています。特定の数値だけをいじると、他の箇所から**企業の叫び声**が聞こえてくるものです。

　また、企業は毎期継続して財務諸表を作成しなければならないので、現在の財務諸表と過去の財務諸表との間にも、一定の結びつきがあります。当期の財務諸表の数値をすべて粉飾することに成功したとしても、過去の財務諸表と並べてみると、遠くのほうから**企業の叫び声**が聞こえてくるはずです。

　財務諸表に隠された、企業の叫び声を聞き取るために有効な経営分析の手法としては、次の3つがあります。

---

① 損益計算書からアプローチする方法
② 貸借対照表からアプローチする方法
③ キャッシュフロー分析からアプローチする方法

　七つ道具にはあと4つ不足するのですが、これでも十分に闘えることでしょう。

15-7-2　利益増減の要因分析を活用する

まずは、**損益計算書**からです。企業の利益を前期と比べると、増加したり減少したりしているはずです。粉飾が行われていると、利益の増減に不自然な点が現れます。

損益計算書を見ればおわかりいただけるとおり、利益を増減させる要因には、次の2つがあります。

---
① 売上総利益の増減
② 販管費、営業外収益、営業外費用の増減

15-7-3　売上総利益の増減は大丈夫か

売上総利益の増減が不自然でないかどうかを調べるには、103頁「図表54」の**利益増減分析表**を用います。利益増減分析表は、売上総利益を次の4つの要素に分解するものでした。

---
①−A　販売価格の変化による売上高の増減
①−B　販売数量の増減による売上高の増減
②−C　コストの変化による売上原価の増減
②−D　販売数量の増減による売上原価の増減

利益増減分析表は、次の要素のうち、どれか一つでもわかれば作成することができます。

---
① 販売数量の増減
② 販売価格の変化
③ コストの変化

たとえば、販売数量が前期に比べて○％増減したことがわかれば、利益増減分析表によって、次のことがわかります。

① 販売価格は△%変化したはずである。
② コストは□%変化したはずである。

　利益増減分析表により、その企業の販売価格が上昇しているにもかかわらず、同じ時期における他社製品すべての販売価格が下落していれば、「それなりの」理由がなければなりません。企業側の説明で、コストダウンの成果が顕著に現れているといいながら、現実には減産が行われていれば「おかしいぞ」ということになります。
　もし、粉飾が疑われない場合であっても、同業他社の分析を行い、各社の販売数量の増減と販売価格の変化ぐらいは比較してほしいものです。ダンピングによって販売数量を伸ばしているとか、販売数量を抑えて高いマージンを維持しているとか、各社各様の経営方針について、興味深い相違点を見つけることもあります。

15-7-4　パーセントにも注目

　売上総利益だけでなく、**売上高総利益率**にも注目してください。粉飾決算の多くは売上高の水増しによって行われます。売上高の水増しが行われれば、売上高総利益率は実際より上昇することになります。
　分析対象企業の過去数期間の売上高総利益率を比較したり、同業他社の売上高総利益率と比較したりすれば、異常が発見できることもあります。とくに、競合製品の販売価格が下落しているときに、分析対象企業の売上高総利益率が上昇したり、同業他社が赤字であるのに当社だけが高い利益率を維持したりしていれば、それなりの理由がなければなりません。

15-7-5　再びH社の登場

　H社の損益計算書を再検討することにします。H社が公表していた売上高総利益率は、前期20.5％、当期20.3％でした。これは、業界でも抜群の利益率でした。
　業界トップであり、合理化が最も進んでいるといわれた、ライバル企業のX社でさえ、前期18.0％、当期18.2％です。その他の同業他社は、10％から15％にすぎません。X社では付加価値の高い製品なども扱っていますから、

X社の売上高総利益率が高くなるのは当然ですが、H社はそのX社よりもさらに高くなっています。

このような場合、H社の生産設備がフル稼働に近く、効率的な経営が行われているからだ、と良心的な解釈もできます。ところが、当期におけるH社の総資本回転率は0.4回、固定資産回転率は0.7回であって、X社の総資本回転率0.6回、固定資産回転率1.2回に比べて相当低い水準にあります。同業他社のデータをすべて並べてみたところ、H社が最も低い回転率であることもわかりました。

総資本回転率や固定資産回転率が低いにもかかわらず、高い売上高総利益率を達成できるとしたら、それは、特許などで技術的に他社を排除できるような特色ある製品を扱っているような場合です。H社には特許などで守られたノウハウなどなく、主力製品は競争相手が多い状態にありました。

これでは、良心的に解釈できるはずがない。実際の売上高総利益率が前期9.0％、当期5.1％だと判明したのは、倒産したあとでした。やっぱり、業界で一番低かったんだね。

15-7-6　販管費に切り込め

どうせ利益増減分析表を作るのなら、売上総利益だけでなく、販管費、営業外収益、営業外費用についても、前期との増減比較を行ってください。前期と比べて異常に増減している科目や、本来、増加すべきであるのに増加していない科目などに注目します。

損益計算書における利益を過大に表示しようとする粉飾では、本来、費用に計上すべきものを、資産に緊急避難させている例が多いものです。販管費や営業外費用で、実際よりも少なく表示されているものはないか、とくに注意してください。

企業規模が拡大基調にあれば、販売手数料、旅費交通費、広告宣伝費などは、増加するのが世間の相場です。従業員が増加したり、ベースアップが行われたりしていれば、人件費、福利厚生費などは急増するものです。リストラが行われているのなら、退職金の動きに注目します。

借入金や割引手形が増加しているのに、支払利息や手形売却損がこれに連動していなければ、その理由を確かめなければなりません。世間の常識を当てはめて、「おやっ？」と思うものがあれば、それが突破口になります。

15-7-7　支払利息に矛盾はないか

　支払利息等（手形売却損を含みます）については、貸借対照表における借入金や割引手形の残高と関連付けて、平均的な利率を求めます。計算した結果、平均利率が異常に高く、借入金の残高に比較して支払利息等が異常に多い場合は、貸借対照表に計上されていない（簿外の）借入金の存在が疑われます。

　ただし、敵もさるもの。簿外の借入金を抱えている企業の多くは、これに対する支払利息も簿外処理するものです。簿外としなくても、接待交際費や旅費交通費などの科目に紛らせてしまうこともあります。したがって、他の科目の増減にも眼を光らせなければなりません。

　平均利率が異常に低い場合は、利息の一部を固定資産や棚卸資産に混入させている可能性があります。疑えばキリがないですね。

第8節　貸借対照表からのアプローチ

——世の中に何が卑しいといって、人のため人のためといいつつ、自分の欲を掻く位卑しい事はあるまい。

（伊藤左千夫『独語録』）

15-8-1　ウラ技としての回転期間

　貸借対照表の数値を使う場合、**回転期間**が最も明確なデータを提供してくれます。過去の回転期間と比較したり、同業他社の回転期間と比べたりすることで、**粉飾発見の手がかり**を得ることもできます。

　とっかかりは、いったん水増しされた売上債権や棚卸資産などは、新旧入れ替わることがなく、その残高は累積してゆくという点です。これに対し、売上高に粉飾が施されていたとしても、売上高の粉飾は累積しません。売上高はその期限りの数値です。したがって、粉飾が行われていれば、**売上債権回転期間**や**棚卸資産回転期間**は、長期化するはずです。

　分子となる資産残高については、期中の平均残高をとらず、期末の残高をとるようにしてください。粉飾決算は**決算**という文字がつくことでもわかるとおり、期中で行われるものではなく、期末の決算時に集中して行われるものだからです。

15-8-2　買入債務と融通手形のドッキング

　買入債務の回転期間は、支払手形や買掛金などの平均的な支払期間を表します。簿外の買入債務があれば、異常に短い支払期間となって現れます。反対に、**融通手形**[①]が買入債務に含まれていると、回転期間は長くなります。

　売上債権などの回転期間同様、過去の実績や同業他社との比較を行うのは、いうまでもありません。資金繰りが苦しくなっていないかどうかも確か

[①]融通手形は、商取引に基づかずに振り出される手形です。企業がお互いに、同額の手形を振り出すことによって行われます。融通手形の多くは簿外処理され、財務諸表の粉飾に結びつくばかりでなく、相手企業の倒産などによって被害を受けるなど、きわめて危険な取引です。

めてください。

15-8-3　J工業の再登場

　J工業の例で、回転期間による分析を行ってみます。比較するものとして、同業他社のY$_1$社とY$_2$社のデータを使います。3社いずれも、同じような製品を扱うメーカーです。
　3社について、各回転期間を求めてみたところ、次のような結果となりました。

図表196　3社の回転期間比較

回転期間	J工業			Y$_1$社	Y$_2$社
	前々期	前期	当期	当期	当期
現金預金回転期間(月)	1.3	1.9	★[1]2.1	1.2	1.8
売上債権回転期間(月)	6.9	9.1	★[2]10.9	3.1	4.5
製品回転期間(月)	0.18	0.13	★[3]0.20	0.64	2.05
仕掛品回転期間(月)	0.96	0.97	0.98	0.87	1.50
材料回転期間(月)	0.95	0.84	0.85	2.85	0.96
固定資産回転率(回)	1.5	1.4	★[4]1.1	3.0	3.0
買入債務回転期間(月)	★[5]4.7	7.4	★[6]6.9	1.1	11.4
短期借入金回転期間(月)	3.5	5.1	★[7]8.0	2.0	1.6
総資本回転率(回)	0.8	0.7	★[8]0.6	1.4	1.3

回転期間を見るにあたっては、次の2点からアプローチを行います。

---

① 当社の過去の回転期間の推移はどうなっているか。
② 同業他社の回転期間と比較して突出した値はないか。

15-8-4　現金預金に注目すると

　まず、J工業の資金関係に注目してみます。**現金預金回転期間**が、当期末で★[1]2.1か月あります。月平均売上高の2か月分に相当する現金預金を持っ

ていることになります。これは、同業他社よりも高い水準ですし、J工業の3期間の推移を見ても増加傾向にあることがうかがえます。

ところが、**短期借入金回転期間**が[*7]8.0か月にもなっています。過去2期間の推移から見ても異常な長さです。

ここから推測できることは、J工業の現金預金残高が多いのは、資金繰りに余裕があるのではなく、資金不足を補うために短期借入金を急増させたためでしょう。台所事情が苦しいことは確かなようです。

15-8-5　販売関係はどうか

J工業の当期末の**売上債権回転期間**が、[*2]10.9か月になっています。同業他社（3.1か月と4.5か月）と比べて、異常な長さです。J工業の過去2期間の増加ぶりも異常です。

商品や製品の販売条件は、通常、得意先との交渉や業界の取引慣行など、外部の要因によって決められるものです。同じ製品を扱うのであれば、ほぼ横並びのデータとなるはずです。J工業のように、同業他社と大きく乖離したり、数年で急増したりするのは、「怪しい」と見なければなりません。売上債権に焦げ付きがあるのではないか、との疑いもあります。

J工業では、販売部門を子会社（J販売）として分離し、ここに製品の押込販売をしていました。子会社では、親会社の命じるまま製品を在庫として積み上げておくだけであって、親会社へ支払う資金などありません。J工業には、子会社に対する回収不能の売上債権が累積する一方です。その資金手当てのために、短期借入金が急増したのでしょう。

15-8-6　在庫も怪しい

棚卸資産回転期間は、同業他社と比較してもそれほど違いはないようです。ただし、**製品回転期間**だけは[*3]0.20か月と、異常に短いですね。J工業では、製品として完成したものを直ちに子会社へ出荷していたものと考えられます。

J工業の**買入債務回転期間**が、[*6]6.9か月となっています。業界平均（約3.5か月）よりも長い期間です。

同業他社であるY₂社の買入債務回転期間（11.4か月）もかなり長めです

が、これはＹ₂社が商品仕入れに依存する比率が高いという特殊事情があるためであって、比較の対象になりません。Ｊ工業の回転期間が、2期前ですでに*⁵4.7か月にまで達しており、どうやら数年前から資金繰りに追い詰められていたのではないかと思われます。

15-8-7　こうなったら固定資産も疑え

　Ｊ工業の**固定資産回転率**が*⁴1.1回となっており、同業他社に比べて異常に効率が悪いようです。固定資産回転率は、売上高を固定資産の残高で割って、年に何回、回転しているかを示すものです。Ｊ工業の**操業度**がいかに低いものであるかがわかります。

　Ｊ工業では、外注よりも社内加工の比重が高いため、固定資産への投資額が多い、という事情がありました。しかし、これだけ固定資産回転率が低いと、遊休設備があるのではないかとか、減価償却が行われていないのではないか、と疑われてもしかたがないといえるでしょう。

　総資本回転率が*⁸0.6回であるのも、異常です。資金化されない売上債権や、支払い遅延の買入債務の急増が、総資本回転率を悪化させたのでしょう。

第9節 キャッシュフロー分析からのアプローチ

　　　　　　　　　　――われわれは、自分の欠点を何か一
　　　　　　　　　　つ克服するごとに、その分だけ高慢にな
　　　　　　　　　　っていく。
　　　　　　　　　　　　　　　（ラ・ロシュフーコー『箴言』）

15-9-1　資金繰りを粉飾するのは難しい

　ここに、悲しい事実があります。頭の切れる人たちがたくさん集まって、貸借対照表や損益計算書の粉飾を行ったとしても、資金繰りの粉飾まではできないとされていることです。

　売上債権や当期利益について、それが正しいかどうかを保証してくれる組織はありませんが、預金残高については、金融機関が**残高証明書**を発行してくれます。預金残高ばかりは、どうにも粉飾のしようがありません[1]。

　キャッシュフロー分析は、現金に始まり、現金で終わります。そこで、現金預金残高をしっかりと押さえてから、他の項目をじっくりと攻めることにしましょう。

　粉飾を発見する手がかりとして有効とされているのは、次の2点です。

①　正味の営業運転資金の増減分析
②　資金繰表、資金運用表およびキャッシュフロー計算書の整合性の検証

15-9-2　正味営業運転資金からのアプローチ

　正味の営業運転資金は、現金預金、売上債権、棚卸資産の合計から、買入債務を差し引いたものです。通常、企業に資金不足が発生するのは、正味営

---

[1]「溺れる者は藁をもつかむ」のたとえがあるとおり、粉飾決算を行おうとする者は、残高証明書の改ざんだって平気で行います。だから、会計監査に携わる公認会計士などは、企業を通さず、金融機関から直接、残高証明書を入手しなければならないことになっています。企業から提出されるコピー資料はすべて、白い紙に黒いインクが染みているだけだと割り切らなければ、会計監査なんか怖くてやってられません。

業運転資金が増加し、その増加ベースに、**キャッシュフロー利益**の増加が追いつかない場合です。

そこで、次の2点を確かめます。

> ① 正味営業運転資金の増加が、売上高の増加に比例しているか。
> ② 正味営業運転資金の増加の範囲内で、短期の金融負債（割引手形や短期借入金）が増加しているか。

まず、正味営業運転資金が、売上高の伸びを上回って急増している場合には、架空売上、不良債権、デッドストックなどが疑われます。**回転期間分析**を併用することで、どこに問題があるかを突き止めます。

次に、正味営業運転資金の増加に見合う分だけ、短期の金融負債（割引手形や短期借入金）が調達されていれば、資金繰りとしては問題ないはずです。それでも資金不足が認められる場合は、営業取引とは関係のない取引（投資有価証券や子会社貸付金など）に資金が流れている可能性があります。**正味営業運転資金**と、**短期の金融負債**とを関連づけて検証することで、粉飾発見の手がかりをつかむこともあります。

15-9-3　資金繰表からのアプローチ

資金繰表からアプローチする場合は、次の3点に注目します。

> ① 資金繰表における**現金預金の出入り**と、**実際の預金の動き**とをつき合わせて、資金繰表が正確に作成されているかどうかを確かめます。
> ② 資金繰表における**営業収入・営業支出**の各項目と、これに関連する財務諸表の各項目の残高とのツジツマが、合っているかどうかを確かめます。
> ③ 資金繰表の収支尻と企業の収益性とが、うまくかみ合っているかどうかを確かめます。

粉飾が行われれば、資金繰表における現金預金の残高と、通帳残高の動きとが、かけ離れるはずです。また、**資金繰表の営業収支尻**と、**損益計算書の経常利益**などとの整合性も保てなくなるはずなんです。

第10節　粉飾決算・番外編

　　　　　——祇園精舎の鐘の声、諸行無常の
　　　　　響きあり　沙羅双樹の花の色、盛者必
　　　　　衰のことわりをあらわす

　　　　　　　　　　　　　　　（『平家物語』）

15-10-1　善意の粉飾と、悪意ある粉飾

　粉飾決算にも、善意と悪意があります。**悪意ある粉飾**は、粉飾決算であることを「知って」会計処理を行うことです。悪意ある粉飾は、当事者を説得することが容易です。なぜなら、自分たちのやっていることが不正であることを知っているから。自分たちだけではどうにも引くに引けぬ事態になり、第三者から指摘されることを待っている、とも考えることができます。

　始末におえないのが、**善意の粉飾**です。自分たちの行っていることが粉飾決算だと理解できない場合、これを説得するのは至難のワザです。

　たとえば、**在庫売上**は、粉飾決算につながりやすいことを説明しました。ところが、日本の民法は、**意思主義**を採用しています（民法91条、176条、555条）。意思主義とは、当事者の意思が合致したときに契約が成立し、所有権が移転するというものです。したがって、電話セールスで顧客の「OK」がもらえた時点で、契約が成立＝売上を計上してどこが悪い、という論理になります。

　在庫売上は法律理論に基づいているという信念を持っている人に対して、**企業会計の原則**は「当事者の意思が合致した時点」が売上計上時点ではなく、それよりももっと後の「物を相手に引き渡した時点」が基準なんですよ、と説明しても、なかなか理解してもらえません。

　善意とは、法律理論では「知らないこと」をいいます。信念を持っている人を説得するのも難儀ですが、企業会計の原則を「知らずに」粉飾決算を組んでいる場合も困ったことになります。

　のっぴきならぬ事態になったとき、彼らの決め台詞は、いつもこうです。
「前からこうしていたんだ。どこが悪い！」

　そうさ、前から悪いんだよ。

15-10-2　社長も知らないところで

　ホント、大企業の粉飾決算は、つぶれてみないとわかりません。大企業では、有資格者を含む経理のベテランを配し、種々の巧妙な粉飾を行うことが可能です[①]。これに対し、中小企業では、常に業績を把握できるような高い経理水準を保っている企業と、税務申告期限ぎりぎりにならないと財務諸表を作成できない企業との、二極化傾向があるような気がします[②]。

　とくに、中小企業では、経理部門に対する経営者の関心が非常に低く、かつ、経理担当者の会計処理も自己流となっているのが特徴です。まれに、経理に関心のある経営者もいますが、社長が帳簿を見るのは経理担当者に対して気の毒だ、というくらいの感覚しかありません。担当者に全幅の信頼をおき、放任していたら、経営者も知らないままに粉飾が行われ、倒産に追い込まれたという例は数え切れません。

　日常の会計処理で企業の実態を正確に把握していないにもかかわらず、年に一度の税務申告時にはなんとかつじつまを合わせて決算を組もうとする。しかし、会計や税務の基礎がしっかりしていないので、実態からかけ離れた財務諸表が作成されることになります。さらに、納税額を低くするために当期利益を圧縮するとか、反対に、公共事業からの受注を得たいがために実質的には赤字にもかかわらず税務申告では黒字を装うようになると、もはやだれにも理解できない財務諸表ができあがります。

　中小企業の財務諸表の中には、外部の利害関係者（株主や債権者）だけでなく、経営者でさえも実態を把握できないほど、粉飾されているものもあるといいます。いえね、そういう話を、破産した経営者から、しみじみと聞かされたことがあるもので。

15-10-3　抜かずの宝刀の斬れあじ

　『株式会社の監査等に関する商法の特例に関する法律』という、なんとも長ったらしい名称の法律があります。この法律では、資本金が5億円以上、または、負債総額が200億円以上の企業は、**公認会計士による会計監査**を受け

[①]可能性を申し上げているだけです。
[②]気がするだけです。

ることが義務づけられています。この義務を怠ったとき、なんと100万円の罰金が課せられます。

　負債総額が200億円以上の企業など、そこそこ存在すると思われます。そのほとんどが会計監査を受けていないでしょう。では、罰金100万円を納めているかというと、そんな話、いままで一度も聞いたことがありません。これを**抜かずの宝刀**といいます。

　会計監査を受けるために公認会計士に支払う報酬は、毎年100万円以上します。罰金と比べたら、そりゃあ、罰金を払ったほうが安上がりです。しかも、宝刀で斬られた企業は1社もない、というのですから、これほど**ナマクラ刀**はありません。

　経営分析の対象とする企業で、負債総額が200億円以上ある場合、会計監査を受けているかどうかを最初に確かめてみてください。もし、会計監査を受けていないようであれば、まず間違いなく粉飾決算が行われているといっていいでしょう。これだけ巨大な図体をし、我田引水の経理をしていて、無傷であるわけがない。

　分析する側にとって、会計監査を受けていない企業の経営分析作業は、僥倖（ぎょうこう）（思いがけない幸せ）です。仲間を集めて、どこに粉飾が行われているか、大いに楽しみながら分析してみてください。

15-10-4　税効果会計が粉飾に利用される

　税効果会計が導入されて、業績の悪い企業にとってはカミカゼだ、と思われているところがあります。とんでもないことでございます。

　現在の会計制度では、売上高から税引前当期利益に至るまでは、**発生主義会計**に基づいて計算されています。ところが、税引前当期利益のすぐ下にぶら下がる法人税などは、中途半端な発生主義会計で計上されています。

　となると、税引前当期利益から法人税を控除した**税引後当期利益**は、発生主義会計に基づくものとはいえなくなります。税引後当期利益は、株主へ支払う配当金の原資になるのに、そんなあやふやなことでいいのか。

　この問題をビシッと解決するのが、税効果会計です。税効果会計は、法人税などについても発生主義会計に基づいて計算することで、財務諸表全体を発生主義会計で統一しようとするものです。

　ところが、この税効果会計というのが厄介なしろものでして、**繰延税金資**

産の回収可能性や繰延税金負債の支払可能性という、むずかし～い問題がその背後に控えています。業績の悪い会社に限って、この「可能性」の検討が無視されるんです。

　税効果会計を適用している財務諸表を見かけたら、繰延税金資産の回収可能性などが十分に検討されているかどうかを、必ず確かめてください。「オイシイとこ取り」は、粉飾決算に手を染める第一歩であって、絶対にダメ押しです。

15-10-5　会計事務所が手引きする

　U社がV銀行を通して、信用保証協会つきの融資を申し込んだことがありました。この融資制度は、信用保証協会から企業に直接融資が行われるのではありません。銀行から企業へ行われる融資に、信用保証協会が保証を与えることで、企業に対して間接的に資金供給する役割を持ちます。

　信用保証協会も保証するにあたっては、保証先の企業の審査を事前に行いますので、U社の財務諸表がV銀行を経由して、信用保証協会に提出されました。数日後、信用保証協会からV銀行の担当者に対して、妙な電話連絡がありました。

「このたび、V銀行からご提出いただいた、U社の財務諸表なのですが、数か月前にW銀行から申し込みがあったU社の財務諸表と違うようですが」

　V銀行から提出されたU社の財務諸表と、W銀行から提出されたU社の財務諸表とが違うというのです。U社の財務諸表の決算年度はどちらも同じ。このカラクリを仕組んだ真犯人はだれだ。

　V銀行の担当者がU社に照会すると、U社は粉飾の事実をあっさりと認めました。U社はカアチャン経理で、財務諸表を書き換えるほどのノウハウはありません。よくよく聞くと、会計事務所が作成してくれた、ということでした。それなりの報酬も、会計事務所から要求されたそうです。これでは、日本に広く、会計監査制度が根づくわけないよなぁ。

15-10-6　別表一、四、五で十分なのだ

　中小企業では、公認会計士などによる会計監査を受ける義務がありません。会社の暴走を止めるのは**監査役の責務**なのですが、オーナー企業ではま

ったく期待できません。会計事務所も結託している可能性がある。

では、何を信じて経営分析をおこなったらいいのか。そこで登場するのが、**法人税申告書**です。

法人税申告書上の**申告所得**は、厳格な法人税法に基づいて計上されたものです。税務署による調査検討も行われます。申告所得を水増しして計上すれば、納付すべき税金もそれに応じて増えますから、申告所得まで過大に粉飾するのは、よほどの覚悟がある場合です。

経営分析資料として法人税申告書を入手するのであれば、別表一、別表四、別表五（一）、別表五（二）で十分です。繰越欠損金がある場合は、別表七も必要となります。それぞれの別表の金額が一致し、財務諸表の数値と符合しているかどうか、必ず確かめてください[①]。

減価償却の明細表や、会計ソフトで自動的に計算された経営分析資料まで、ご丁寧につけてくださる企業もあります。ファイルが厚くなるだけであって、不要な資料です。

別表十一（引当金関係）や、別表十六（減価償却関係）も必要ではないか、と思われるかもしれません。しかし、これらは経理操作が最も行われやすいもの。これら別表に頼るよりも、経理操作を排除した経営分析の手法（**付加価値利益**や**キャッシュフロー利益**の計算）を考えましょう。本章まで読み進めていれば、とても容易いことです。

別表四は、税法の損益計算書といえるものです。別表四を入手したらまず、一番上の「当期利益又は当期損失の額」が、損益計算書の当期利益と一致しているかを確かめます。別表四において、当期利益から課税所得までの間に展開される、加算・減算の欄で金額的に大きなものは注意して読みたいですね。

別表五（一） は貸借対照表の資本の部に相当し、**企業の内部留保**（基礎体力）を知ることができます。本書における**キャッシュフロー利益**に相当します。次の**別表五（二）** は、法人税などの会計処理を見る資料です。

15-10-7　法人税申告書を自分で作成できない企業たち

経営分析を行う者として、**別表一**はその左上に、**税務署受付印**があるかど

[①]たとえば、別表四のトップにある当期利益が、損益計算書の当期利益と一致しているかどうか。別表四の最後にある所得金額が、別表一の所得金額と一致しているかどうか。

うかを必ず確認してください。バ～ンと、元気よく押してあるものがいい。

　中小企業で法人税申告書を拝見すると稀に、別表一に税務署の受付印のないものがあります。会計事務所が**企業の代わりに**税務申告書を作成し、会計事務所が**企業の代わりに**税務申告書を税務署に提出している場合に、受付印の漏れが生じます。

　会計事務所を責めているんじゃない。

　法人税申告書は、**会計事務所が**企業の代わりに出しに行くものではなく、**企業自らが**提出して受付印をもらってくるものだ。

　いや、もっというならば、法人税申告書は会計事務所が作るものではなく、企業が**自分の手**で作って、**自分の足**で提出できるものでなければならない。「この金額は、どうやって計算したのですか？」と質問して、「会計事務所が計算したものなので、私にはわかりません」などと答える企業は、分析対象として下の下の評価をくだしていい。

　税法は難しい？　経理や総務のバックアップ部門に、相当の人数を配置する余裕がない？　そうですか。だから、その会社は「下の下」なんですよ。

15-10-8　粉飾企業はトイレ掃除の仕方でわかる

　いままで、粉飾決算の事例を書き並べてきました。「こんなの、ウソだろう」と思われるかもしれませんが、事実は小説よりも奇なり、と申します。粉飾決算の誘惑に負けてしまう**企業の心**が、社会を揺るがす経済事件へと発展することもあります。

　筆者が銀行に入って最初に教えられたことがありました。企業の心の変わりようを知るために、会社を訪問したら、ときどきその**会社のトイレ**を借りること。トイレがどれだけ清潔に維持されているかで、その企業の心がわかる、と教えられました。

　この教えは、公認会計士になった現在でも、ずいぶんと役に立ちます。ウソだと思ったら確かめてみてください。

　トイレが汚い会社の財務諸表は、十分注意して見なければなりません。いろんなシグナルが、トイレにこめられています。大理石で固められた「個室」がある会社も要注意でしたね。

15-10-9　ゲームの達人になってほしい

　財務諸表の粉飾は、企業の存続さえ危うくする場合があります。企業が公表する財務諸表のすべてに粉飾がある、とはいいませんが、まったくないとも言い切れません。粉飾を行おうとする企業と、これを発見しようとする外部分析者との間には、常に相手の手の内を推測しながら、新しい手法を「開発」しようとする、いわば**宿命の対決**があります。

　対決は、企業の内と外だけではありません。企業内部にいる者は、経理部・財務部・工場・支店などで、ひょっとしたら密かに行われている**暴走**を事前にくい止めなければなりません。

　あなたが、「やっぱり、それはマズイから、やめようよ」といえるだけの、能力と度胸を持っていないとね。当事者として、ときには助言者として、会社の将来を洞察できる力がほしい。

　まず、**経理操作**については、財務諸表を注意深く観察することによって比較的容易に見抜くことができます。しかし、**粉飾決算**については、外部の者に発見されないように複雑な操作を行う場合が多いので、その発見は容易ではありません。経理操作を丹念に追いかけたり、経営分析の手法を活用したりして、おおよその見当をつける必要があります。

　しかも、最初から粉飾だと疑ってかかるわけにもいきません。粉飾を解明することだけが、経営分析の目的ではないのですから。経営分析本来の目的は、**企業の将来像**を描くことです。

　公表される財務諸表は所詮、前期までのものであり、かつ、公表されたときはかなりの日時が経過していて、その間の情勢も変化しています。また、公表される財務諸表は、法令などで定められた最小限度の会計数値を、一定の形式によって報告しているにすぎないため、このような公表数値だけに頼って分析を行うと、とんでもない方向の結論を出す場合もあります。

　それでも、分析する者としては、公表されている財務諸表だけが企業を理解するための唯一の資料となります。そうであるならばこれを徹底的に活用して、粉飾決算の追及から成長性の検討まで、いろんな想像の翼を羽ばたかせてみましょう。

　経営分析は、想像力の豊かさを競うゲームなのだから。

第16章

お疲れさまでした

> ――花に嵐のたとえもあるぞ
> 　さよならだけが人生だ
> 　　　　　　　（井伏鱒二『厄除け詩集』）

　いや〜、ここまで読んでいただいて、誠にありがとうございました。途中で放棄されたら、「この本の良さがわからないとは、なんて不幸なヤツだろう」という言葉を、あなたの背中に投げかけようと思っていたのですが、そうしなくてすみました。

　ここまでお読みいただいたお礼として、経営分析を行うにあたっての3つのキーワードを、最後にもう一度、復習しておきます。

　短期的には収益性と資金繰りとを同時に追求することは難しいが、長期的には、収益性が上がれば資金繰りもうまくいく、と申し上げました。

　これらが証明されるかどうかが、経営分析を行うにあたっての、1つめのキーワード。

　収益性分析・キャッシュフロー分析ともに、短期の眼、長期の眼でながめてください。

　2つめは、経営分析の対象とする資料の信憑性。

　企業から提出される財務諸表などはすべてコピーでしょうが、これをそのまま信ずることはできません。

　筆者の経験から申し上げれば、公認会計士が行う会計監査は、コピー用紙にだまされ続けた、苦い歴史の積み重ねです。

　最後はやはり、その企業を実際に訪ねて、トイレを借りることです。

　机上の推論だけでは読み取れないものがあります。

それでですね、話はさらに続きます。**原価計算**をからめた経営分析の本を書きたい（だから、**生産性の分析**を、わざと本書で書かなかったんだけれどもね）。本書をベースにして、**経営分析のソフトウェア**も作りたい。自ら、連結会計や原価計算のソフトウェアを制作した経験を導入すれば、それほど難しいことではありません。ただし、そこまでたどりつくには、かなりの時間が必要です。

　できあがったら、次のホームページに公開しておきます。たまには、のぞいてみてください。

麦わら坊の会計雑学講座
http://www2s.biglobe.ne.jp/~njtakada/

では、また、お目にかかるときまで。お達者で。

索　引

●アルファベット
ＣＶＰ分析　146
Ｚチャート　46

●ア行
悪意ある粉飾　347
安全余裕度　157
インサイダー取引　22
受取手形　40
受取利息　116
裏書譲渡　212
裏書(譲渡)手形　40,130,267
売上傾向線　47
売上原価　53,135
売上債権　40,130
売上債権回転期間　129,183,250,334,341
売上総利益　51,97
売上総利益増減分析表　106
売上高　34,51
売上高経常利益率　35,62,67
売上高減価償却費比率　114
売上高事業利益率　235,304
売上高純金利負担率　116
売上高人件費比率　112
売上高増減率　49
売上高総利益率　50,338
売上高販管費比率　111
売上高利益率　29
売掛金　40
営業運転資金　177,178,179,210,217,219,220,231
営業外運転資金　177,178,219
営業外資金　178,190
営業外収益　116
営業外損益　56,219
営業外費用　116
営業活動キャッシュフロー　289,293,298,301
営業経費率　111
営業支出　245,252,292
営業収支　255
営業収支尻　254,304,306,346
営業収入　245,250,291
営業利益　51,76
エクイティ・ファイナンス　230
追い貸し　213
親会社　311

●カ行
買入債務　40,116,213
買入債務回転期間　214
買入債務回転期間 Part Ⅱ　215
買掛金　40
回帰分析法(最小自乗法)　153
会計監査　348
外注費　54,215
回転期間　29,126,134,341
回転期間分析　346
回転率　126
外部からの短期調達資金　198,209
外部からの長期調達資金　198,204
外部資金　198
価格差異分析　96
隠れ借金　334
貸倒引当金　267
過剰在庫　132
株主資本比率　224
株主総会　192
貨幣経済　243

借入金回転期間　213,218
借入金の利子率　235
仮受金　41
仮払金　42
関係会社　311
監査役　350
勘定科目法(個別費用法)　153
勘定連絡図　135
間接金融　204
関連会社　311
企業会計原則　24,199
企業規模　63
期日指定入金　41
規模の経済性　62
逆粉飾　23
キャッシュフロー計算書　22,243,288,305
キャッシュフロー計算書(間接法)
　288,294,300
キャッシュフロー計算書(直接法)　288,303
キャッシュフロー精算表　295
キャッシュフロー分岐点　146,158,162
キャッシュフロー分析　26,83,122,166,271
キャッシュフロー・マージン　304
キャッシュフロー利益　43,83,93,162,198,
　200,206,232,271,280,351
金融取引　168,245
金融費用　116
金融費用負担率　116
金融負債返済期間　207,213
繰延税金資産　86,274,349
繰延税金負債　275
黒字倒産　164,168,201
経営計画　149
経営資本　70
経営分析　23
経営分析の目的　28
経常資金　172,177,219,220,226,231,261,
　277,280

経常資金の箱　263
経常収支　244,245,255
経常収支尻　254
経常利益　34,51,52,60,76,346
経理操作　23,77,317,319,353
決算関係の支出　253
決算資金　191,193,194,281
月商累計線　47
限界利益　159
限界利益率　150
原価計算　51,96
減価償却　143,168
減価償却費　54,200,271
減価償却累計額　143
原価評価　319
研究開発費　323
現金支出　254
現金支払額　181
現金収入　254
現金主義会計　242,251
現金増加額　167
現金預金　172
現金預金回転期間　181,229,342
現金預金対(短期)借入金比率　223,229
現金預金の収支　244
現金預金比率　223
検収基準　24
建設仮勘定　142
減損会計　274
高低点法　153
子会社　311
子会社株式　331
コスト管理　110
コスト削減努力　105
コストの変化率　104
固定資金　172,177,277,280
固定資金の箱　263
固定資産　33,142

索　引　359

固定長期適合率　223,231
固定費　112,147,161,188
固定比率　222,223,230
固定負債　34
固変分解　147
コマーシャル・ペーパー（ＣＰ）　208
コロガシ単名　208

●サ行
在庫圧縮　184
在庫売上　310,347
最低価格　163
財務活動キャッシュフロー　289,298,301
財務収支　244,245,255
財務諸表　22,36
材料回転期間　134
材料回転期間 Part Ⅱ　138
材料勘定　136
材料費　135
差引過不足　245
差し引きキャッシュフロー　298
差し引き利益　74
残高証明書　345
時価会計（金融商品会計）　274,331
仕掛品回転期間　134
仕掛品回転期間 Part Ⅱ　139,140
仕掛品勘定　136
時価評価　319
事業利益　43,76,92
資金（キャッシュフロー）　28
資金運用精算表　265,295
資金運用表　172,258,263,288,305
資金回収活動　242
資金管理　256
資金繰り　28,166,170,188
資金繰表　172,240,243,290
資金繰り分析　166
資金の運用　65,262

資金の過不足　298
資金の調達源泉　262,270
資金の流れチェックリスト　284
資金のベクトル　258,264,281,302
資金の流出　270
自己株式　37,267
自己査定ワークシート　180
自己資金　198,199,205
自己資本　34,70
自己資本経常利益率　73
自己資本による調達　73
自己資本のコスト　71
自己資本比率　224,234
試算表　36
資産評価換え取引　274
実効税率　74
実質金利　118
実数で判断する方法　29
支払手形　40
支払利息　116
資本　29
資本回転率　29
資本コスト　71,77,234
資本剰余金　37,199
資本的支出　327
資本取引　275
資本の部　37
資本利益率　29
社外流出　193
収益性　27,61,74,170
収益性分析　26,122,166
修繕費　327
出荷基準　24,310
取得価額　143
主要企業経営分析　153
準固定費　152
準変動費　152
償却費の過大計上　85

償却費の不足　85
商業手形担保　211
使用総資本　70
商品　41
商品回転期間　134
商法　24
正味　217
正味営業運転資金　217,345
正味営業運転資金の回転期間　218
正味経常資金　219,226,277
剰余金　259
所得金額　82
仕訳　36
新株予約権　275
申告所得　351
信用取引　168
スーパー資金運用表　265,289,306
数量差異分析　96
スキャター・チャート法　153
正確な原価計算　164
成果配分の問題　113
税金等納付　193,274
税効果会計　74,82,273,349
生産性の問題　113
製造経費　54
製造原価明細書　39,50,135,136
静態的分析　166
静態比率　167,222
税引後　81
税引後当期利益　51,269,349
税引前　81
税引前当期利益　51,269
製品　41
製品回転期間　134
製品回転期間 Part Ⅱ　138
製品勘定　137
製品製造原価　135
製品別の利益増減分析　106

税法限度額　85
税務申告書　30
節税効果　74
設備資金　177,178,187,220
設備資産　187
設備投資　232
設備投資計画　280
設備投資資金　231,280
設備投資の意思決定　114
ゼロ金利政策　237
善意の粉飾　347
前期繰越利益　38
総資産　33,64
総資本　64
総資本回転期間　128
総資本回転率　67,126,127
総資本経常利益率　61,64,67,74,76
総資本事業利益率　77,120,171
総製造費用　135
粗利益　51
損益計算書　22,30,36,46,87,137
損益分岐点　146,188
損益分岐点売上高　149
損益分岐点図表（利益図表）　147
損益分岐点の位置　156

●タ行
貸借対照表　22,30,36,87,168
耐用年数　327
滞留債権　130
立て替え月数　219
棚卸資産　41
棚卸資産回転期間　132,185,341
棚卸資産回転期間 Part Ⅱ　133
他人資本による調達　73
他人資本のコスト　71
短期　173
短期借入金回転期間　343

短期調達資金　199
弾力性　236
注記事項　119,130
中小企業の原価指標　153
長期運転資金　208
長期資金運用表　279,283,306
長期調達資金　283
調達資金　198
直接金融　204
つなぎ資金　194
手形繰り　251
手形決済　253
手形の落ち込み　245
手形売却損　116
手形割引　244
適正在庫　132,185
デッドストック　185,229
デフォルト（債務不履行）　205
デフレスパイラル　237
手持ち期間　132,189
手持ち手形　130
当期月商線　47
当期製品製造原価　39,50,135
当期総製造費用　50
当期未処分利益　38,51
当期利益　34,51,76,80
当座資産　228
当座比率　223,228
投資活動キャッシュフロー　289,298,301
投資等　142
動態的分析　167
投融資資金　190
特別損益　56,80
土地の再評価　275

●ナ行
内部留保　38,74,94,351
内部留保利益　200

年末決済資金　191

●ハ行
配当性向　281
配当率　77
発生主義会計　241,251,349
バッファー在庫　184
販売価格　97
販売数量　97
販売単価の変化率　104
販売費及び一般管理費　54
非キャッシュフロー固定費　161,201
費消期間　132,189
非設備資金　177
評価基準　319
評価差額金　37
評価方法　321
表面金利　119
比率で判断する方法　29
ファクタリング　41
付加価値利益　43,83,84,92,351
負債　34
負債比率　233
付随費用　327
附属明細書　22,30
歩留率　229
振替取引　248
粉飾決算　23,353
粉飾スパイラル　334
平均月商　129
別表一　351
別表四　82,351
別表五　82,351
変動費　112,147,161
変動費率　147,150,188
法人税申告書　351
法人税等　74,82,273
法人税等調整額　86

法人税法　24
簿価（帳簿上の価額）　143
簿外（オフバランス）　120
簿外負債　316,334

● マ行
未払金　335
未払費用　335
未払法人税等　273
無形固定資産　142
もうけ　27
目標売上高　151
持ち合い関係　75

● ヤ行
有価証券報告書　89
有形固定資産　142
有形固定資産回転率　142,189
融通手形　341
要キャッシュフロー固定費　161
予算　112
予実対比　112

● ラ行
リース取引　119
利益剰余金　37,199
利益処分　94,193,273
利益処分計算書　22
利益増減の要因分析　96
利益増減分析表　103,337
利益操作　331
利害関係者　23
流動資産　33
流動比率　222,225
流動負債　34
両建て　227
レバレッジ効果　236
連結財務諸表　39,331

● ワ行
割引手形　40,130,210,267

〈著者略歴〉
高田直芳（たかだ なおよし）
昭和34年生まれ。栃木県小山市在住。某都市銀行勤務を経て、平成9年公認会計士開業登録。
現在、高田公認会計士事務所所長兼 CPA Factory Co.,Ltd. 取締役社長。
著書に『連結キャッシュフロー会計・最短マスターマニュアル』『株式公開・最短実現マニュアル』（共に明日香出版社）がある。

［決定版］ほんとうにわかる経営分析

2002年7月3日　第1版第1刷発行
2003年4月22日　第1版第6刷発行

著　者　高田直芳
発行者　江口克彦
発行所　ＰＨＰエディターズ・グループ
　　　　千代田区一番町5　〒102-0082
　　　　☎03-3237-0651
　　　　http://www.peg.co.jp/
発売元　ＰＨＰ研究所
　　　　東京本部　千代田区三番町3番地10　〒102-8331
　　　　☎03-3239-6233（普及一部）
　　　　京都本部　京都市南区西九条北ノ内町11　〒601-8411
　　　　PHP INTERFACE　http://www.php.co.jp/
印刷所
製本所　凸版印刷株式会社

©Naoyoshi Takada 2002 Printed in Japan
落丁・乱丁本の場合は送料弊所負担にてお取り替えいたします。
ISBN4-569-62257-7

PHPエディターズ・グループの本

新版「経済のしくみ」が面白いほどわかる事典

スッキリ解消！ 日頃の"なぜ？""どうして？"
〈改訂新版〉

西野武彦 著

一見複雑な経済現象もその要因を解きほぐしていけばスッキリ理解できる。基本から応用まで経済全体のしくみがわかる一冊。

本体一三〇〇円

本広告の価格は消費税抜きです。別途消費税が加算されます。また、定価は将来、改定されることがあります。

PHPエディターズ・グループの本

ビジネスのすべてを制する！

ロジカル・ネゴシエーション

交渉・説得のロジックからハイレベルの戦略・戦術まで

バーデン・ユンソン 著　加藤真樹子 訳

交渉を制する者はビジネスを制する。日本人が苦手とする交渉を論理的かつ明快に解説し、その効果的な思考法とノウハウを明示する。

本体一五〇〇円

本広告の価格は消費税抜きです。別途消費税が加算されます。また、定価は将来、改定されることがあります。

PHPエディターズ・グループの本

ぜったいわかる! 経営のしくみ

お金の流れから経営手法、経営戦略まで

武藤泰明 著

学生アルバイトでコンピュータソフトの開発をしていたA君は、自ら会社を興し、ついに株式公開を果たす。ストーリー形式で学ぶ経営入門書。

本体一四五〇円

本広告の価格は消費税抜きです。別途消費税が加算されます。また、定価は将来、改定されることがあります。